A ética protestante e o espírito do capitalismo

Dados Internacionais de Catalogação na Publicação (CIP)
(Câmara Brasileira do Livro, SP, Brasil)

Weber, Max
  A ética protestante e o espírito do capitalismo / Max Weber ; tradução e notas de Tomas da Costa. – Petrópolis, RJ : Vozes, 2020. – (Coleção Vozes de Bolso)
  Título original: Die protestantische Ethik und der Geist des Kapitalismus
  Bibliografia.

  1ª reimpressão, 2025.

  ISBN 978-85-326-6349-8

  1. Capitalismo – Aspectos religiosos – Igrejas protestantes 2. Ética cristã 3. Religião e sociologia I. Costa, Tomas da. II. Título. III. Série.

19-30850   CDD-306.6

Índices para catálogo sistemático:
1. Religião e sociologia   306.6

Cibele Maria Dias – Bibliotecária – CRB-8/9427

Max Weber

A ética protestante e o espírito do capitalismo

Tradução e notas de Tomas da Costa

Vozes de Bolso

Tradução do original em alemão intitulado
Die protestantische Ethik und der Geist des Kapitalismus

© desta tradução:
2020, Editora Vozes Ltda.
Rua Frei Luís, 100
25689-900 Petrópolis, RJ
www.vozes.com.br
Brasil

Os seguintes textos-base foram utilizados nesta tradução da
Ética protestante e o espírito do capitalismo

Weber, Max. "Vorbemerkung", in: *Gesammelte Aufsätze zur
Religionssoziologie*. Bd. I. Tübingen: J. C. B. Mohr, 1920, p. 1-16.
Weber, Max. "Die protestantische Ethik und der Geist des
Kapitalismus", in: *Gesammelte Aufsätze zur Religionssoziologie*.
Bd. I. Tübingen: J. C. B. Mohr, 1920, p. 17-206.

Todos os direitos reservados. Nenhuma parte desta obra poderá ser
reproduzida ou transmitida por qualquer forma e/ou quaisquer meios
(eletrônico ou mecânico, incluindo fotocópia e gravação) ou arquivada em
qualquer sistema ou banco de dados sem permissão escrita da editora.

CONSELHO EDITORIAL	PRODUÇÃO EDITORIAL
Diretor	Anna Catharina Miranda
Volney J. Berkenbrock	Eric Parrot
	Jailson Scota
Editores	Marcelo Telles
Aline dos Santos Carneiro	Mirela de Oliveira
Edrian Josué Pasini	Natália França
Marilac Loraine Oleniki	Priscilla A.F. Alves
Welder Lancieri Marchini	Rafael de Oliveira
	Samuel Rezende
Conselheiros	Verônica M. Guedes
Elói Dionísio Piva	
Francisco Morás	
Teobaldo Heidemann	
Thiago Alexandre Hayakawa	

Secretário executivo
Leonardo A.R.T. dos Santos

Editoração: Leonardo A.R.T. dos Santos
Diagramação: Sheilandre Desenv. Gráfico
Revisão gráfica: Nilton Braz da Rocha
Capa: Editora Vozes

ISBN 978-85-326-6349-8

Este livro foi composto e impresso pela Editora Vozes Ltda.

Sumário

Observação preliminar, 7

    Notas do autor, 26

A ética protestante e o espírito do capitalismo, 29

  I – O problema, 29

    1 Confissão e estratificação social, 29

    2 O "espírito" do capitalismo, 40

    3 A concepção de *Beruf* de Lutero – Tarefa da investigação, 70

  II – A ética profissional do protestantismo ascético, 82

    1 Os fundamentos religiosos da ascese intramundana, 82

    2 Ascese e espírito capitalista, 138

    Notas do autor, 165

    Notas do tradutor, 297

Correspondência de termos alemão-português, 299

Observação preliminar

O filho do mundo europeu de cultura, inevitável e justificadamente, haverá de tratar problemas concernentes à história universal sob o seguinte questionamento: qual encadeação de circunstâncias fez com que justamente sobre o solo do Ocidente, e apenas aqui, surgissem fenômenos culturais que, todavia, se encontrassem – como ao menos nós gostamos de imaginar – em uma direção de desenvolvimento dotada de significado e validade *universais*?

Somente no Ocidente há "ciência" no estágio de desenvolvimento que hoje reconhecemos como "válido". Também em outras localidades, sobretudo na Índia, China, Babilônia e no Egito, existiram saber e observação de extraordinária sublimação, conhecimentos empíricos, reflexões sobre problemas do mundo e do viver, sabedoria de vida filosófica e também teológica da espécie mais profunda – embora o pleno desenvolvimento de uma teologia sistemática seja próprio ao cristianismo de influência helenística (com apenas rudimentos no islã e em algumas seitas indianas). Mas: à astronomia babilônica e a qualquer outra faltava a fundamentação matemática que somente os helenos lhes conferiram – o que a rigor só torna o desenvolvimento especificamente da primeira ainda mais admirável. À geometria indiana faltava a "prova" racional – de novo um produto do espírito helênico, também pioneiro na criação da mecânica e da física. Às ciências naturais indianas, extremamente desenvolvidas no lado da observação, faltava o laboratório moderno e o experimento racional – essencialmente um produto da Renascença, após rudimentos na Antiguidade; especificamente na Índia, por isso, faltou à medicina, esta altamente desenvolvida nos aspectos técnico-empíricos, a base biológica e, em especial, a bioquímica. Uma química racional faltou a todas as regiões de cultura fora do Ocidente. À cronística chinesa, altamente desenvolvida, falta o *pragma* tucidideano. Maquiavel tem precursores na Índia. Mas a todas as doutrinas asiáticas do Estado faltam uma sistemática de espécie igual à da aristotélica e, principalmente, os conceitos racionais. Para uma doutrina jurídica racional faltam em outras localidades os esquemas estritamente jurísticos e as formas de pensamento do direito romano e do direito ocidental procedente da sua escola, apesar de todos os rudimentos encontrados na Índia (Escola de Mimamsa), das abrangentes codificações particularmente na Ásia Menor e de todos os códigos jurídicos indianos e os demais. Além disso, somente o Ocidente conhece uma formação como o direito canônico.

Semelhante na arte. Aparentemente, a escuta musical esteve desenvolvida com mais refinamento em outros povos do que hoje entre nós; no mínimo de forma não menos refinada. Polifonia de diversa espécie esteve largamente difundida pela terra; em outras localidades são encontrados o conjugar de uma pluralidade de instrumentos e também o descantar. Todos os nossos intervalos tônicos racionais também foram calculados e conhecidos alhures. Mas a música harmônica racional – tanto contrapontística como de acordes harmônicos –, a formação do material tonal na base dos três trítonos com a terceira harmônica, nossa enarmonia e nossa cromática interpretada harmonicamente desde a Renascença – não em distância senão em forma racional –, nossa orquestra – com seu quarteto de cordas como cerne e com a organização do conjunto de instrumentos de sopro, com o baixo contínuo –, nossa notação musical (que primeiro possibilitou a composição e a execução de obras tonais modernas, portanto toda a sua duradoura existência em primeiro lugar), nossas sonatas, sinfonias, óperas – isso embora nas mais diversas musicalidades houvesse música programática, cor tonal, alteração tônica e uma cromática enquanto meios de expressão –, e enquanto mediadores delas todos os nossos instrumentos fundamentais (órgão, piano, violinos): tudo isso existiu apenas no Ocidente.

Enquanto meios de decoração, ogivas existiram também em outras localidades, na Antiguidade e na Ásia; supõe-se que mesmo a abóbada de arestas ogival não fosse desconhecida no Oriente. Mas faltam o uso racional da abóbada gótica como meio da distribuição de peso e do abobadar de recintos em variadas formas, e sobretudo como princípio construtivo de grandes edifícios monumentais e fundamento de um *estilo* a incluir escultura e pintura, como criado pela Idade Média. Falta igualmente, porém, embora os fundamentos técnicos tivessem sido tomados do Oriente, aquela solução do problema da cúpula e aquela espécie de racionalização "clássica" de toda a arte que a Renascença criou aqui – na pintura, mediante uso racional da perspectiva linear e espacial. Produtos das artes gráficas existiram na China. Mas uma literatura impressa – sobretudo "imprensa" e "periódicos" –, à conta *apenas* da impressão, possibilitada apenas pela última, só surgiu no Ocidente. Em outras localidades (China, no islã) também havia escolas superiores de toda espécie possível, inclusive aparentemente similares a nossas universidades ou mesmo a nossas academias. Mas, em algum sentido que se aproxime do seu significado hodierno dominante na cultura, apenas no Ocidente existiu uma prática especializada racional e sistemática da ciência – o *homem especializado* instruído –, sobretudo: o *funcionário* especializado, a pedra angular do Estado moderno e da economia moderna do Ocidente. Dele são encontrados apenas rudimentos, que em lugar nenhum foram tão constitutivos para a ordem social, em sentido qualquer, como no Ocidente. Naturalmente, o "funcionário", também o funcionário especializado a partir da divisão do trabalho, é um fenômeno muito antigo, próprio às mais diversas culturas. No mesmo sentido que o Ocidente moderno, porém, nenhum país e nenhuma época conheceram a cativação absolutamente inexorável de toda a nossa existência, das condições políticas, técnicas e econômicas fundamentais do nosso ser, no envoltório de uma *organização* funcionalista de instrução especializada, nem o funcionário técnico, comercial, mas sobretudo o funcionário de Estado instruído em âmbito *jurístico* enquanto zelador das mais importantes funções cotidianas da vida social. Organização *estamental* das associações políticas e sociais foi amplamente difundida. Mas somente o Ocidente já conheceu o *Estado* estamental – "*rex et regnum*" – no sentido ocidental. E, de todo, apenas o Ocidente produziu parlamentos de "representantes do povo" eleitos periodicamente, o demagogo e a dominação de líderes partidários enquanto "ministros" responsáveis em âmbito parlamentar – embora, como natural, tenha existido por todo mundo "partidos" no sentido de organizações voltadas à tomada e à influenciação do poder político. O "Estado" em geral, no sentido de uma *instituição* política, com "constituição" racionalmente estatuída, direito racionalmente estatuído e uma administração orientada por regras racionais estatuídas – "leis" –, nessa combinação para ele essencial das marcas determinantes, só é conhecido pelo Ocidente, não obstante todos os rudimentos encontrados alhures.

E o mesmo também se aplica agora à mais fatídica potência da nossa vida moderna: o *capitalismo*.

"Pulsão aquisitiva", "ambição de ganho", de ganho pecuniário, do ganho pecuniário mais elevado possível, não têm em si nada a ver com capitalismo. Esse ambicionar era e é encontrado junto a empregados de mesa, médicos, cocheiros, artistas, cocotes, funcionários corruptíveis, soldados, ladrões, cruzados, frequentadores de casas de jogos, mendicantes – pode-se dizer: junto a *all sorts and conditions of men* ["todos os tipos e condições de homens"], em todas as épocas de todos os territórios da terra onde era e é dada de algum modo a possibilidade objetiva para tanto. Faz parte do aprendizado da história da cultura que se renuncie definitivamente a essa ingênua determinação conceitual. A mais desmedida cobiça aquisitiva não se iguala nem minimamente a capitalismo, muito menos ao seu "espírito". Capitalismo *pode* até ser idêntico ao *amansamento* dessa pulsão irracional, ao menos à temperação racional da última. Entretanto, capitalismo é idêntico à ambição de *ganho*; na empresa capitalista racional contínua: de ganho sempre *renovado* – de "*rentabilidade*". Pois ele tem de sê-lo. Dentro de uma ordem capitalista da economia geral, um empreendimento particular capitalista que não se orientasse pela oportunidade de alcançar rentabilidade estaria condenado à ruína. – Primeiro *definamos* isso de modo um pouco mais preciso do que frequentemente ocorre. Um ato econômico "capitalista" há de significar para nós a princípio um ato que se baseia na expectativa de ganho mediante aproveitamento de oportunidades de troca – portanto: em oportunidades de aquisição (formalmente) *pacíficas*. A aquisição violenta (formalmente e em ato) segue suas leis particulares, e não deve propriamente ser colocada (por menos que se possa proibi-lo a alguém) sob a mesma categoria com o agir orientado (em última instância) por oportunidades de ganho na troca[1]. Onde quer que seja ambicionada aquisição capitalista, o agir correspondente está orientado pela *calculação* do capital. Isto é: ele está inserido enquanto meio aquisitivo em uma aplicação planificada de rendimentos efetivos, objetivos ou pessoais, de tal modo que, no saldo, a receita final do empreendimento particular calculada em *balanço* relativa à posse de bens em valor monetário (ou do valor estimado calculado periodicamente em balanço relativo à posse de bens em valor monetário de uma operação contínua do empreendimento) há de *exceder* o "capital" – isto é, o valor estimado em *balanço* relativo aos meios aquisitivos objetivos utilizados para a aquisição mediante troca (no caso de empreendimento permanente, portanto: exceder *cada vez mais*). Independentemente de se tratar de um complexo de mercadorias dadas *in natura* em regime de comenda a um comerciante viandante cuja receita final, em turno, possa consistir, *in natura*, em outras mercadorias negociadas – ou de uma propriedade fabril formada por prédios, máquinas, estoques de dinheiro, matéria-prima, produtos acabados e semiacabados, dívidas ativas, com obrigações em contraparte –, o terminante é sempre: que uma *calculação* de capital é apresentada em dinheiro, seja à espécie modernamente contabilística ou então de maneira ainda tão primitiva e superficial, e isso tanto no início do empreendimento (balanço inicial) como antes de qualquer ação particular (calculação), no controle e no exame de funcionalidade (pós-calculação), e no fechamento para constatação daquilo que resultou como "ganho" (balanço final). O balanço inicial de um negócio realizado em regime de comenda, por exemplo, é a constatação em *saldo* do valor monetário dos bens entregues entre as partes – contanto que eles já não tenham forma pecuniária; seu balanço final é a estimativa que baseou, no fim, a constatação da distribuição de ganho ou perda; calculação fundamenta – no caso de racionalidade – qualquer ação particular do tomador nesse regime de comenda. Até hoje, em qualquer forma de empreendimento capitalista, onde quer que as circunstâncias não forcem à calculação precisa, ocorre que esta e uma estimativa efetivamente precisas faltam por completo, ocorre de se proceder de modo puramente estimativo ou simplesmente tradicional e convencional. Mas esses são pontos que dizem respeito apenas ao grau de *racionalidade* da atividade aquisitiva capitalista.

Para o entendimento importa apenas: que a orientação *efetiva* a uma comparação entre o resultado da estimativa monetária e a aplicação desta, por mais primitiva que seja a forma, determina de modo decisivo o agir econômico. Nesse sentido, "capitalismo" e empreendimentos "capitalistas", também com racionalização aceitável da calculação de capital, existiram em *todos* os territórios de cultura da terra, até onde remontam os documentos econômicos. Na China, Índia, Babilônia, no Egito, na Antiguidade mediterrânea, na Idade Média bem como na Época Moderna houve não apenas empreendimentos particulares totalmente isolados senão também atividades econômicas que tomavam como referência empreendimentos particulares capitalistas sempre novos, e também "empresas" contínuas – embora o comércio, em especial, por longo tempo não carregasse em si o caráter das nossas empresas permanentes, senão em essência o de uma série de empreendimentos particulares, e apenas paulatinamente uma coesão interna (orientada "segundo o ramo") veio a se incutir no comportamento dos *grandes* comerciantes em especial. Em todo caso: o empreendimento e mesmo o empresário capitalista, não apenas como empresário de ocasião senão também como o de atividade permanente, são bem antigos e estiveram extremamente difundidos, de modo universal.

Mas o Ocidente tem uma medida de significado e – o que dá fundamento a ela – produziu espécies, formas e correntes do capitalismo que nunca existiram em outras partes. Por todo o mundo houve comerciantes – grandes e varejistas, locais e interlocais –, toda espécie de negócios prestamistas, bancos com funções altamente distintas mas de fato ao menos similares em essência às dos bancos do nosso século XVI. Empréstimos marítimos, comendas, associações e negócios da espécie de comanditas foram amplamente difundidos, também à espécie de empreendimento. Onde quer que existissem finanças *monetárias* de corporações públicas – na Babilônia, em Hélas [Grécia], na Índia, China, em Roma –, aparecia o prestamista para o financiamento sobretudo de guerras e da pirataria, para fornecimentos e construções de toda espécie; na política ultramarina, ele surgia como empresário colonial, como adquiridor e gestor de plantações com escravos ou indivíduos direta ou indiretamente forçados ao trabalho, para arrendamento de domínios, ofícios e sobretudo de encargos fiscais, para o financiamento de chefes partidários com fim eleitoreiro e de *condottieri* em guerras civis, e, por fim, como "especulador", em toda espécie de oportunidade de ganho de valor monetário. Essa espécie de figura de empresário – o *aventureiro* capitalista – existiu em todo o mundo. Suas oportunidades – com exceção do comércio e dos negócios creditórios e bancários – eram principalmente ou de caráter puramente especulativo-irracional ou então orientadas à aquisição por intermédio da violência, sobretudo à aquisição de butim – em ato de guerra ou por via fiscal, de modo crônico (pilhagem de súditos).

O capitalismo de pioneiros, grandes especuladores, colonial e o capitalismo de financiamento moderno já em tempos de paz, mas sobretudo o capitalismo especificamente orientado à *guerra*, trazem esse cunho também na contemporaneidade ocidental, ainda com frequência, e alguns segmentos do grande comércio internacional – apenas alguns –, hoje como desde sempre, são-lhe bem próximos. Na *Época Moderna*, porém, o Ocidente conhece, além desta, uma espécie de capitalismo totalmente distinta e que não se desenvolveu em nenhuma outra localidade da terra: a organização capitalista-racional do *trabalho* (formalmente) *livre*. Apenas seus estágios preliminares são encontrados alhures. A rigor, mesmo a organização de trabalho *não livre* alcançou um certo nível de racionalidade apenas nas plantações e, em medida bem limitada, no *ergastérion* ["oficina"] da Antiguidade; um nível ainda mais reduzido é encontrado nas fazendas de corveia e nas fábricas de quinta ou nas indústrias domésticas de senhores fundiários com trabalho de servos ou subordinados, no começo da Época Moderna. Em relação ao trabalho livre, mesmo "indústrias domésticas" em sentido próprio se encontram atestadas com segurança apenas de modo isolado fora do Ocidente, e o emprego de diaristas, encontrado naturalmente por toda parte, não deu origem a nenhuma manufatura e nem mesmo a uma organização racional do aprendizado do ofício de artesão no cunho encontrado na Idade Média ocidental, isso com muito poucas e singulares exceções (em particular: empreendimentos de monopólio estatal), mas estas de espécie em todo caso bem distintas das organizações empresariais modernas. A organização empresarial racional, porém, orientada às oportunidades do *mercado de bens*, não às oportunidades de especulação mediante coação política ou irracionais, não é o único fenômeno singular do capitalismo ocidental. A organização racional moderna do empreendimento capitalista não teria sido possível sem dois outros importantes elementos de desenvolvimento: a *separação entre economia doméstica e atividade empresarial*, que simplesmente domina a vida econômica de hoje, e, estreitamente ligada a ela, a *contabilidade* racional. Separação espacial entre o domicílio e os locais de ofício e vendas é encontrada também alhures (no bazar oriental e no *ergastérion* de outras regiões de cultura). E também a criação de associações capitalistas com contabilidade operacional específica é encontrada na Ásia Oriental, como no Oriente e na Antiguidade. Mas: diante da autonomização moderna dos empreendimentos aquisitivos, estes são de fato apenas rudimentos. Sobretudo pela razão de faltar totalmente ou de estarem desenvolvidos apenas em princípios os meios *intrínsecos* dessa independência: tanto nossa *contabilidade* operacional racional como nossa separação *jurídica* entre o patrimônio da empresa e o patrimônio pessoal[2]. Senão o desenvolvimento tendeu por toda parte a fazer surgir: empreendimentos aquisitivos enquanto partes da *grande economia doméstica* (*oikos*) de príncipes ou senhores fundiários – um desenvolvimento todavia altamente distinto, até mesmo oposto, apesar de alguma afinidade aparente, como [Johann Karl] Rodbertus já reconhecera.

Em última instância, porém, todas essas singularidades do capitalismo ocidental só obtiveram seu significado de hoje com a vinculação à organização capitalista do trabalho. Aquilo que se costuma chamar de "comercialização" – o desenvolvimento do negócio de títulos e a racionalização da especulação (a bolsa) – também está ligado a ela. Pois sem organização capitalista-racional do trabalho, tudo isso, também o desenvolvimento até a "comercialização", desde que a princípio possível, não seria da mesma implicação – nem remotamente – sobretudo para a estrutura social e em relação a todos os problemas especificamente modernos ocidentais relacionados a ela. Uma calculação exata – o fundamento de todo o demais – só é possível, a rigor, no âmbito do trabalho livre. E assim como – e porque – não havia nenhuma organização racional do trabalho, o mundo também – e por essa razão – não conheceu nenhum *socialismo* racional fora do Ocidente moderno. Certamente, assim como economia urbana, política de abastecimento citadina, mercantilismo e política assistencialista dos príncipes, racionamentos, economia regulada, protecionismo e teorias de *laissez-faire* (na China), o mundo conheceu também economias comunistas e socialistas de cunho bem diverso: comunismo de base familiar, religiosa ou militar. Ele conheceu as mais variadas espécies de organizações socialistas estatais (no Egito), cartelístico-monopolistas e também de consumidores. Mas do mesmo modo como o conceito de "burguês" inexistiu por toda parte fora no Ocidente, e assim como o conceito de "burguesia" inexistiu por toda parte fora no Ocidente moderno – apesar de outrora ter havido privilégios mercantis citadinos, corporações de ofício, guildas e toda sorte de dissociações jurídicas entre cidade e campo, na forma mais diversa –, faltou e teve de faltar também o "proletariado" enquanto *classe*, porque faltava justamente a organização racional do *trabalho livre* enquanto *empresa*. Em diversos arranjos, existiram há longo tempo, em todo lugar, "lutas de classe" entre camadas de credores e de devedores, proprietários fundiários e indivíduos sem posses ou servos de corveia ou arrendatários, indivíduos interessados no comércio e consumidores ou proprietários fundiários. Mas as lutas medievo-ocidentais entre empresários e trabalhadores do sistema doméstico são encontradas alhures apenas em rudimentos. Falta totalmente o antagonismo moderno entre: empresários da grande indústria e trabalhadores assalariados livres. E por isso não podia existir também nenhuma problemática da espécie conhecida pelo socialismo moderno.

Em uma história universal da cultura, portanto, em termos puramente econômicos, o problema central *não* é, para nós, em última instância, o desenvolvimento da atividade capitalista enquanto tal, este a variar por toda parte somente na forma – do tipo do aventureiro ou do capitalismo comercial, ou orientado à guerra, à política, à administração e a suas oportunidades de ganho. Antes, nosso problema central é o surgimento do capitalismo *empresarial burguês*, com sua organização racional do *trabalho livre*. Ou, como expresso no campo da história da cultura: interessa o surgimento da *burguesia* ocidental e da sua particularidade, que decerto se encontra em estreita relação com o surgimento da organização capitalista do trabalho, mas naturalmente não é simplesmente idêntico. Pois "burguês" no sentido estamental já existiu antes do desenvolvimento do capitalismo especificamente ocidental. Mas decerto: *apenas* no Ocidente. Em todo caso, o capitalismo ocidental especificamente moderno é a princípio claramente influenciado, em forte medida, por desenvolvimentos de possibilidades *técnicas*. Sua racionalidade é determinada hoje, em essência, pela *calculabilidade* própria aos fatores tecnicamente decisivos: às bases da calculação exata. Mas em verdade isso significa: pela particularidade da ciência ocidental, em especial das ciências da natureza, fundamentadas racionalmente e de modo matemática e experimentalmente exato. Por seu lado, o desenvolvimento dessas ciências e da técnica nelas baseada recebeu e recebe agora impulsos determinantes por parte das oportunidades capitalistas, que se vinculam como prêmios à sua aplicabilidade econômica. De fato, o surgimento da ciência ocidental não foi determinado por tais oportunidades. Também os indianos faziam cálculos com decimais, realizavam operações algébricas; eles foram os inventores do sistema de numeração posicional, o qual entrou no Ocidente apenas a *serviço* do capitalismo em desenvolvimento, mas que na Índia não criou nenhuma calculação nem balanço contabilístico modernos. Também o surgimento da matemática e da mecânica não foi determinado por interesses capitalistas. Mas a aplicação *técnica* de conhecimentos científicos – essa decisiva para a ordem de vida das nossas massas – decerto foi determinada por prêmios econômicos que justamente no Ocidente eram dados em contrapartida. Esses prêmios, porém, eram decorrentes da particularidade da ordem *social* do Ocidente. Haverá de ser questionado, portanto: de *quais* elementos dessa particularidade eles decorreram, visto que, sem dúvida, nem todos terão sido igualmente importantes. Aos indubitavelmente importantes pertence a estrutura racional do *direito* e da administração. Pois o capitalismo empresarial moderno racional carece tanto dos meios técnicos de trabalho e também do direito possíveis de se tomar em cálculo quanto da administração segundo regras formais, sem os quais é possível o capitalismo especulativo comercial e aventureiro e todas as espécies possíveis do capitalismo de base política, mas não empreendimento racional no âmbito da economia privada com capital fixo e *calculação* segura. *Neste* acabamento técnico-jurídico e formalista, tais direito e administração estiveram disponíveis à gestão econômica *apenas* no Ocidente. Haverá, portanto, de se questionar qual é a origem desse seu direito. Por seu lado, junto a outras circunstâncias, *também* interesses capitalistas abriram indubitavelmente caminho à dominação pelo estamento de juristas instruídos em direito racional no âmbito da jurisprudência e da administração, como mostra qualquer investigação; mas de modo nenhum apenas ou principalmente esses interesses. E não foram estes que, por si, *criaram* esse direito. Antes, forças totalmente distintas ainda atuaram nesse desenvolvimento. E por que os interesses capitalistas não fizeram o mesmo na China ou na Índia? Por que ali não se conduziram àquelas vias da *racionalização* próprias ao Ocidente nem o desenvolvimento científico, nem o artístico, tampouco o estatal ou o econômico?

Pois em todos os casos de particularidade apresentados se trata claramente de um "racionalismo" de gênero específico, próprio à cultura ocidental. Mas por essa palavra pode ser compreendido algo bem distinto – como as exposições mais adiante haverão reiteradamente de elucidar. Por exemplo, há "racionalizações" da contemplação mística, portanto de um comportamento que, considerado desde outros domínios do viver, é especificamente "irracional", bem como há racionalizações da economia, da técnica, do trabalho científico, do ensino, da guerra, da jurisprudência e da administração. Pode-se ademais "racionalizar" cada um desses domínios sob pontos de vista e direcionamentos objetivos últimos altamente distintos, e aquilo que é "racional" desde um domínio pode ser "irracional" se considerado a partir de outro. Racionalizações, por isso, existiram nos mais diferentes domínios do viver, em espécie extremamente distinta, em todos os círculos culturais. Características da sua diferença histórico-cultural são apenas: as esferas e a direção *nas quais* elas foram racionalizadas. Assim, importante é, de novo, antes de tudo: reconhecer a *particularidade* específica do racionalismo ocidental e, dentro deste, a do racionalismo ocidental moderno, e explicá-la em seu surgimento. Qualquer tentativa de explicação desse gênero precisa considerar sobretudo as condições econômicas, em conformidade com o significado fundamental da economia. Mas o contexto causal inverso também não pode ficar sem consideração. Pois o racionalismo econômico, em seu surgimento, é em princípio dependente da técnica racional e do direito racional, como também da capacidade e da disposição dos indivíduos para determinadas espécies da *conduta de vida* prático-racional. Onde quer que estivesse obstruída por entraves de espécie anímica, o desenvolvimento de uma conduta de vida *economicamente* racional também enfrentou duras resistências internas. Mas em época passada, por toda parte, as forças mágicas e religiosas e as representações éticas do dever ancoradas em crença relativa às mesmas pertenceram aos mais importantes elementos formadores da conduta de vida. É *destes* que se trata nos ensaios reunidos e complementados a seguir.

Para isso são apresentados de início dois estudos mais antigos [*A ética protestante e o espírito do capitalismo* e o artigo "As seitas protestantes e o espírito do capitalismo"], que buscam, em *um* importante ponto particular, abordar aquele lado do problema geralmente de mais difícil apreensão: o condicionamento do surgimento de uma "disposição econômica" – do *ethos* de uma forma econômica – por determinados conteúdos de fé religiosos, e isso a partir do exemplo das relações do *ethos* econômico moderno com a ética racional do protestantismo ascético. Aqui, portanto, é examinado apenas *este* lado da relação causal. Os estudos posteriores, intitulados *Ética econômica das religiões mundiais*, buscam examinar *ambas* as relações causais, em um olhar geral sobre as relações das religiões de cultura mais importantes com a economia e a estratificação social do seu ambiente, até o necessário para encontrar os pontos de *comparação* com o desenvolvimento ocidental ainda a se analisar. Pois a rigor só assim é possível empreender em primeiro lugar a *imputação* causal inequívoca – em certa medida – daqueles elementos da ética econômica religiosa ocidental que, em contraste com outros, são-lhe peculiares. Esses estudos, portanto – também ainda tão concisos –, não pretendem valer como análises culturais abrangentes. Antes, eles enfatizam de modo totalmente intencional aquilo que, em cada região de cultura, encontrava-se e se encontra em *contraste* com o desenvolvimento cultural do Ocidente. Eles, portanto, são inteiramente orientados por aquilo que, em ocasião da exposição do desenvolvimento ocidental, surge como importante sob *este* ponto de vista. Um procedimento distinto não parecia mesmo possível, a considerar o fim dado. Mas para evitar mal-entendidos aqui é preciso expressamente chamar atenção para essa limitação da finalidade. E, ainda em um outro aspecto, ao menos o desorientado tem de ser alertado quanto a qualquer sobrevaloração do significado dessas exposições. O sinólogo, o indólogo, o semitista e o egiptólogo naturalmente não encontrarão nelas nada que lhes seja objetivamente novo. Desejável seria apenas: que eles não encontrem nada de *essencial* à matéria que tivessem de avaliar como *errado* em termos objetivos. O autor não tem como saber até que ponto foi logrado se aproximar desse ideal, ao menos no modo como um não especialista estaria a princípio em condições de fazê-lo. Afinal, está bem claro que tem toda razão para conceber bem modestamente o valor do seu trabalho quem quer que dependa do uso de traduções para se orientar – quanto à maneira de uso e avaliação das monumentais fontes documentais ou literárias – dentro da literatura especializada, esta muitas vezes bastante controversa, a qual ele, por seu lado, não tem como julgar autonomamente em seu valor. Isso ainda mais quando se considera que a quantidade de traduções disponíveis das "fontes" efetivas (i. é, de inscrições e documentos) em parte (esp. em relação à China) ainda é bem reduzida em comparação com aquilo de existente e de importância. De tudo isso resulta o caráter totalmente *provisório* destes estudos, em particular das partes relativas à Ásia[3]. Um juízo definitivo cabe apenas aos especialistas. E esses estudos só foram escritos porque, compreensivelmente, até hoje não há exposições especializadas com esse objetivo particular nem feitas sob esses pontos de vista específicos. Eles estão destinados a ser logo "superados", em um sentido e em uma medida incomparavelmente mais forte do que ultimamente se costuma valer para qualquer trabalho científico. Em todo caso, em trabalhos dessa espécie não há a princípio como evitar que se estenda comparativamente a outros campos do saber, por mais questionável que isso seja; mas então há de se arcar com a consequência de uma resignação bem forte em relação à medida de êxito. Hoje a moda ou o saudosismo dos literatos têm gosto em acreditar ser possível prescindir do especialista ou degradá-lo à condição de trabalhador subalterno em relação ao "espectador". Quase todas as ciências devem algo a diletantes, não raro pontos de vista muito valorosos. Mas o diletantismo enquanto princípio da ciência seria o fim. Quem deseja "espetáculo" que vá ao cinema – hoje, particularmente nesse campo de problemas, isso lhe é oferecido em massa também na forma literária[4]. Nada se encontra mais distante das exposições extremamente sóbrias destes estudos, estritamente empíricos em intenção, do que essa mentalidade. E – eu gostaria de acrescentar – quem deseja "prédica" que vá ao conventículo. Aqui não será discutido, com nenhuma palavra, qual relação *valorativa* existe entre as culturas tratadas comparativamente aqui. É verdade que o curso das vicissitudes humanas atinge de forma comovente o âmago daquele que observa um recorte do mesmo. Mas bem lhe fará guardar para si seus pequenos comentários pessoais, como também se costuma fazer à vista do mar e das altas montanhas – a não ser que se considere com talento para a formação artística ou chamado a pretensões proféticas. Na maioria dos outros casos, o demasiado falar a respeito da "intuição" não faz outra coisa senão velar uma falta de distanciamento com relação ao objeto, que há de ser avaliada da mesma maneira como a igual postura com relação ao ser humano.

Exige-se justificar que, para alcançar os objetivos aqui perseguidos, não se recorreu à pesquisa *etnográfica* no mesmo grau – nem de longe –, a qual, a considerar seu estado atual, seria naturalmente indispensável a qualquer exposição efetivamente penetrante, em particular da religiosidade asiática. Isso ocorreu não apenas porque a força de trabalho humana tem seus limites. Senão que aquilo pareceu se permitir principalmente porque aqui houve de importar em especial os contextos nos quais se insere a ética, esta religiosa em determinação, daquelas camadas que foram "expoentes culturais" do respectivo território. Trata-se a rigor das influências que *sua* conduta de vida exerceu. Entretanto, é totalmente correto que também estas sejam apreendidas de modo efetivamente aplicável apenas quando o fato etnográfico-folclorístico for confrontado com as mesmas. Pois se admita e se enfatize com veemência: aqui há uma lacuna que o etnógrafo, com boa razão, há de retificar. Algo para seu preenchimento espero poder realizar em uma elaboração sistemática da sociologia da religião. Mas tal empreendimento teria excedido o âmbito desta exposição, com suas limitadas finalidades. Ela teve de se contentar com a tentativa de apresentar tanto quanto possível os pontos de *comparação* com nossas religiões ocidentais de *cultura*.

Por fim, cabe pensar também no lado *antropológico* dos problemas. Se reiteradamente encontramos no Ocidente, e *apenas* ali – também em domínios da conduta de vida que (aparentemente) se desenvolvem de forma independente uns dos outros –, o desenvolvimento de determinadas *espécies* de racionalizações, é natural supor: que aqui qualidades *hereditárias* oferecessem o fundamento determinante. O autor reconhece: que ele, pessoal e subjetivamente, está inclinado a tomar em alto apreço o significado da hereditariedade biológica. Só que neste momento, apesar das realizações significativas do trabalho antropológico, não vejo como determinar com alguma exatidão, em medida e – sobretudo – em espécie e pontos de inserção, sua parcela no desenvolvimento investigado *aqui*, nem mesmo como sugeri-la de maneira aproximada. Terá de ser uma das tarefas do trabalho sociológico e histórico justamente expor, de início, se possível todas essas influências e cadeias causais que sejam satisfatoriamente explicáveis a partir de reações a vicissitudes e ao ambiente. Só depois, e ademais quando a psicologia e a neurologia raciais comparativas tiverem superado seu estágio inicial notado hoje, promissor em alguns aspectos, será *talvez* permitido esperar resultados satisfatórios também em relação àquele problema[5]. Por ora me parece faltar esse pressuposto, e a referência à "hereditariedade" seria uma renúncia precipitada à medida de conhecimento talvez possível *hoje*, e traria ao problema fatores (atualmente ainda) desconhecidos.

Notas do autor

[1] Aqui como em alguns outros pontos divirjo também do nosso respeitado mestre Lujo Brentano (em sua obra a ser citada mais tarde). E isso primeiro em relação à terminologia. Ademais, contudo, também em matéria. Não me parece apropriado subsumir à mesma categoria coisas tão heterogêneas como a aquisição de butim e a aquisição mediante gerência de uma fábrica, muito menos caracterizar como "espírito" do capitalismo – em oposição a outras formas aquisitivas – aquela ambição de adquirir *dinheiro*, porque, a meu ver, perde-se com a segunda caracterização toda precisão dos conceitos, com a primeira sobretudo a possibilidade de elaborar o específico do capitalismo ocidental em contraste com outras formas. Também na *Filosofia do dinheiro* de G. Simmel, "economia monetária" e "capitalismo" são demasiado equiparados, em prejuízo também das exposições objetivas. Nos escritos de W. Sombart, sobretudo também na edição mais recente da sua bela obra principal sobre o capitalismo, o *específico* do Ocidente – a organização racional do trabalho – perde fortemente em importância – ao menos considerado a partir do meu problema – em prol de fatores de desenvolvimento que estiveram a operar por todo o mundo.

[2] Naturalmente, a oposição não deve ser concebida como absoluta. Na Antiguidade mediterrânea e oriental, mas decerto também na China e na Índia, o capitalismo de orientação política (sobretudo: o de arrendatários de encargos fiscais) já fez surgir empreendimentos *permanentes* cuja contabilidade – conhecida por nós apenas em escassos fragmentos – deve ter possuído caráter "racional". Ademais, o capitalismo "aventureiro" de orientação política está mais estreitamente ligado ao capitalismo empresarial racional na história de surgimento dos *bancos* modernos, nascidos na maioria das vezes de negócios políticos motivados por guerras, também ainda na do Bank of England. Característico disso é o descarrilamento da política bancária desse "mais sólido" banco

ainda na ocasião de fundação da South Sea Company, assim como a oposição da individualidade de [William] Paterson, p. ex. – um típico *promoter* –, àqueles membros do diretório [bancário] que o levaram a assumir sua postura definitiva e logo passaram a ser caracterizados como "*The Puritan usurers of Grocers' Hall*. Portanto: a oposição é, como natural, bastante tênue. Mas ela *existe*. Os grandes *promoters* e financistas não criaram organizações racionais do *trabalho*, tampouco o fizeram os típicos expoentes do capitalismo político e financeiros: os judeus – de novo: no geral e com particulares exceções. Antes, foi outra gente (enquanto tipo!) que o realizou.

[3] Também os remanentes dos meus conhecimentos em hebraico são bem insuficientes.

[4] Não preciso dizer que a essa categoria não devem ser subsumidos aqui exames como os de K. Jaspers (em seu livro *Psychologie der Weltanschauungen* [*Psicologia das visões de mundo*], 1919) ou, por outro lado, de [Ludwig] Klages (em *Prinzipien der Charakerologie* [*Princípios da caracterologia*]), nem estudos similares que divirjam do que é empreendido aqui devido ao gênero do ponto de partida. Aqui não seria o lugar para um debate.

[5] Há anos um psiquiatra bastante excepcional me confessou ser da mesma opinião.

A ética protestante e o espírito do capitalismo[1]

I – O problema

1 Confissão e estratificação social

Um olhar na estatística ocupacional de um país de composição confessional mista trata de mostrar com notável frequência[2] um fenômeno que foi diversas vezes discutido intensamente na imprensa e na literatura catolicistas[3] e nos Congressos Católicos da Alemanha: o caráter bem predominantemente *protestante* da posse do capital e do empresariado, tanto como o das camadas superiores especializadas dos trabalhadores, mas em particular o do pessoal de mais elevada capacitação técnica ou comercial dos empreendimentos modernos[4]. Não apenas onde a diferença da confissão coincide com uma diferença da nacionalidade e, com ela, do grau do desenvolvimento cultural, como no Leste alemão entre alemães e poloneses, senão que quase por toda parte onde o desenvolvimento capitalista, no tempo do seu florescer, teve a princípio plena liberdade para, em função das suas necessidades, reestratificar socialmente a população e separá-la em profissões, encontramos esse fenômeno pronunciado nos números da estatística confessional – e mais claramente quanto mais esse fosse o caso. Contudo, a participação dos protestantes na posse de capital[5], na direção e nos escalões superiores do trabalho nos grandes empreendimentos modernos comerciais e industriais[6], relativamente bem mais intensa, isto é, proeminente em sua porcentagem na população total, certamente remonta em parte a razões históricas[7] encontradas em passado bem longínquo e ante as quais o pertencimento confessional surge não como *causa* de fenômenos econômicos senão, até certo grau, como *consequência* dos mesmos. A participação naquelas funções econômicas pressupõe em parte posse de capital, em parte educação dispendiosa, em parte, e na maioria das vezes, ambas; hoje ela está vinculada à posse de riqueza hereditária ou mesmo a uma certa abastança. No século XVI, porém, voltara-se ao protestantismo um grande número justamente das regiões mais ricas e economicamente desenvolvidas do Império Alemão, favorecidas pela natureza ou pela localização, em especial a maioria das *cidades* ricas, e ainda hoje os efeitos disso trazem vantagens aos protestantes na luta econômica pela existência. Mas surge então a questão histórica: qual razão para uma revolução na Igreja teve essa predisposição particularmente forte das regiões mais desenvolvidas economicamente? E aqui a resposta não é de modo nenhum tão simples como se poderia crer a princípio. A emancipação ante o tradicionalismo econômico decerto aparece como um fator que, de modo bem essencial, há de ter dado arrimo à inclinação ao duvidar também da tradição religiosa e à insurgência contra as autoridades tradicionais em geral. Mas ao mesmo tempo se deve considerar, o que hoje é frequentemente esquecido: que a Reforma significou a rigor não tanto a *eliminação* da dominação eclesiástica sobre a vida em geral do que, antes, a substituição da forma anterior da mesma por uma *outra*; e, para ser preciso, a substituição de uma dominação extremamente conveniente, à época pouco a se fazer sentir na prática, muitas vezes quase que apenas ainda formal, por uma regulamentação de toda a conduta de vida, tida a sério e infinitamente importuna, a se incutir, na mais ampla medida concebível, em todas as esferas da vida pública e doméstica. A dominação da Igreja Católica – "a punir os hereges mas indulgente com os pecadores", como ela era antes, mais ainda do que hoje – suportam em época presente também povos de fisionomia econômica inteiramente moderna, e do mesmo modo a suportaram as regiões mais ricas, mais desenvolvidas economicamente, que a terra conheceu na viragem do século XV. A dominação do calvinismo, tal como ela vigorou no século XVI em Genebra e na Escócia, na virada do século XVI para o século XVII em grandes partes dos Países Baixos, no século XVII na Nova Inglaterra, e por certo tempo mesmo na Inglaterra, seria para nós a forma de controle eclesial do indivíduo simplesmente mais insuportável que pudesse existir. Exatamente assim ela também foi sentida por amplas camadas do velho patriciado daquele tempo, em Genebra tanto quanto na Holanda e na Inglaterra. Não uma demasia senão uma pouquidade de controle religioso-eclesial da vida foi o que aqueles reformadores em particular, que surgiram em países economicamente desenvolvidos, encontraram para repreender. Pois como sucede que, à época, justamente esses países economicamente mais desenvolvidos, e, como ainda veremos, em especial as classes médias "burguesas" dentro deles, à época economicamente emergentes, não apenas suportaram aquela tirania puritana até então desconhecida senão desenvolveram em sua defesa um heroísmo que justamente as classes *burguesas*, *enquanto tais*, raramente conheceram antes e nunca posteriormente: "*the last of [all] our Heroisms*" [o último de todos os nossos heroísmos], como Carlyle diz, não sem razão?

Mas além disso e em especial: se a maior participação dos protestantes na posse de capital e nos cargos dirigentes dentro da economia moderna hoje, como dito, pode ser compreendida em parte simplesmente como resultante dos seus recursos patrimoniais historicamente legados, estes em média maiores, por outro lado se notam fenômenos nos quais a relação causal indubitavelmente *não* está disposta assim. Aos mesmos pertencem, entre outros, apenas para indicar alguns, os seguintes: inicialmente a diferença bem geral – verificável em Baden assim como na Baviera e na Hungria, por exemplo – na *espécie* da superior instrução que pais católicos, ao contrário dos protestantes, costumam proporcionar a seus filhos. O fato de, no todo, a porcentagem de católicos entre os alunos e secundaristas dos estabelecimentos "superiores" de ensino ficar consideravelmente abaixo da sua proporção geral na população[8] deve mesmo ser atribuído, em parcela significativa, às mencionadas diferenças patrimoniais legadas. Também *entre* os secundaristas católicos, contudo, a porcentagem daqueles que saem dos estabelecimentos modernos especialmente voltados e próprios à preparação para estudos técnicos e profissões comerciais-industriais, para uma vida aquisitiva burguesa em geral – *Realgymnasien, Realschulen, höheren Bürgerschulen*[NT1] etc. –, fica abaixo da dos protestantes[9] em uma medida notavelmente *maior*, ao passo que aquela capacitação que os *Gymnasien* humanistas oferecem seja preferida por eles – eis um fenômeno que não se explica por aquelas diferenças, ao qual, por seu lado, inversamente, deve-se antes recorrer para a explicação do pouco interesse dos católicos pela atividade aquisitiva capitalista. Mas ainda mais marcante é uma observação que ajuda a compreender a reduzida proporção de católicos entre os *trabalhadores* especializados da grande indústria moderna. O conhecido fenômeno de a fábrica, em forte medida, recrutar sua mão de obra especializada entre as jovens gerações de artesãos de ofício, ou seja, de ela deixar ao cuidado dos últimos a capacitação das suas forças de trabalho e as tomar para si depois de completada a pré-formação, nota-se em medida essencialmente maior entre os aprendizes protestantes do que entre os católicos. Com outras palavras, os católicos entre os aprendizes mostram a inclinação mais forte a permanecer no ofício, portanto se tornam *mestres*-artesãos com frequência relativamente maior, enquanto os protestantes, em medida relativamente mais forte, afluem às fábricas para aqui ocupar os escalões superiores dos trabalhadores especializados e do funcionalismo industrial[10]. Nesses casos a relação causal sem dúvida se dá de maneira que a *particularidade espiritual adquirida*, e aqui especificamente o direcionamento da educação, este condicionado pela atmosfera religiosa da terra natal e da casa paterna, determinou a escolha da profissão e os outros destinos profissionais.

Em todo caso, a menor participação dos católicos na vida aquisitiva moderna na Alemanha é tão mais notável na medida em que contraria a constatação, feita ademais desde sempre[11] e também na atualidade: de que justamente minorias nacionais ou religiosas, contrapostas enquanto "dominadas" a um outro grupo – enquanto o dos "dominantes" –, costumam ser impelidas em medida particularmente mais forte, *mediante* sua voluntária ou involuntária exclusão das posições politicamente influentes, à via da atividade aquisitiva; seus membros mais dotados buscam efetivar aqui aspiração que não logra encontrar nenhum aproveitamento no âmbito do serviço estatal. Assim sucedeu, de modo inequívoco, aos poloneses empreendidos em inquestionável progresso econômico na Rússia e na Prússia Oriental – em contraste com a Galícia, por eles dominada –, como anteriormente aos huguenotes na França sob Luís XIV, aos não conformistas e aos *quakers* na Inglaterra e – *last not least* – como ocorre com os judeus há dois milênios. Mas entre os católicos na Alemanha não vemos nada de tal efeito, ou ao menos nada que salte aos olhos, e também no passado, nos tempos em que foram perseguidos ou então apenas tolerados, eles não apresentaram nenhum desenvolvimento *econômico* particularmente sobressalente, nem na Holanda, nem na Inglaterra, ao contrário dos protestantes. Antes, dá-se o fato: que os protestantes (em especial certas correntes entre os mesmos, a serem tratadas mais tarde em particular), enquanto camada *tanto* dominante *como* dominada, *tanto* como maioria *como* enquanto minoria, demonstraram uma inclinação específica ao racionalismo econômico a qual não era nem é de observar entre os católicos na mesma maneira, *nem* em uma, *nem* na outra situação[12]. No principal, portanto, a razão do comportamento distinto deve ser buscada na particularidade intrínseca perene e *não* apenas na respectiva situação histórico-política extrínseca das confissões[13].

Assim, seria de interesse investigar primeiro quais são ou foram os elementos próprios àquela particularidade das confissões que atuaram ou em parte ainda atuam na direção descrita acima. Mas em consideração superficial e a partir de certas impressões modernas poderíamos ser tentados a formular a oposição assim: que o maior "estranhamento do mundo" próprio ao catolicismo, os traços ascéticos que seus ideais mais elevados apresentam, haveriam de instruir seus professadores a uma maior indiferença diante dos bens deste mundo. Aliás, essa justificação de fato também corresponde ao esquema popular de julgamento de ambas as confissões hoje usual. Desde o lado protestante, utiliza-se essa concepção para a crítica daqueles ideais ascéticos (reais ou supostos) da conduta católica de vida; desde o lado católico, responde-se com a acusação de "materialismo", o qual seria a consequência da secularização, pelo protestantismo, de todos os intentos de vida. Um escritor moderno também acreditou haver de formular no seguinte sentido o contraste manifestado no comportamento de ambas as confissões com relação à vida aquisitiva: "O católico [...] é mais sereno; dotado de menor pulsão aquisitiva, ele tem preferência por uma carreira mais segura possível, ainda que com renda menor, mais do que por uma vida arriscada, agitada, mas eventualmente a trazer honras e riquezas. Na linguagem popular se diz com graça: 'ou comer bem, ou dormir sossegado'. No presente caso, o protestante gosta de comer bem, enquanto o católico quer dormir com sossego."[14] De fato, com o "querer comer bem" pode ser caracterizada, de modo incompleto mas ao menos em parte correto, a motivação da parcela dos protestantes na Alemanha indiferentes à Igreja e da época atual. Mas no passado não apenas as coisas estavam dispostas de modo bem diferente: como se sabe, aos puritanos ingleses, holandeses e americanos era característico – e um dos seus traços de caráter justamente mais importantes para nós, como ainda veremos – o exato oposto da "alegria com o mundo". Senão que o protestantismo francês, por exemplo, por longo tempo e em certa medida até hoje, conservou o caráter que por toda parte deu cunho às Igrejas calvinistas no geral, e principalmente às "sob a cruz" no tempo das guerras religiosas. Apesar disso, como se sabe – ou, como teremos a inquirir adiante: talvez justamente por isso? –, ele foi e permaneceu um dos mais importantes zeladores do desenvolvimento industrial e capitalista da França, e na pequena escala em que a perseguição o permitiu. Caso se queira denominar "estranhamento do mundo" essa austeridade e o forte predomínio de interesses religiosos na conduta de vida, *então* os *calvinistas* franceses tinham e têm no mínimo o mesmo estranhamento diante do mundo que, por exemplo, os *católicos* norte-alemães, que assumem seu catolicismo de modo bem passional, em uma medida sem dúvida não encontrada junto a nenhum outro povo da terra. E além disso *ambos* se distinguem, no mesmo direcionamento, dos protestantes da Alemanha – hoje absortos na vida aquisitiva mundana e predominantemente indiferentes à religião nas suas camadas superiores – e do partido religioso predominante: dos católicos da França, estes com a mais elevada alegria de viver em suas camadas inferiores, diretamente hostis à religião em suas camadas superiores[15]. Poucas coisas além desses paralelos mostram tão claramente que aqui não há nenhuma serventia para ideias tão vagas como a do (suposto!) "estranhamento do mundo" do catolicismo, a da (suposta!) "alegria" materialista "com o mundo" do protestantismo e várias semelhantes, já porque nessa generalidade elas não se aplicam de modo nenhum, em parte também ainda hoje, em parte ao menos em relação ao passado. Contudo, caso se quisesse operar com elas, *então*, fora os comentários já feitos, mais algumas outras observações que se impõem de imediato teriam até de sugerir a ideia de que todo o contraste – entre participação na vida aquisitiva capitalista, por um lado, e por outro o estranhamento do mundo, a ascese e a devoção eclesial – não haveria mesmo de se converter em uma *afinidade* intrínseca.

De fato já é notável – para começar com alguns fatores bem manifestos – quão grande foi o número dos representantes das formas justamente mais intrínsecas da devoção cristã oriundos de círculos de comerciantes. Especialmente o pietismo deve a essa procedência um número notavelmente grande de seus professadores mais austeros. Aqui seria possível pensar em uma espécie de efeito contrastante do "mamonismo" sobre naturezas individuais contemplativas e não aptas à profissão de comerciante, e, tanto em Francisco de Assis como também entre muitos daqueles pietistas, certamente foi assim que a ocorrência da "conversão", com bastante frequência, também se apresentou subjetivamente ao próprio convertido. E, similarmente, seria possível então buscar explicar como reação à educação ascética na juventude o fenômeno de empresários capitalistas de grande estilo provirem de casas de pastores, fenômeno esse de frequência igualmente tão notável – a começar por Cecil Rhodes. Entretanto, esse modo de explicação fracassa onde quer que um senso capitalista virtuoso para os negócios *coincida*, nas mesmas pessoas e nos mesmos grupos humanos, com as formas mais intensivas de uma devoção a permear e regular todo o viver, e esses casos não são porventura isolados, senão que se trata mesmo de uma marca característica de grupos inteiros das Igrejas e seitas protestantes historicamente mais importantes. O calvinismo em especial, onde *quer que tenha aparecido*[16], apresenta essa combinação. Por menos que ele tenha estado ligado, no tempo da propagação da Reforma, a uma determinada classe particular em um país qualquer (como em geral qualquer uma das confissões protestantes), é mesmo característico e "típico" em certo sentido que nas Igrejas huguenotes francesas, por exemplo, monges e industriais (comerciantes, artesãos de ofício) logo estivessem representados numericamente de modo particularmente forte entre os prosélitos e assim permanecessem, em particular nos tempos de perseguição[17]. Já sabiam os espanhóis que "a heresia" (i. é, o calvinismo dos neerlandeses) "fomentava o espírito comercial", e isso acorda totalmente com as opiniões que Sir W. Petty expôs em sua discussão sobre os fundamentos do impulso capitalista dos Países Baixos. Gothein[18] chama a diáspora calvinista, com razão, de o "viveiro da economia de capital"[19]. Aqui seria possível enxergar como o determinante a superioridade da cultura econômica francesa e holandesa, de onde essa diáspora proveio em sua maior parte, ou também a enorme influência do exílio e da desconjunção ante as relações tradicionais de vida[20]. Só que o caso foi exatamente este na própria França no século XVII, como é conhecido a partir das lutas de [Jean-Baptiste] Colbert. Em ocasiões, mesmo a Áustria – para não falar de outros países – importou diretamente fabricantes protestantes.

Mas nem todas as denominações protestantes parecem atuar com igual força nessa direção. O calvinismo o fez aparentemente também na Alemanha; em Wuppertal como alhures, a confissão "reformada"[21], na comparação com outras confissões, parece ter sido profícua ao desenvolvimento do espírito capitalista – isso mais do que o luteranismo, por exemplo, tanto no geral quanto no particular, como parece instruir a comparação, isso especialmente em Wuppertal[22]. Buckle e, entre os poetas ingleses, nomeadamente Keats enfatizaram essas relações em relação à Escócia[23]. Ainda mais notável, bastando também apenas ser lembrada, é a relação da regulamentação religiosa do viver com o mais intensivo desenvolvimento do senso comercial encontrada em todo um conjunto justamente daquelas seitas cujo "estranhamento de vida" se tornou tão proverbial quanto a sua riqueza: em especial entre os *quakers* e os *menonitas*. O papel que os primeiros desempenharam na Inglaterra e na América do Norte coube aos últimos nos Países Baixos e na Alemanha. O fato de o próprio Frederico Guilherme I, na Prússia Oriental, ter tolerado os menonitas enquanto zeladores imprescindíveis da indústria, apesar da absoluta recusa dos últimos a prestar serviço militar, é apenas um dos inúmeros fatos notórios que ilustram isso, mas decerto um dos que o fazem com maior veemência, a considerar a particularidade desse rei. É suficientemente conhecido, por fim, que a combinação da intensiva devoção com sucesso e senso comerciais desenvolvidos de modo igualmente forte se aplicava também aos *pietistas*[24] – basta se recordar de Calw e das condições encontradas na Renânia; por essa razão, nestas exposições, a rigor apenas bem provisórias, não há necessidade de continuar a acumular os exemplos. Pois estes poucos já mostram, todos, uma coisa: o "espírito do trabalho", do "progresso", ou como quer que ele ainda seja denominado, cujo despertar se está inclinado a atribuir ao protestantismo, não deve ser compreendido, ao contrário do que costuma ocorrer hoje, como "alegria com o mundo" ou, de qualquer outro modo, no sentido "iluminista". O antigo protestantismo de Lutero, Calvino, Knox, Voet, tinha muito pouco a ver com o que hoje se chama de "progresso". Ele se colocava de modo diretamente hostil perante aspectos inteiros da vida moderna dos quais o confessional mais extremo não haveria mais, hoje, de prescindir. Portanto, se a princípio deve ser encontrada alguma afinidade intrínseca de determinadas cunhagens do espírito protestante antigo com a cultura capitalista moderna, temos de tentar buscá-la, a bem ou a mal, *não* em sua (suposta) "alegria com o mundo" mais ou menos materialista ou mesmo antiascética, senão, antes, em seus traços puramente *religiosos*. – Montesquieu diz dos ingleses (*Espírito das leis*, livro XX, cap. 7) que, de todos os povos do mundo, eles teriam sido aquele que "melhor soube se aproveitar dessas três grandes coisas ao mesmo tempo: a religião, o comércio e a liberdade". Estaria a sua superioridade no campo da atividade aquisitiva – e, o que pertence a um outro contexto: sua aptidão para instituições políticas liberais – talvez relacionada com aquele recorde de devoção que Montesquieu lhes confere?

Todo um conjunto de relações possíveis, difusamente percebidas, eleva-se perante nós tão logo colocamos a pergunta desta maneira. Agora a tarefa terá de consistir precisamente em *formular*, de modo tão claro como possível no geral, não obstante a multiplicidade inesgotável que permeia todo fenômeno histórico, isso que aqui concebemos indistintamente. Para lográ-lo, porém, deve ser forçosamente abandonado o âmbito das vagas representações gerais com o qual operamos até aqui, e será necessário buscar perscrutar a particularidade característica e as diferenças daqueles grandes mundos de ideias religiosos que nos são historicamente dados nas distintas cunhagens da religião cristã.

Antes, contudo, algumas observações ainda são necessárias: inicialmente sobre a particularidade do objeto de cuja explicação histórica se trata; depois sobre o sentido no qual tal explicação, no âmbito destas investigações, é a princípio possível.

2 O "espírito" do capitalismo

No título deste estudo é utilizado o conceito, a soar um tanto pretensioso: *"espírito do capitalismo"*. O que deve ser compreendido por ele? Na tentativa de dar algo como uma "definição" do mesmo, logo se apresentam certas dificuldades, assentadas na natureza da finalidade da investigação.

Se for a princípio possível encontrar um objeto em relação ao qual o uso daquela designação logre obter algum sentido, este pode ser apenas um "indivíduo histórico", isto é, um complexo de relações na realidade histórica que nós, sob o ponto de vista do seu *significado cultural*, adunamos conceitualmente em um todo.

Tal conceito histórico, porém, visto que se refere, em seu conteúdo, a um fenômeno significativo em sua *particularidade* individual, não pode ser definido (em alemão: *"abgegrenzt"* ["delimitado"]) segundo o esquema *"genus proximum, differentia specifica"*, senão que precisa ser *composto* gradualmente a partir de cada um de seus elementos, a serem extraídos da realidade histórica. Por essa razão, a apreensão conceitual definitiva não pode se encontrar no começo da investigação senão tem de se dar na sua *conclusão*; com outras palavras, somente no curso da discussão, e enquanto seu resultado essencial, haverá de se mostrar como deve ser formulado da melhor maneira – isto é, do modo mais adequado aos pontos de vista que nos interessam aqui – aquilo que compreendemos por "espírito" do capitalismo. Em turno, esses pontos de vista (dos quais ainda será falado) não são os únicos possíveis sob os quais podem ser analisados esses fenômenos históricos que consideramos. Outros pontos de vista da consideração, aqui como em relação a todo fenômeno histórico, indicariam outros traços como os "essenciais" – de onde se seguiria de imediato que não se pode nem se deve compreender pelo "espírito" do capitalismo necessariamente *apenas* aquilo que irá se afigurar *a nós* como o essencial nele para nossa concepção. Isso, precisamente, reside na essência da "formação de conceitos história", a qual, para seus fins metódicos, busca não enquadrar a realidade em conceitos genéricos abstratos senão tenta integrá-la em contextos genéticos concretos sempre e inevitavelmente de matiz especificamente *individual*.

Contudo, caso se deva de levar a cabo uma averiguação do objeto cujas análise e explicação histórica estão em causa, então pode se tratar não de uma definição conceitual senão, ao menos por ora, apenas de uma *elucidação* provisória do que é referido aqui com o "espírito" do capitalismo. Tal elucidação é de fato imprescindível à finalidade de um entendimento sobre o objeto da investigação, e, com este intuito, detenhamo-nos ante um documento desse "espírito" que, em pureza quase clássica, contém aquilo que importa aqui em princípio e oferece ao mesmo tempo a vantagem de estar apartado de *toda* relação direta com o religioso, portanto a vantagem de ser – relativamente ao nosso tema – "isento de pressupostos":

> Lembra-te que *tempo* é *dinheiro*. Aquele que poderia ganhar dez xelins por dia com seu trabalho e vai passear ou fica no ócio a metade do dia, ainda que gaste apenas seis *pence* durante sua diversão ou ócio, não deve considerá-los a única despesa; ele ainda gastou, ou, antes, jogou fora, ademais, cinco xelins.

> Lembra-te que *crédito* é *dinheiro*. Se um homem deixa seu dinheiro em minhas

mãos depois de ele estar vencido, ele me dá os interesses, ou tanto quanto eu puder auferir dele durante aquele tempo. Isso amonta em uma soma considerável se um homem tem crédito bom e largo, e faz bom uso dele.

Lembra-te que dinheiro é de *natureza prolífica, gerativa*. Dinheiro pode gerar dinheiro, e seus rebentos podem gerar ainda mais, e assim por diante. Cinco xelins investidos são seis; novamente aplicados, sete xelins, três *pence* e assim por diante, até se tornarem cem libras. Quanto mais haja do mesmo, mais ele produz em cada investimento, de modo que os proventos aumentam cada vez mais rápido. Aquele que mata uma porca reprodutora destrói todo seu rebento até a milésima geração. Aquele que *assassina* (!) uma coroa [de cinco xelins] destrói tudo que ela poderia ter produzido, colunelos inteiros de libras. [...]

Lembra-te deste provérbio – *o bom pagador é senhor da bolsa alheia*. Aquele que é conhecido por pagar pontualmente, e exatamente na data que ele promete, pode, a qualquer tempo e em qualquer ocasião, levantar todo o dinheiro que seus amigos logram poupar.

Isso, às vezes, é de grande proveito. Depois de diligência e frugalidade [*industry and frugality*], nada contribui mais para a *ascensão* de um jovem no mundo do que pontualidade e justiça em todos os seus negócios; por essa razão, nunca mantenhas dinheiro emprestado nem por uma hora além da data que prometeste, para evitar que um desapontamento feche para sempre a bolsa do teu amigo.

As mais frívolas ações que afetem o *crédito* de um homem têm de ser consideradas. O som do teu martelo às cinco da manhã ou às oito da noite, escutado por um credor, deixam-no condescendente por mais seis meses; mas se te vê à mesa de bilhar ou ouve tua voz na taberna quando devias estar ao trabalho, ele reclama seu dinheiro no dia seguinte; demanda-o antes que possa recebê-lo, de uma vez só.

Isso mostra, ademais, que estás atento ao que deves; isso te faz *parecer* um *homem* tão cuidadoso como *honesto*, e isso aumenta teu *crédito*.

Cuida para não tomar tudo que possuas como tua propriedade, e para não viver de modo correspondente. Esse é um erro no qual incorre muita gente que tem crédito. Para preveni-lo, mantém por algum tempo uma contabilidade exata de tuas despesas e de teus ingressos. Se envidas os esforços para atentar em princípio aos pormenores, isso terá este efeito benéfico: descobrirás como gastos admiravelmente pequenos, frívolos, amealham-se em largas somas; e discernirás o que se poderia ter sido poupado e o que poderá ser poupado no futuro [sem ocasionar nenhuma grande inconveniência].

[...]

Por seis libras ao ano podes fazer o uso de cem libras, contanto que sejas um homem de notória prudência e honestidade. Aquele que gasta um *groat* por dia sem necessidade gasta inutilmente mais de seis libras por ano, o que é o preço do uso de cem libras. Aquele que desperdiça, todo dia, uma parte do seu tempo no valor de um *groat*, sem necessidade (e isso pode equivaler a apenas alguns minutos), desperdiça a cada dia, contado diariamente, o privilégio de usar cem libras. Aquele que, sem necessidade, perde tempo no valor de cinco xelins perde cinco xelins, e pode, com a mesma prudência, jogar cinco xelins no mar. Aquele que perde cinco xelins perde não apenas a soma senão toda a vantagem que pode ser feita no investimento em negócios – o que, na época que um jovem envelhece, amontará em uma soma considerável de dinheiro.

É Benjamim Franklin[25] quem prega nessas sentenças – as mesmas que Ferdinand Kürnberger satiriza
como suposta confissão de fé do ianquismo em seu
espirituoso e cáustico "retrato cultural dos americanos"[26]. Ninguém há de duvidar que o "espírito do capitalismo" seja aquilo que, de maneira característica,
discursa de dentro dele, como tampouco deve ser afirmado que *tudo* o que se pode compreender por esse
"espírito" esteja porventura contido ali. Se nos detiver-
mos um pouco mais nessa passagem – cuja sabedoria
de vida Kürnberger resume em sua obra da seguinte
forma: "do gado se faz sebo; dos homens, dinheiro" –,
evidencia-se como o peculiar nessa "filosofia da avareza" o ideal do homem honroso *solvente*, e sobretudo: a
ideia do *dever* do indivíduo relativo ao interesse, pressuposto como fim em si mesmo, no aumento do seu capital. De fato: que aqui seja pregada não simplesmente
técnica de vida senão uma "ética" peculiar cuja viola-
ção é tratada não apenas como disparate senão como
uma espécie de negligência – isto, acima de tudo, pertence à essência da coisa. Ali não apenas é instruída
"perspicácia de negócios" – algo do gênero se encontra
com bastante frequência também em outros lugares; é
um *ethos* que se manifesta, e ele nos interessa justamente *nessa* qualidade.

Quando Jakob Fugger, a um sócio que se aposen-
tou e que o persuade a fazer o mesmo, pois ele então
teria ganho o suficiente e deveria deixar outros ganha-
rem também, faz censura a isso como "pusilanimida-
de" e responde que ele (Fugger) teria "um entendimento muito distinto, queria ganhar enquanto pudesse"[27],
o "espírito" dessa declaração *diverge* claramente de
Franklin: o que é expresso ali como produto de ousa-
dia comercial e de uma inclinação pessoal moralmente indiferente[28] assume aqui o caráter de uma máxima
eticamente matizada da conduta de vida. Nesse
sentido específico será utilizado aqui o conceito

"espírito do capitalismo"[29]. Naturalmente: do capitalismo *moderno*. Pois diante da colocação da questão é evidente que se trata aqui apenas desse capitalismo ocidental euro-americano. "Capitalismo" existiu na China, Índia, Babilônia, na Antiguidade e na Idade Média. *Mas, como veremos, faltava-lhe justamente esse* ethos *peculiar*.

Em todo caso, todas as advertências morais de Franklin têm sem dúvida inflexão utilitária: a honestidade é *útil* porque traz crédito, tanto quanto a pontualidade, a diligência, a frugalidade, *e por isso* elas *são* virtudes – de onde se seguiria, por exemplo, entre outras coisas, que, onde quer que a *aparência* de honestidade preste o mesmo serviço, ela lhe basta, e que um excesso desnecessário dessa virtude haveria de surgir aos olhos de Franklin como condenável, como desperdício improdutivo. E de fato: quem lê em sua autobiografia o relato da sua "conversão" àquelas virtudes[30] ou todas as exposições sobre o proveito que teria, para a obtenção de reconhecimento geral, a estrita conservação da *aparência* de modéstia, da discrição intencional dos próprios méritos[31], há necessariamente de chegar à conclusão de que, segundo Franklin, aquela como todas as virtudes o são também *apenas enquanto* forem, *in concreto*, úteis ao indivíduo, e o sucedâneo da mera aparência é suficiente onde quer que ele preste o mesmo serviço – uma consequência de fato inescapável para o utilitarismo estrito. Isso que alemães estão acostumados a perceber como "hipocrisia" nas virtudes do americanismo parece ser apanhado aqui *in flagranti*. – Só que em verdade as coisas não são, de modo nenhum, simples assim. Não apenas o caráter próprio de Benjamin Franklin, exatamente como manifesto na honestidade todavia rara da sua autobiografia, e a circunstância de ele remontar o fato mesmo de ter descoberto a "utilidade" da virtude a uma revelação de Deus, o qual pretendeu destiná-lo à virtuosidade, indicam que aqui ainda se tem algo distinto de um debruamento de máximas puramente egocêntricas. Antes, o *"summum bonum"* dessa "ética" é sobretudo: a aquisição de dinheiro e sempre mais dinheiro, sob evitamento mais rigoroso de todo fruir desimpedido, tão completamente despojada de todos os aspectos eudemonísticos ou até hedonísticos, tão puramente pensada como fim em si mesmo, que, em comparação com a "felicidade" ou com o "proveito" do indivíduo particular, ela surge como algo ao menos completamente transcendente e simplesmente irracional[32]. Para o ser humano, a aquisição é finalidade do seu viver, não mais meio para o fim da satisfação das suas necessidades materiais de vida. Essa inversão do estado de coisas "natural", como diríamos, simplesmente sem sentido para a sensibilidade não comprometida, é necessariamente, como bem manifesto, um *Leitmotiv* do capitalismo, do mesmo modo como é estranha ao indivíduo não tocado por seu sopro. Mas ela implica ao mesmo tempo uma série de percepções que se relaciona estreitamente a certas representações religiosas. Ao ser perguntado especificamente sobre o *porquê*, afinal, de se dever fazer "dos homens, dinheiro", Benjamin Franklin – embora seja ele mesmo um deísta confessionalmente neutro – responde à questão em sua autobiografia com um provérbio bíblico que, como ele diz, seu pai, calvinista estrito, teria estado sempre a lhe imprimir na juventude: "Vês um homem exímio *em sua profissão*? Diante de reis ele deveria estar"[33]. Dentro da ordem econômica moderna, a aquisição pecuniária – desde que se dê de forma legal – é o resultado e a expressão da competência na *profissão*, e *essa competência* é, como agora se há de reconhecer sem dificuldade, o verdadeiro alfa e ômega da moral de Franklin, com a qual nos deparamos nas passagens citadas bem como em todos os seus escritos, sem exceção[34].

De fato: aquela peculiar ideia do *dever profissional* – hoje tão familiar a nós, e em verdade tão pouco óbvia –, de uma obrigação que o indivíduo deve assumir e assume ante o propósito da sua atividade "de profissão", independentemente daquilo em que ela consista, em especial sem importar se ela há de surgir à sensibilidade não comprometida como pura valorização da sua força de trabalho ou então apenas da sua posse de bens materiais (como "capital") – essa ideia é aquilo de característico à "ética social" da cultura capitalista; ela é, em certo sentido, até de significado constitutivo para a mesma. Não que ela tivesse medrado *apenas* no terreno do capitalismo; pelo contrário, mais tarde buscaremos sua origem em passado mais remoto. E, naturalmente, deve menos ainda ser afirmado que a assimilação subjetiva dessas máximas éticas por cada um dos expoentes do capitalismo *hodierno*, por exemplo pelos empresários ou pelos trabalhadores dos empreendimentos capitalistas modernos, seja condição de sobre-existência para o mesmo. A ordem econômica capitalista de hoje é um imenso cosmo dentro do qual o indivíduo nasce e que, a este, ao menos enquanto indivíduo, está dado como envoltório factualmente imutável no qual ele tem de viver. Ao indivíduo, enquanto este esteja implicado no contexto do mercado, ele impõe as normas do seu agir econômico. O fabricante que a todo tempo infringe essas normas será eliminado economicamente, isso de modo tão infalível como o trabalhador que não pode ou não quer se adaptar a elas há de ser posto à rua como desempregado.

O capitalismo hodierno, portanto, que alcançou a dominação da vida econômica, instrui e forja para si mesmo, na via da *seleção* econômica, os sujeitos econômicos de que necessita – empresários e trabalhadores. Só que justamente aqui se tornam tangíveis os limites do conceito de "seleção" como meio de explicação de fenômenos históricos. Para que aquele gênero de conduta de vida e concepção de profissão adaptado à particularidade do capitalismo pudesse ser "selecionado" – isto é, impor-se vitoriosamente perante outros –, ele manifestamente há de ter surgido primeiro, e não em indivíduos particulares isolados senão como um modo de ver aduzido por *grupos* humanos. Esse surgimento, portanto, é aquilo propriamente a se explicar. Somente mais tarde iremos abordar de modo mais pormenorizado a concepção, própria ao materialismo histórico ingênuo, de que "ideias" dessa espécie nascem como "reflexo" ou "superestrutura" de situações econômicas. Por ora basta para nossa finalidade indicar que ao menos na terra natal de Benjamin Franklin (Massachusetts) o "espírito capitalista" (no nosso sentido aqui adotado) sem dúvida existiu *antes* do "desenvolvimento capitalista" (na Nova Inglaterra – em contraste com outras regiões da América –, queixas relativas aos fenômenos específicos da calculabilidade aplicada à busca de lucro são feitas já em 1632); basta indicar que nas colônias vizinhas, por exemplo – mais tarde os estados sulistas da União –, esse espírito permanecera incomparavelmente menos desenvolvido, e isso apesar de essas últimas terem sido fundadas por grandes capitalistas com fins *comerciais*, ao passo que as colônias da Nova Inglaterra foram fundadas por pregadores e *graduates* em associação com pequeno-burgueses, artesãos de ofício e *yeomen*, por razões *religiosas*. *Neste* caso, portanto, a relação causal é no mínimo inversa à que seria de se postular desde o ponto de vista "materialista". Mas a recentidade de tais ideias é a princípio mais espinhosa do que supõem os teóricos da "superestrutura", e seu desenvolvimento não se dá como o de um florículo. O espírito capitalista, no sentido que conferimos até agora a esse conceito, teve de se impor em árdua luta contra um mundo de forças hostis. Uma disposição como expressada nas observações citadas de Benjamin Franklin, e que encontrou a aprovação de todo um povo, teria sido proscrita tanto na Antiguidade quanto na Idade Média[35] como expressão da mais sórdida avareza e de uma disposição pura e simplesmente indecorosa, como isso em regra ocorre ainda hoje em todos aqueles grupos sociais menos implicados na economia capitalista especificamente moderna ou menos adaptados a ela. Não porque a "pulsão aquisitiva" ainda tivesse sido algo desconhecido ou não desenvolvido nas épocas pré-capitalistas – como se tem afirmado com tanta frequência –, tampouco porque a "*auri sacra fames*" [execrável fome de ouro], a ganância, fosse à época – ou também hoje – *menor* fora do capitalismo burguês do que no interior da esfera especificamente capitalista, tal como a ilusão de românticos modernos concebe a coisa. Não é nesse ponto que reside a diferença entre "espírito" capitalista e pré-capitalista: a *cobiça* do mandarim chinês, do aristocrata romano antigo, do agricultor moderno, resiste a toda comparação. E, como qualquer um pode constatar por si mesmo, a *auri sacra fames* do *barcaiuolo* ou cocheiro napolitano, ou mesmo a do representante asiático de ofícios similares, mas igualmente também a do artesão sul-europeu ou de países asiáticos, manifesta-se até de modo extraordinariamente bem *mais penetrante*, e em particular com menos escrúpulos, do que aquela de um inglês no mesmo caso, por exemplo[36]. A dominação universal da *absoluta* ausência de escrúpulos da imposição do interesse próprio na aquisição pecuniária foi uma característica bem específica justamente de tais países cujo desenvolvimento capitalista-burguês se mantivera "atrasado" – mensurado segundo os padrões do desenvolvimento ocidental. Como todo fabricante sabe, a faltante *coscienziosità* dos trabalhadores[37] de tais países, como da Itália em contraste com a Alemanha, foi um dos principais entraves ao seu desenvolvimento capitalista, e, em certa medida, ela ainda é. O capitalismo não logra utilizar como trabalhador o representante prático do *liberum arbitrium* indisciplinado, tampouco o homem de negócios simplesmente inescrupuloso em sua conduta manifesta, como já pudemos aprender de Franklin. A diferença, portanto, não reside no desenvolvimento – a variar em intensidade – de alguma "pulsão" qualquer voltada ao dinheiro. A *auri sacra fames* é tão antiga como a história da humanidade que nos é conhecida; mas veremos que aqueles que se entregaram a ela enquanto *pulsão*, sem reserva nenhuma – como, por exemplo, aquele capitão holandês que "por ganho queria cruzar o inferno, e mesmo se lhe queimassem as velas"–, não foram *de modo nenhum* os representantes daquela disposição de onde o "espírito" capitalista especificamente moderno surgiu enquanto *fenômeno de massa* – e disso se trata. A aquisição desempeçada, não vinculada intrinsecamente a nenhuma norma, existiu em todos os períodos da história, onde e como quer que ela fosse efetivamente possível em primeiro lugar. Assim como guerra e pirataria, também o comércio livre, sem vínculo normativo, não encontrou impedimentos nas relações com estrangeiros, não consociados; aqui a "moral externa" permitia aquilo que era reprovado na relação "entre irmãos". E assim como, manifestamente, a atividade aquisitiva capitalista foi comum enquanto "aventura" a todas as constituições econômicas que conheceram objetos patrimoniais de espécie pecuniária e ofereceram oportunidades de empregá-los de modo a trazer ganhos – mediante comenda, arrendamento de encargos fiscais, empréstimos ao Estado, financiamento de guerras, de cortes e de cargos do funcionalismo –, encontrou-se por toda parte também aquela disposição interior aventureira que despreza os limites da ética. Frequentemente, com bastante rigor, o absoluto e consciente desempeço da ambição de ganho foi acompanhado justamente pelos mais estreitos laços tradicionais. E com o desmantelamento da tradição e a irrupção mais ou menos energética da livre aquisição também no interior das associações sociais, tratou de suceder não uma afirmação nem cunhagem éticas dessa novidade, senão que ela apenas passou a ser factualmente *tolera-da* como eticamente indiferente ou então tratada como infelizmente inevitável, embora desagradável. Esse era o posicionamento normal não apenas de todas as doutrinas éticas senão também – o que é essencialmente mais importante – do comportamento prático do homem médio da época pré-capitalista – "pré-capitalista" no sentido: que a valorização racional de capital em âmbito *empresarial* e a organização racional capitalista do *trabalho* ainda não haviam se tornado forças dominantes para a orientação do agir econômico. Justamente esse comportamento, porém, foi por toda parte um dos mais fortes obstáculos interiores à adaptação dos indivíduos aos pressupostos da economia capitalista--burguesa ordenada.

O opoente com o qual teve de lutar o "espírito" do capitalismo, no sentido de um determinado estilo de vida vinculado a normas a surgir sob a roupagem de uma "ética", continuou sendo em primeira linha aquela espécie de senso e de conduta que se pode chamar de *tradicionalismo*. Também aqui deve ser suspensa qualquer tentativa de uma "definição" concludente; antes, deixemos claro para nós o que isso significa a partir de alguns casos especiais – naturalmente que também aqui de modo apenas provisório –, começando de baixo: pelos trabalhadores.

Um dos meios técnicos que o empresário moderno costuma aplicar para obter de "seus" trabalhadores o máximo possível de produtividade, para elevar a intensidade do trabalho, é o *salário por tarefa*. Na agricultura, por exemplo, a realização da colheita costuma ser um caso a demandar imperiosamente o maior aumento possível da intensidade laboral, pois oportunidades de ganho e chances de perdas extraordinariamente altas dependem com frequência de que a mesma ocorra com a maior rapidez concebível, sobretudo quando o tempo é instável. Por conseguinte, o sistema de salário por tarefa costuma ser amplamente utilizado aqui. E visto que, no geral, com o aumento das receitas e da intensidade operacional, o interesse do empresário no apressamento da colheita costuma se tornar cada vez maior, naturalmente se buscou repetidas vezes, mediante *aumento* das remunerações por tarefa, tornar os trabalhadores interessados na elevação da sua produtividade; assim se lhes oferecia a oportunidade de auferir, dentro de um curto intervalo de tempo, um ganho excepcionalmente alto para eles. Só que aqui se evidenciavam então peculiares dificuldades: com notável frequência, o aumento das remunerações por tarefa teve por resultado que fosse alcançada, no mesmo intervalo de tempo, produtividade não maior senão menor, porque os trabalhadores responderam ao aumento do pagamento por tarefa não com incremento senão com redução da produtividade diária. Por exemplo, ao contrário do que era esperado diante da maior oportunidade de remuneração, o homem que, à razão de 1 marco pago por jeira na ceifa de trigo, ceifara até então 2,5 jeiras por dia e assim ganhara 2,50 marcos diários, passou a ceifar, depois do aumento de 25 *Pfennig* por jeira, não 3 jeiras, para assim ganhar 3,75 marcos – como teria sido bem possível –, senão somente 2 jeiras ao dia, porque assim ele ganhava também 2,50 marcos como antes, e com estes, conforme provérbio bíblico, ele "se contentava". O ganho a mais o atraía menos do que o trabalho reduzido; ele se perguntava não "quanto posso ganhar ao dia se eu realizar o máximo possível de trabalho?" senão "quanto tenho de trabalhar para ganhar aquela quantia que recebia até agora – 2,50 marcos – e que cobre as minhas necessidades *tradicionais*?" Este, precisamente, é um exemplo daquele comportamento a ser denominado "tradicionalismo": o ser humano, "por natureza", quer não ganhar dinheiro e mais dinheiro senão simplesmente viver, viver do modo como está habituado a fazê-lo e adquirir o necessário para tal. Onde quer que o capitalismo moderno fez iniciar seu mecanismo de aumento da "produtividade" do trabalho humano mediante elevação da sua intensidade, ele se deparou com uma resistência infinitamente tenaz desse *Leitmotiv* do trabalho econômico pré-capitalista, e ainda hoje, por toda parte, ele enfrenta uma resistência tanto maior quanto mais "atrasado" seja (do ponto de vista capitalista) o operariado do qual ele se vê dependente. Então – para tornar novamente ao nosso exemplo –, visto que fracassava o apelo ao "senso aquisitivo" mediante tarifas salariais mais altas, era bem natural recorrer ao meio precisamente inverso: mediante *redução* das remunerações salariais, forçar o trabalhador a produzir *mais* do que antes para o mantenimento do seu ganho anterior. De qualquer maneira, parecia à consideração não comprometida, e ainda hoje parece, que salário baixo e lucro alto se encontram em correlação; que tudo que foi pago a mais em salário tem de significar uma diminuição correspondente de lucro. Pois desde o início o capitalismo também esteve sempre a percorrer esse caminho, e por séculos vigorou como dogma que salários menores seriam "produtivos", isto é, que eles elevariam o rendimento laboral; que, como já dissera Pieter de la Court – nesse ponto, como veremos, bem no espírito do calvinismo antigo –, o povo trabalharia somente porque e enquanto fosse pobre.

Só que a eficácia desse meio aparentemente tão probativo tem limites[38]. Para seu desenvolvimento, o capitalismo decerto requer a disponibilidade de excedentes populacionais que ele possa alugar a preço baixo no mercado de trabalho. Só que um excesso de "exército de reserva", embora favoreça, sob circunstâncias, sua expansão quantitativa, atua como entrave ao seu desenvolvimento qualitativo, especialmente à transição a formas empresariais que explorassem o trabalho intensivamente. Salário baixo não é de modo nenhum idêntico a trabalho barato. Considerada mesmo de maneira puramente quantitativa, a produtividade, sob todas as circunstâncias, diminui com salário fisiologicamente insuficiente, e algo assim frequentemente significa a longo prazo até uma "seleção dos mais inaptos". Em pleno empenho, o silesiano médio de hoje ceifa pouco mais de dois terços do terreno que o pomerano ou meclemburguês ceifa no mesmo período, estes últimos de melhor salário e bem-nutridos; o polonês, quanto mais ao Leste esteja sua origem, tem fisicamente um aproveitamento menor em comparação com o alemão. E, também desde a perspectiva puramente dos negócios, o salário mais baixo fracassa como esteio do desenvolvimento capitalista onde quer que se trate do fabrico de produtos que exijam qualquer trabalho qualificado (especializado) ou manejo de máquinas dispendiosas e de fácil avaria, ou então onde se trate da fabricação de produtos que demandem em geral qualquer medida considerável de iniciativa e arguta atenção. Aqui o salário baixo não rende, e, em seu efeito, redunda no oposto do pretendido. Pois é simplesmente imprescindível não apenas um sentimento de responsabilidade desenvolvido senão acima de tudo uma disposição que, ao menos *durante* o trabalho, alheie-se da constante questão sobre como ganhar o salário de costume não obstante um máximo de comodidade e um mínimo de empenho, e que realize o trabalho como se ele fosse fim absoluto em si mesmo – "vocação". Mas tal disposição não é nada de dado por natureza, tampouco logra ser suscitada de imediato por altos salários, nem por baixas remunerações, senão que pode ser apenas o produto de um processo educativo de longa duração. *Hoje*, em todos os países industrializados, e, dentro de cada um deles, em todas as regiões industriais, o capitalismo ora consolidado consegue recrutar seus trabalhadores com relativa facilidade. No passado, em cada caso particular, esse era um problema extremamente complicado[39]. E mesmo hoje ele não alcança seu objetivo – isso ao menos nem sempre – sem o apoio de um poderoso aliado que, como veremos mais adiante, esteve ao seu lado no tempo do seu advir. De novo se pode tornar claro o referido a partir de um exemplo. Um retrato da forma tradicionalista atrasada do trabalho oferecem hoje, com especial frequência, as *operárias*, particularmente as não casadas. Em especial sua absoluta falta de capacidade e de vontade no que diz respeito a abandonar maneiras de trabalhar tradicionais e outrora assimiladas em prol de outras mais práticas, sua absoluta falta de capacidade e de vontade em se adaptar a novas formas de trabalho, em aprender e em concentrar o entendimento, ou a princípio apenas em utilizá-lo, é uma queixa quase geral de patrões que empregam moças, principalmente jovens alemãs. Explicações sobre a possibilidade de realizar o trabalho mais facilmente, acima de tudo de modo mais rendoso, costumam enfrentar completa incompreensão de sua parte; aumento do pagamento por tarefa esbarra, sem resultados, na muralha do hábito. Em regra, algo distinto costuma ser encontrado apenas junto a moças de educação especificamente religiosa, em particular de proveniência pietista – e esse é um ponto não desimportante para nossa consideração. Pode-se escutar com frequência, e examinações estatísticas esporádicas o comprovam[40], que as oportunidades de instrução econômica de longe mais proveitosas se abrem junto a essa categoria. Aqui, com particular frequência, tanto a capacidade de concentração dos pensamentos como a postura absolutamente central de se sentir "vinculado ao trabalho pelo dever" encontram-se unidas a uma rigorosa economia – a qual em geral *tem em conta* o ganho e seu montante –, a um sóbrio domínio de si e a uma frugalidade que elevam a eficiência de modo excepcional. Aqui o terreno é mais favorável àquela concepção de trabalho como fim em si mesmo, enquanto "vocação", como exige o capitalismo; a chance de superar, *em virtude* da educação religiosa, a indolência tradicionalista é, aqui, a maior. Essa consideração, feita a partir da presente época do capitalismo[41], já nos mostra de novo que vale a pena ao menos *indagar* uma vez como essas relações entre a capacidade de adaptação capitalista e fatores religiosos lograram se formar no tempo dos seus primeiros desenvolvimentos. Pois a partir de vários fenômenos particulares é de se inferir que à época elas também existiam em espécie semelhante. Por exemplo, o horror e a perseguição que os operários metodistas no século XVIII sofreram de parte dos seus companheiros de trabalho, como já sugere a destruição das suas ferramentas de ofício, tão recorrente nos relatos, estavam relacionados não apenas – tampouco predominantemente, de modo nenhum – com suas excentricidades religiosas (destas, e de coisas mais inusuais, a Inglaterra vira muitas) senão que com sua "inclinação voluntária ao trabalho" específica, como se diria hoje.

Mas tornemos primeiro à época presente, e agora aos empresários em particular, para que deixemos claros para nós, também aqui, o significado do "tradicionalismo".

Em suas discussões sobre a gênese do capitalismo, Sombart[42] distinguiu entre "satisfação de necessidades" e "aquisição" como os dois grandes *Leitmotive* entre os quais a história da economia oscilou a depender se a espécie e o direcionamento da atividade econômica eram determinados pela amplitude das *necessidades* pessoais ou pela ambição de *ganho*, esta independente dos limites das últimas, e pela *possibilidade* de obtê-lo. Aquilo que ele chama de "sistema da economia de satisfação de necessidades" parece corresponder, à primeira vista, com o que foi descrito aqui como "tradicionalismo econômico". De fato, esse é o caso *contanto que* se equipare o conceito "necessidade" a *"necessidade tradicional"*. Mas do contrário estará fora do âmbito das "economias aquisitivas" e pertencerá então ao domínio das "economias de satisfação de necessidades" uma grande quantidade de atividades econômicas que, também no sentido da definição de "capital" dada por Sombart em uma outra passagem da sua obra[43], devem ser consideradas "capitalistas" segundo a forma da sua organização. Mesmo atividades econômicas geridas por empresários privados na forma de uma inversão de capital (= dinheiro ou bens de valor pecuniário) com finalidade de obter ganhos mediante compra de meios de produção e venda dos produtos, portanto sem dúvida como "empreendimentos capitalistas", também podem, contudo, trazer em si caráter "tradicionalista". No curso também da história mais recente da economia, esse foi o caso não apenas excepcionalmente senão até mesmo em regra – com recorrentes interrupções por irrompimentos sempre novos e cada vez mais impetuosos do "espírito capitalista". A forma "capitalista" de um empreendimento e o espírito no qual ele é gerido se encontram ligados geralmente em uma relação "de adequação" mas não de mútua dependência por "lei". E se, apesar disso, utilizamos provisoriamente a expressão "espírito do *capitalismo* (moderno)"[44] para designar aqui aquela disposição que aspira sistemática e racionalmente ao ganho legítimo no âmbito *profissional* na maneira ilustrada a partir do exemplo de Benjamin Franklin, isso ocorre pelas razões históricas de aquela disposição ter encontrado sua forma mais adequada no empreendimento capitalista moderno e de o empreendimento capitalista, por outro lado, ter encontrado nela a força motriz espiritual mais adequada.

Só que ambos, em si, podem muito bem se dar separadamente. Benjamin Franklin estava tomado pelo "espírito capitalista" em um tempo no qual sua oficina tipográfica, em forma, não se distinguia em nada de uma oficina qualquer de artesãos. E veremos que, no limiar da Época Moderna, os detentores dessa disposição que designamos aqui por "espírito do capitalismo" a princípio não foram, de modo nenhum, nem apenas nem predominantemente, os empresários capitalistas do patriciado comercial, senão, muito mais, as camadas emergentes da classe média industrial[45]. Também no século XIX, seus representantes clássicos são não os distintos *gentlemen* de Liverpool e Hamburgo, com seu patrimônio comercial há tempos passado de geração em geração, senão os *parvenus* ["novos-ricos"] de Manchester ou de Renânia-Vestfália, a ascender de condições não raro bem modestas. E isso se notava já no século XVI de maneira similar: as *indústrias*, recém-surgidas à época, foram na maioria criadas, em cerne, por *parvenus*[46].

A operação de um banco ou de um negócio exportador atacadista, por exemplo, ou de um varejista maior, ou, finalmente, de um grande estabelecimento voltado à comercialização de mercadorias produzidas na indústria doméstica, decerto é possível apenas na forma do empreendimento capitalista. Contudo, todos eles podem ser geridos em espírito estritamente tradicionalista: os negócios dos grandes bancos emissores não se *permitem* nem mesmo ser operados de outra forma; o comércio ultramarino de épocas inteiras esteve assentado na base de monopólios e regulamentos de caráter estritamente tradicional; no comércio varejista – e aqui não nos referimos aos pequenos mandriões sem capital que hoje clamam por auxílio estatal –, o revolucionamento que deu fim ao antigo tradicionalismo ainda está em pleno curso – na mesma reviravolta que dissolveu as formas antigas do sistema doméstico, com o qual o trabalho domiciliário moderno possui afinidade a rigor apenas na forma. O modo como esse revolucionamento ocorre e aquilo que ele significa podem ser elucidados, de novo – por mais conhecidas que sejam essas coisas –, a partir de um caso especial.

Até aproximadamente meados do século passado [XIX], a vida de um empresário do sistema doméstico era bem cômoda para nossas concepções atuais, ao menos em alguns ramos da indústria têxtil continental[47]. Pode-se imaginar sua rotina quase da seguinte forma: os camponeses chegavam com seus tecidos – estes não raro totalmente ou predominantemente manufaturados com matéria-prima de produção própria – à cidade onde moravam esses empresários, e, depois de um meticuloso exame de qualidade, frequentemente oficial, recebiam por eles, como pagamento, o preço usual. Para escoamento a todas as localidades mais distantes, os clientes dos empresários do sistema doméstico eram comerciantes intermediários, os quais também vinham de longe, compravam do estoque, na maioria das vezes ainda não a partir das amostras senão considerando qualidades convencionais, ou então faziam encomendas, e nesse caso com grande antecedência; além disso, eventualmente, recebiam pedidos dos camponeses. Visitas próprias da clientela ocorriam, se tanto, uma vez em grandes períodos, raramente, senão bastava correspondência e, com frequência cada vez maior, envio de amostras. Passava-se um conjunto moderado de horas no escritório – talvez de cinco a seis por dia, às vezes bem menos, mais na temporada, nos locais onde havia algo do gênero; ganhava-se um salário razoável, suficiente para levar uma vida decente e economizar um pequeno patrimônio em épocas boas. Havia no todo uma tolerância relativamente grande entre os concorrentes, com grande concordância quanto aos princípios básicos dos negócios. Faziam-se longas visitas diárias à taberna, ademais marcavam-se encontros para tomar um chá ou, conforme fosse, um copo com os amigos no final da tarde, e no geral o ritmo de vida era sossegado.

Em todos os aspectos, tratava-se de uma *forma* "capitalista" de organização caso se considere o caráter puramente comercial dos empresários, o fato da imprescindibilidade da intermediação dos capitais investidos no negócio e, por fim, do mesmo modo, o lado objetivo do proceder econômico ou a espécie de contabilidade. Mas se tratava de economia "tradicionalista" caso se considere o *espírito* que animava os empresários; a postura de vida tradicional, a soma tradicional de lucro, a medida tradicional de trabalho, a maneira tradicional do empreendimento comercial e das relações com os trabalhadores e com a freguesia essencialmente tradicional, a maneira tradicional da obtenção de clientes e de fechar vendas dominavam a prática comercial, elas davam base – até pode-se dizer assim – ao *ethos* desse círculo de empresários.

Mas em algum momento essa comodidade vinha a ser repentinamente perturbada, e não raro sem que tivesse ocorrido nenhuma mudança fundamental na *forma* da organização – como a transição à operação fechada, ao tear mecânico e coisas do gênero. Antes, o que ocorria era, com frequência, apenas isso: que um jovem qualquer oriundo de uma das famílias de empresários do sistema doméstico se mudava da cidade para o campo, escolhia a dedo os tecelões para suas demandas, intensificava cada vez mais sua dependência e seu controle, fazendo-os assim, de camponeses, operários, mas por outro lado assumindo propriamente a responsabilidade sobre as vendas mediante relação mais direta possível com os compradores finais: os negócios varejistas; ele angariava clientes pessoalmente, visitava-os em regra todo ano, mas sobretudo sabia adaptar exclusivamente às suas demandas e desejos a qualidade dos produtos, torná-los "de fácil consumo", e ao mesmo tempo começava a praticar o princípio "preço baixo, grande volume de vendas". Então logo se repetia aquilo que, sempre e por toda parte, é a consequência de tal processo de "racionalização": quem não se alçou teve de enfrentar a ruína. O idílio se desmoronava sob a dura luta concorrencial a se iniciar, fortunas consideráveis eram ganhas e não postas para render juros senão continuamente reinvestidas no negócio; a antiga postura de vida pacata e cômoda se rendia à dura sobriedade entre aqueles que aderiram e que prosperaram porque *queriam* não consumir senão adquirir, e entre aqueles que permaneceram presos aos antigos modos porque *tiveram* de se impor restrições[48]. E – o que importa aqui acima de tudo – em regra *não* foi um afluxo de *dinheiro* novo que produziu essa reviravolta em tais casos – em alguns conhecidos por mim, todo o processo de revolucionamento foi posto em marcha com poucos milhares de capital emprestados por parentes –, senão era o novo *espírito*, especificamente o "espírito do capitalismo moderno", que havia adentrado. A questão sobre as forças motrizes da expansão do capitalismo moderno é em primeira linha uma questão não sobre a proveniência das reservas pecuniárias valoráveis em capital, senão antes de tudo sobre o desenvolvimento do espírito capitalista. Onde quer que possa se revigorar e se efetivar, ele *provê* para si reservas pecuniárias como meio da sua efetivação, mas não o inverso[49]. Contudo, seu adentrar não costumava ser nada pacífico. Uma onda de desconfiança, às vezes de ódio, sobretudo de indignação moral, em regra se contrapunha ao primeiro inovador; com frequência tinha início – são-me conhecidos vários casos dessa espécie – uma verdadeira construção de lendas sobre misteriosas obscurezas na vida pregressa do último. Dificilmente alguém com suficiente imparcialidade não haverá de notar que apenas um caráter excepcionalmente firme pode livrar tal empresário de "estilo novo" da perda do sóbrio domínio de si e do naufrágio tanto moral como econômico; que, além da clareza de perspectiva e do dinamismo, de fato também foram sobretudo qualidades "éticas" bem determinadas e bastante pronunciadas aquilo que, quando de tais inovações, possibilitou-lhe em princípio ganhar a confiança simplesmente imprescindível dos clientes e dos trabalhadores e o vigor para a superação das incontáveis resistências, mas sobretudo alcançar a produtividade agora exigida ao empresário, infinitamente mais intensiva e incompatível com a cômoda fruição de vida – estas a rigor apenas qualidades éticas de *espécie* especificamente distinta da adequada ao tradicionalismo do passado.

E, do mesmo modo, aqueles que criaram essa inflexão manifestamente discreta e todavia determinante para o estabelecimento da vida econômica com esse novo espírito foram em regra não especuladores ousados e sem escrúpulos, nem naturezas individuais econômicas aventureiras como as encontradas em todas as épocas da história da economia, tampouco simplesmente "grandes financistas", senão homens com visões e "princípios" estritamente burgueses, que cresceram na dura escola da vida, ao mesmo tempo ponderados e ousados, mas sobretudo *sóbrios* e *pertinazes*, focados e inteiramente entregues à coisa.

Há uma inclinação a acreditar que essas qualidades morais *pessoais* não têm em si a mínima relação com máximas éticas quaisquer ou mesmo com ideias religiosas; que o fundamento adequado de tal conduta de vida voltada aos negócios seria essencialmente, nessa direção, algo de negativo: a capacidade de se *furtar* à tradição herdada – portanto, acima de tudo, "iluminismo" liberal. E de fato, no geral, esse é mesmo o caso *hoje*. Em regra, não apenas falta uma relação entre conduta de vida e premissas religiosas, senão que, onde quer que haja uma relação, ela costuma ser de espécie negativa, ao menos na Alemanha. Tais naturezas individuais acometidas pelo "espírito capitalista" costumam ser, *hoje*, se não francamente hostis à Igreja, decerto indiferentes. A ideia do piedoso tédio do paraíso tem pouco de atraente para sua natureza ativa; a religião lhes surge como um meio para tirar os indivíduos do trabalho no solo desta terra.

Se alguém lhes indagasse propriamente a respeito do "sentido" da sua busca sem descanso, a qual impede o contentamento com as próprias posses e que justamente por isso há de parecer tão sem sentido quando de orientação puramente voltada a este mundo, eles eventualmente responderiam, se a princípio soubessem uma resposta: "o sustento de filhos e netos"; mas, com mais frequência e correção – visto que esse motivo, afinal, claramente não lhes é peculiar, senão que operava exatamente do mesmo modo em indivíduos "tradicionalistas" –, diriam bem simplesmente: que o negócio, com seu permanente trabalho, teria se tornado, para os mesmos, "imprescindível à vida". Esta é de fato a única motivação aplicável, e ao mesmo tempo, considerado desde o ponto de vista da felicidade pessoal, ela exprime o quanto há de *irracional* nessa conduta de vida em que o indivíduo existe para seu negócio, não o inverso. Aqui, obviamente, o senso para o poder e o prestígio proporcionado pelo simples fato da posse desempenham seu papel; onde a fantasia de todo um povo, como nos Estados Unidos, é conduzida na direção da grandeza puramente quantitativa, esse romanticismo de números opera com irresistível encantamento nos "poetas" entre os comerciantes. Mas de resto, no geral, os que se deixam cativar por isso não são os empresários propriamente dirigentes, tampouco os de êxito duradouro em particular. E, de todo, representa um produto epigônico de decadência o aportar no campo da posse fideicomissária e dos títulos nobiliários com filhos cuja conduta na universidade e no corpo de oficiais busca fazer olvidar sua descendência, como era roteiro de vida comum de famílias de *parvenus* capitalistas alemãs. O "tipo ideal" do empresário capitalista[50], como representado também aqui [na Alemanha] em eminentes exemplos particulares, não tem nada de afínico com tal gabarolice, seja a mais rude ou a mais refinada. Ele se esquiva da ostentação e do dispêndio inútil tanto como da fruição consciente do seu poder e da incômoda confrontação com sinais manifestos relativos à deferência social de que desfruta. Com outras palavras, sua conduta de vida frequentemente traz consigo – e haverá de ser examinado o significado histórico justamente desse fenômeno, importante para nós – um certo traço ascético, como este claramente se manifesta na "prédica" de Franklin antes citada. Em especial não é raro, isso de modo nenhum, senão que se trata de algo bem frequente, que se encontre nele uma medida de fria modéstia essencialmente mais sincera do que aquela reserva que Benjamin Franklin sabe recomendar com tanta prudência. Ele não "tem nada" da sua riqueza para a própria pessoa – fora: a percepção irracional do bom "desempenho da profissão".

Isso, porém, é justamente o que surge ao indivíduo pré-capitalista de modo tão inconcebível e enigmático, tão sórdido e desprezível. Alguém poder tornar finalidade do seu trabalho de vida exclusivamente a ideia de algum dia descer ao túmulo carregando um enorme peso material, em dinheiro e bens, parece-lhe explicável apenas como produto de perversas pulsões: da *auri sacra fames*.

Na presente época, entre nossas instituições políticas, comerciais e do direito privado, com as formas empresariais e com a estrutura que é própria à nossa economia, esse "espírito" do capitalismo poderia, como dito, ser compreendido como um puro produto de adaptação. A ordem econômica capitalista precisa dessa entrega à "vocação" do ganhar dinheiro; ela é uma espécie do comportar-se com relação a bens extrínsecos tão adequada àquela estrutura, tão vinculada às condições da vitória na luta econômica pela existência, que *hoje* de fato não pode mais ser falado de uma relação necessária daquela conduta de vida "crematística" com alguma "visão de mundo" unitária. Em particular, ela não precisa mais ser apoiada pela anuição de potências religiosas quaisquer, e a influenciação da vida econômica pelas normas eclesiais, enquanto a princípio ainda se faça sentir, ela percebe como entrave, assim como sua regulamentação estatal. A situação de interesses sociopolítica e político-comercial costuma então determinar a "visão de mundo". Aquele que, em sua conduta de vida, não se adapta às condições do sucesso capitalista, ou enfrenta a queda ou não consegue ascensão. Mas estes são fenômenos de um tempo em que o capitalismo moderno, vitorioso, emancipou-se dos antigos esteios. Assim como ele outrora implodiu as antigas formas da regulamentação econômica medieval apenas na aliança com a autoridade estatal moderna em formação, o mesmo também poderia ter sido o caso – digamos por ora – para suas relações com as forças religiosas. Se e em qual sentido esse *foi* mesmo o caso – isso, precisamente, há de ser investigado aqui. Pois dificilmente carece de prova que aquela concepção relativa à aquisição pecuniária como um fim em si mesmo, enquanto "vocação", ao qual os indivíduos se vinculassem pelo dever, contrariou o senso moral de épocas inteiras. Na sentença incorporada ao direito canônico "*Deo placere vix potest*", tida à época como autêntica (assim como a passagem do Evangelho sobre o juro[51]), que era usada em referência à atividade do comerciante, e na designação por Tomás de Aquino da ambição de ganho como *turpitudo* (com o mesmo foi feita referência ao ganho inevitável e, por isso, eticamente permitido), já se nota, em comparação com as visões radicalmente anticrematísticas de círculos bastante amplos, um alto grau de *condescendência* da doutrina católica com os interesses das forças financeiras das cidades italianas, tão estreitamente enleadas com a Igreja em âmbito político[52]. E também onde a doutrina se acomodou ainda mais, como, por exemplo, especificamente no caso de Antonino de Florença, nunca desapareceu por completo a percepção de que a atividade voltada à aquisição como fim em si mesmo fosse fundamentalmente um *pudendum* [algo de vergonhoso] que só as ordens de vida então existentes forçavam tolerar. Alguns moralistas de então, sobretudo da escola nominalista, aceitaram como dado os rudimentos desenvolvidos das formas comerciais capitalistas e buscaram prová-las como lícitas, sobretudo provar o comércio como necessário; tentaram provar como eticamente irrepreensível e fonte legítima de ganho a *industria* nelas desenvolvidas – não sem enfrentar resistência –, mas a doutrina dominante rejeitou o "espírito" da atividade aquisitiva capitalista como *turpitudo*, ou ao menos não logrou valorá-lo positivamente. Uma visão "moral" como a de Benjamin Franklin teria sido simplesmente impensável. Essa era concepção sobretudo dos próprios círculos capitalistas implicados: seu trabalho de vida, caso eles se encontrassem no terreno da tradição eclesiástica, era no melhor dos casos algo moralmente indiferente, tolerado, mas em todo caso alarmante para a bem-aventurança, já devido ao constante perigo de colidir com a proibição eclesial da prática de usura; quando da morte de gente rica, como as fontes mostram, somas bem consideráveis afluíam a institutos eclesiásticos como "pecúnia de consciência", sob circunstâncias também de volta a antigos devedores como *usura* tomada injustamente dos mesmos. Posição distinta tinham apenas – além de correntes heréticas ou vistas com maus olhos – os círculos patrícios já intrinsecamente apartados da tradição. Mas também naturezas individuais céticas e não eclesiais costumavam acordar com a Igreja o pagamento de determinada soma de dinheiro porque esse ainda era o melhor seguro contra as incertezas referentes às circunstâncias encontradas após a morte, e porque, afinal (ao menos segundo a concepção mais laxa, bem difundida), a manifesta submissão aos mandamentos da Igreja bastava para alcançar a bem-aventurança[53]. Justamente nisso se revela com clareza o caráter *extra*moral ou até mesmo *anti*moral que, segundo a *própria* concepção dos envolvidos, era inerente aos seus atos. Como, então, a partir dessa conduta no melhor dos casos moralmente tolerada, adveio uma "profissão" no entendimento de Benjamin Franklin? Como é explicável historicamente que, no centro do desenvolvimento capitalista do mundo de então – em Florença nos séculos XIV e XV, mercado financeiro e de capitais de todas as grandes potências políticas –, fosse tido como moralmente grave, ou quando muito tolerável, aquilo que logrou ser considerado intento de uma conduta de vida moralmente louvável, até mesmo recomendada, nas condições provincianas pequeno--burguesas da Pensilvânia no século XVIII, onde a economia, por pura escassez de moeda, sempre ameaçava colapsar em escambo, sem nenhum rastro de grandes empreendimentos industriais, e onde, de bancos, havia de se notar apenas os primeiros rudimentos? – Querer falar aqui de um "reflexo" das condições "materiais" na "superestrutura ideal" seria franco disparate. – De qual círculo de ideias se originou então a subsunção, à categoria de "vocação" (perante a qual o indivíduo se sentia *vinculado pelo dever*), de uma atividade que, de forma manifesta, voltava-se puramente ao ganho? Pois foi esse pensamento que conferiu base e substrução éticas à conduta de vida do empresário de "estilo novo".

O "racionalismo econômico" foi caracterizado – como por Sombart em particular, em exposições não raro afortunadas e profícuas – como o motivo fundamental da economia moderna em geral. E isso com razão incontestável, caso seja compreendido pelo conceito aquela ampliação da produtividade do trabalho que, mediante a estruturação do processo de produção a partir de pontos de vista *científicos*, eliminou sua dependência ante as limitações "orgânicas" naturalmente dadas da pessoa humana. Pois esse processo de racionalização no campo da técnica e da economia indubitavelmente condiciona também uma importante parcela dos "ideais de vida" da sociedade moderna burguesa; o trabalho a serviço de uma configuração racional do provimento de bens da humanidade sem dúvida sempre foi pensado também pelos representantes do "espírito capitalista" como um dos fins orientadores do seu trabalho de vida. Basta ler, por exemplo, a descrição feita por Franklin referente aos seus esforços a serviço de *improvements* comunais da Filadélfia para apreender de modo tangível essa verdade bem óbvia. E a alegria e o orgulho por ter "dado trabalho" a inúmeros indivíduos, por ter colaborado para o "florescer" econômico da cidade natal naquele sentido que o capitalismo relaciona à palavra, orientado pelos números do comércio e demográficos – tudo isso pertence obviamente às alegrias de vida do empresariado moderno, específicas e visadas de modo incontestavelmente "idealista". E, do mesmo modo, é naturalmente uma das propriedades fundamentais da economia privada capitalista que ela seja racionalizada na base de rigoroso cálculo *aritmético*, voltada de modo sóbrio e planificado ao êxito econômico aspirado, em oposição à vida ao deus-dará do camponês, à indolência privilegiada do antigo artesão de corporação e ao "capitalismo aventureiro", que estava orientado à oportunidade política e à especulação irracional.

Parece, assim, que o desenvolvimento do "espírito capitalista" seria compreendido mais facilmente como fenômeno parcial no desenvolvimento geral do racionalismo, e que ele haveria de ser derivável a partir da sua posição fundamental com relação aos problemas últimos da vida. Nesse contexto, portanto, o protestantismo só entraria historicamente em consideração na medida em que tivesse desempenhado algum papel, por exemplo como "propiciador de terreno" para concepções de vida puramente racionalistas. Só que logo que se ensaie seriamente a tentativa, a questão se revela não tão simples assim, mesmo porque a história do racionalismo não apresenta *de modo nenhum* algum desenvolvimento a progredir *paralelamente* em cada um dos âmbitos de vida. Por exemplo, a racionalização do direito privado, caso se a conceba como simplificação e estruturação conceitual da matéria jurídica, alcançou no direito romano da Antiguidade tardia sua forma até hoje mais elevada, permaneceu a mais atrasada em alguns dos países economicamente mais racionalizados, especialmente na Inglaterra – onde o renascimento do direito romano fracassou à época diante do poder das grandes corporações de juristas –, enquanto sua dominação sempre subsistiu nas regiões católicas do Sul da Europa. No século XVIII, a filosofia racional puramente intramundana não encontrou de todo sua morada exclusiva, tampouco principal, nos países de maior desenvolvimento capitalista. Ainda hoje, o voltairianismo é patrimônio comum a amplas camadas superiores e médias – o que é mais importante em termos práticos –, em especial nos países romano-católicos. Caso se compreenda por "racionalismo prático" apenas aquela espécie de conduta de vida que conscientemente remonta o mundo aos interesses intramundanos do *eu individual* e o julga com base nos mesmos, esse estilo de vida era e é, ainda hoje, com mais forte razão, particularidade típica dos povos do "*liberum arbitrium*", como o arraigado entre italianos e franceses, e já pudemos nos convencer de que esse não é de modo nenhum o terreno no qual medrou com proeminência aquela relação do ser humano com sua "vocação profissional" enquanto missão, como a de que necessita o capitalismo. Afinal, pode-se "racionalizar" a vida sob aspectos fundamentais altamente distintos e em direções bem diferentes – essa simples sentença, frequentemente esquecida, deve figurar no início de qualquer estudo que trate do "racionalismo". O "racionalismo" é um conceito histórico que abrange um mundo de contradições, e haveremos de investigar justamente de qual espírito foi gerada aquela forma concreta do viver e do pensar "racionais" da qual resultou essa ideia de "vocação profissional" e aquele entregar-se – como vimos tão irracional desde o ponto de vista do interesse próprio eudemonístico – ao *trabalho* profissional, que era e segue sendo um dos componentes mais característicos da nossa cultura capitalista. Aqui interessa *a nós* justamente a proveniência desse elemento *irracional*, encontrado nesse como em todo conceito de "vocação".

3 *A concepção de* Beruf *de Lutero – Tarefa da investigação*

É inequívoco, pois, que na *palavra* alemã "*Beruf*", assim como de maneira talvez ainda mais clara na inglesa "*calling*", no mínimo já *ressoe* uma representação religiosa – a de uma *missão* conferida por Deus –, e quanto mais enfaticamente dermos tônica à palavra no caso concreto, mais ela se faz sentir. E se seguimos de perto a palavra em seu curso histórico e através das línguas da cultura, nota-se de início que os povos predominantemente católicos, assim como a Antiguidade clássica[54], não conhecem nenhuma expressão de matiz semelhante para designar isso que chamamos [em alemão] de "*Beruf*" (no sentido de posição de vida, campo de trabalho delimitado), ao passo que ela existiu junto a *todos* os povos predominantemente protestantes. Nota-se ademais que contribui para isso não uma particularidade qualquer etnicamente determinada das respectivas línguas – como a expressão de um "espírito de povo germânico" –, senão que a palavra, em seu sentido hodierno, provém das *traduções da Bíblia*, em particular do espírito dos tradutores, *não* do espírito do original[55]. Na tradução luterana da Bíblia ela parece ser usada em uma passagem do Sirácida (Sir 11,20-21) pela primeira vez exatamente no nosso sentido de hoje[56]. Ela então assumiu bem rapidamente seu significado atual na linguagem profana de todos os povos protestantes, ao passo que antes não era de se notar nenhum indício de um sentido lexical dessa espécie na literatura profana de *nenhum* daqueles povos, e, mesmo na literatura sermonária, ao que parece, apenas em um dos místicos alemães cuja influência sobre Lutero é notória.

E, assim como o significado da palavra, também a *ideia* é nova e um produto da Reforma – isso há de ser de conhecimento geral. Não que certos rudimentos daquela apreciação do trabalho cotidiano mundano implicada nesse conceito de *Beruf* não fossem encontrados já na Idade Média, até mesmo na Antiguidade (helenística *tardia*) – isso há de ser tratado mais tarde. Em todo caso, absolutamente novo era em princípio uma coisa: a apreciação do cumprimento do dever dentro das profissões mundanas enquanto intento mais elevado que o exercício moral próprio poderia assumir no geral. Foi isso o que a ideia do significado religioso do trabalho cotidiano mundano teve como consequência incvitável e produziu, pela primeira vez nesse sentido, o conceito de *Beruf*. No conceito "*Beruf*", portanto, é expresso aquele dogma central, próprio a todas as denominações protestantes, que condena a distinção católica dos mandamentos morais cristãos em *praecepta* e *consilia* e conhece como único meio de viver de modo aprazente a Deus não uma suplantação da moralidade intramundana pela ascese monástica senão exclusivamente o cumprimento dos deveres intramundanos tal como decorrentes da posição de vida do indivíduo, a qual, justamente por isso, torna-se sua "vocação".

Em Lutero[57] essa ideia se desenvolve no curso da primeira década da sua atividade reformatória. De início, em pleno acordo com a tradição medieval predominante, por exemplo como representada por Tomás de Aquino[58], o trabalho mundano, embora querido por Deus, pertence ao reino da criatura, é o fundamento natural imprescindível da vida de fé, moralmente indiferente em si, como comer e beber[59]. Mas com a efetivação mais clara da ideia da *sola fide* [somente pela fé] em suas consequências, e com a oposição – dada por ela, acentuada de modo cada vez mais nítido – aos "conselhos evangélicos" [*"consilia evangelica"*] católicos do monacato, "ditados pelo demônio", eleva-se o significado da vocação profissional. A conduta de vida monástica, agora, não apenas não tem evidentemente nenhum valor para a justificação perante Deus senão que também é considerada por Ele como produto de egoísta falta de amor, a se esquivar dos deveres do mundo. Em contraste com isso, o trabalho profissional mundano surge como manifesta expressão do amor ao próximo, e isso é fundamentado de maneira certamente alheia à realidade e em uma oposição quase grotesca a conhecidas teses de Adam Smith[60], em particular ao sugerir que a divisão do trabalho forçaria cada indivíduo a trabalhar para *outros*. Entretanto, essa fundamentação essencialmente escolástica, como se vê, logo torna a desaparecer, e o que fica, enfatizada com veemência cada vez maior, é a indicação de que o cumprimento dos deveres intramundanos, sob todas as circunstâncias, seria a única via do aprazimento de Deus; de que esse cumprimento, e apenas ele, seria vontade divina, e que, por essa razão, simplesmente toda profissão lícita seria, em igual medida, bem valorada perante Deus[61].

Essa qualificação moral da vida profissional mundana ter sido uma das realizações de maiores implicações da Reforma, e portanto em especial de Lutero, é algo de fato incontestável e que permite ser considerado, pouco a pouco, lugar-comum[62]. Essa concepção está mundos de distância do ódio profundo com o qual a índole contemplativa de Pascal, segundo sua mais profunda convicção, explicável em princípio apenas por vaidade ou astúcia, rejeitou apreço ao operar no mundo[63] – certamente ainda mais distante da generosa *adaptação* utilitária ao mundo que o probabilismo jesuíta executou. Mas o modo como o significado prático dessa realização do protestantismo deva ser imaginado em particular, este é em geral mais vagamente percebido do que claramente reconhecido.

Antes de tudo, dificilmente se faz necessário constatar que Lutero não deve ser tido como intrinsecamente afínico ao espírito capitalista no sentido que relacionamos até aqui com essa palavra – tampouco, aliás: em um outro sentido qualquer. Hoje, aqueles círculos eclesiásticos que costumam louvar com mais fervor esse "feito" da Reforma já não são no geral, isso de modo nenhum, amigos do capitalismo, e em nenhum sentido. Com mais forte razão, porém, mesmo Lutero teria rejeitado rispidamente, sem sombra de dúvida, qualquer afinidade com uma disposição como a manifestada em Franklin. Naturalmente, aqui não podem ser consideradas como sintoma as suas queixas referentes aos grandes comerciantes, aos Fugger[64] nem coisas do gênero. Pois a luta contra a posição *privilegiada* de fato ou de direito própria a algumas grandes companhias comerciais nos séculos XVI e XVII pode ser mais bem comparada à campanha moderna contra os trustes, e, assim como esta, ela não é já em si expressão de disposição tradicionalista. Contra estas, contra os lombardos, os "trapezitas os monopolistas, grandes especuladores e banqueiros protegidos pelo anglicanismo, pelos reis e parlamentos em Inglaterra e França, lançaram-se em uma exasperada luta também os puritanos, assim como os huguenotes[65]. Após a Batalha de Dunbar (setembro de 1650), Cromwell escreveu ao Longo Parlamento: "Tenha o favor de combater os abusos de todas as profissões – e se houver alguma que torne muita gente pobre para tornar ricos alguns poucos, isso não convém à coisa pública" – por outro lado, ele é encontrado imbuído de modos de pensar bem especificamente "capitalistas"[66].

Em contraste, nas inúmeras declarações de Lutero contra a usura e contra a cobrança de juros em geral, manifesta-se de forma inequívoca o modo diretamente "atrasado" (do ponto de vista capitalista) como ele, em comparação com a escolástica tardia, pensa a essência da atividade aquisitiva capitalista[67]. O argumento da improdutividade do dinheiro em especial, já superado, por exemplo, em Antonino de Florença, pertence naturalmente a essas concepções. Mas aqui não precisamos nem entrar em detalhes – sobretudo porque: a ideia da "vocação" em sentido *religioso*, em suas consequências para a conduta de vida intramundana, era suscetível de configuração bem diversa. O feito da Reforma enquanto tal foi de início apenas que se intumesceram fortemente o acento moral e o *prêmio* religioso pelo trabalho intramundano ordenado conforme a profissão, em contraste com a concepção católica. O modo do desenvolvimento subsequente da ideia de "vocação", a qual deu-lhe expressão, variou de acordo com a cunhagem específica da piedade como desdobrada a partir de então em cada uma das Igrejas reformadoras. Mas a autoridade da Bíblia, de onde Lutero acreditava extrair a ideia de *Beruf*, era em si mais favorável no todo a uma inflexão tradicionalista. Em especial o Antigo Testamento, que na profecia genuína não conheceu nenhuma suplantação da moralidade intramundana, e mesmo em outras partes a apresenta apenas em rudimentos e traços totalmente isolados, deu forma a uma ideia religiosa bastante semelhante, estritamente neste sentido: que cada um permaneça no próprio "sustento" e deixe aos ímpios que ambicionem o ganho – este é o sentido de todas as passagens que tratam diretamente da ocupação mundana. Nesse aspecto, somente o Talmude se encontra, em parte – mas também não fundamentalmente –, em solo distinto. A condição pessoal de Jesus é caracterizada em clássica pureza pelo rogo "o pão nosso de cada dia nos dai *hoje*", tipicamente oriental antigo, e a influência da rejeição radical do mundo, como expressa em μαμωνᾶς τῆς ἀδικίας ["*mamonâs tês adikías*", ou o "dinheiro da iniquidade"], excluía qualquer vinculação *direta* da ideia moderna de vocação profissional com ele pessoalmente[68]. A era apostólica do cristianismo a ganhar voz no Novo Testamento, também Paulo em especial, em virtude das expectativas escatológicas que aquelas primeiras gerações de cristãos satisfaziam, encara a vida profissional mundana com indiferença ou de modo também essencialmente tradicional: visto que tudo aguarda a chegada do Senhor, então que cada um permaneça no estado e na ocupação mundana em que o "chamado" do Senhor o encontrou, e que trabalhe como antes: assim, enquanto pobre, ele não é fardo aos irmãos – e isso, a rigor, ele ainda será apenas por curto tempo. Lutero leu a Bíblia pelas lentes da sua índole geral de momento, e esta, no curso do seu desenvolvimento, entre aproximadamente 1518 e por volta de 1530, não apenas permaneceu como se tornou cada vez mais tradicionalista[69].

Nos primeiros anos da sua atividade reformadora, em virtude da apreciação da profissão como algo de essencialmente próprio ao reino da criatura, prevalecia em Lutero uma visão intrinsecamente afínica[70] à indiferença escatológica paulina em relação à *espécie* da atividade intramundana como expressa em 1Cor 7: pode-se alcançar a bem-aventurança em qualquer estado, na breve peregrinação da vida não tem sentido dar importância à *espécie* da vocação profissional. E a ambição de ganho material que exceda as próprias necessidades deve ser considerada, por essa razão, como sintoma de ausência do estado de graça e diretamente como condenável, visto que, afinal, ela parece ser possível apenas às custas de outros[71]. Crescente apreço do significado do trabalho profissional caminha de mãos dadas com crescente envolvimento nos negócios do mundo. Para Lutero, a profissão concreta do indivíduo todavia se torna ao mesmo tempo, cada vez mais, uma ordem especial divina para o último assumir *esta* posição concreta que o desígnio de Deus lhe indicou. E quando, depois das lutas contra os *Schwarmgeister* e das revoltas camponesas, a ordem histórica objetiva, na qual o indivíduo é inserido por Deus, torna-se para Lutero cada vez mais produto direto da vontade divina[72], a ênfase agora cada vez mais forte do providencial, também nas ocorrências isoladas da vida, dá origem a um matiz tradicionalista acordante com a ideia de "destinação": o indivíduo deve, fundamentalmente, *permanecer* no *Beruf* e no estado em que Deus o pôs outrora, e sua ambição terrena há de se manter nos limites dessa sua posição dada de vida. Se o tradicionalismo econômico foi inicialmente resultado da indiferença paulina, ele mais tarde é, portanto, produto da fé na Providência[73], esta a se tornar cada vez mais intensiva, a qual identifica a obediência incondicional a Deus[74] com a conformação incondicional à situação dada. Uma vinculação do trabalho profissional com princípios *religiosos*, assentada em base fundamentalmente nova ou acima de tudo formada por princípios, não chegou a ocorrer nesse gênero a Lutero[75]. A pureza da *doutrina* como único critério infalível da Igreja, no modo como ela se consolidou junto a ele de maneira cada vez mais inabalável após os conflitos dos anos de 1520, entravava, já em si, o desenvolvimento de novos pontos de vista no campo ético.

Em Lutero, portanto, o conceito de *Beruf* permaneceu, assim, vinculado ao tradicionalismo[76]. A vocação é aquilo que, enquanto desígnio divino, o indivíduo tem de *aceitar*, ao que ele há de se "destinar" – esse matiz prevalece sobre a outra ideia, também existente, de que o trabalho profissional seria uma ou, antes, *a* missão conferida por Deus[77]. E o desenvolvimento do luteranismo ortodoxo sublinhou ainda mais esse traço. Inicialmente, portanto, o único resultado ético[78] foi, aqui, algo de negativo: não ocorrência do suplantamento dos deveres intramundanos por deveres ascéticos, mas combinada com a pregação da obediência à autoridade e da destinação à situação dada de vida. – Como ainda será tratado quando da discussão sobre a ética religiosa medieval, a ideia de vocação profissional, nesse cunho luterano, já havia sido pré-elaborada em larga medida entre os místicos alemães, em particular mediante a fundamental equivalência, em Tauler, entre profissões espirituais e mundanas e pelo *pouco* apreço às formas tradicionais do ganho laboral ascético[79], em virtude do significado exclusivamente decisivo do acolhimento extático-contemplativo, pela alma, do espírito divino. Em determinado sentido, o luteranismo significa até um retrocesso em comparação com os místicos, na medida em que, para Lutero – e mais ainda em sua Igreja –, as bases psicológicas para uma ética profissional racional (cujas concepções referentes a esse ponto lembram, muitas vezes, ora a psicologia da fé pietista, ora a dos *quakers*[80]) haviam se tornado bastante instáveis em comparação com os místicos, e isso, como ainda será mostrado, justamente *porque* o traço referente ao autodisciplinamento ascético lhe era suspeito enquanto santificação pelas obras e, por essa razão, teve de passar cada vez mais a segundo plano na sua Igreja.

Pelo que podemos notar até agora, portanto, a simples ideia de "vocação profissional" em sentido luterano foi de implicação problemática em todo caso somente em relação ao que *nós* buscamos – apenas isso já há de ser constatado aqui[81]. Mas com isso não é dito de modo nenhum que também a forma luterana da reordenação da vida religiosa não tivesse possuído nenhum significado prático para os objetos da nossa consideração. Muito pelo contrário. Só que ele claramente não é *imediatamente* derivável da posição de Lutero e de sua Igreja com relação à profissão mundana nem se permite apreender facilmente no geral, ao contrário de como talvez possa ser o caso em outras cunhagens do protestantismo. Por isso recomenda-se que consideremos primeiro tais formas do mesmo nas quais se verifica, mais facilmente do que no luteranismo, uma relação da práxis de vida com a premissa religiosa. Já foi mencionado em ocasiões anteriores o notável papel do *calvinismo* e das *seitas* protestantes na história do desenvolvimento capitalista. Assim como Lutero encontrou vivo em Zwingli um "espírito outro" que o de si próprio, seus sucessores espirituais encontraram no calvinismo em especial a mesma disparidade. E, com mais forte razão, desde sempre e até a presente época, o catolicismo considerou o calvinismo como o verdadeiro opoente. Em princípio isso tem razões a rigor puramente políticas: se a Reforma não é concebível sem o desenvolvimento religioso bem pessoal de Lutero e foi definitivamente determinada nos aspectos espirituais por sua personalidade, sua obra decerto não teria sido de manifesta perduração sem o calvinismo. – Mas a razão de repulsa, comum a católicos e luteranos, está certamente fundada também na particularidade ética do calvinismo. O olhar superficial já instrui que aqui é estabelecida uma relação entre vida religiosa e agir terreno de espécie bem distinta se comparada à encontrada tanto no catolicismo como no luteranismo. Isso se nota mesmo na literatura que faz uso apenas de motivos especificamente religiosos. Tome-se, por exemplo, o final da *Divina comédia*, quando o poeta fica sem palavras na plena contemplação dos mistérios de Deus no paraíso, e se compare com o final daquele poema que se convencionou chamar de "*Divina comédia* do puritanismo". Depois da descrição da *expulsão* do paraíso, Milton conclui o último canto de *Paraíso perdido* da seguinte maneira[NT2]:

> Olhando para trás então observam
> Do Éden (há pouco seu ditoso asilo)
> A porção oriental em flamas toda
> Debaixo da ígnea espada, e à porta horríveis

Bastos espectros ferozmente armados.
De pena algumas lágrimas verteram,
Mas resignados logo as enxugaram.
Diante deles estava inteiro o mundo
Para a seu gosto habitação tomarem,
E tinham por seu guia a Providência.
Vagarosos lá vão com passo errante
Afastando-se do Éden solitários.

E pouco antes Miguel havia dito a Adão:

Mas, ao que sabes, ajuntar te cumpre
Puras ações que bem lhe correspondam,
Fé, bondade, paciência, temperança,
E amor que no futuro há de chamar-se
Caridade, a primeira das virtudes.
Não sentirás assim deixar este Éden;
Antes sim possuirás dentro em ti mesmo.

Qualquer um percebe de imediato que essa mais forte expressão do austero devotamento puritano ao mundo – isto é, da valoração da vida intramundana enquanto *missão* – teria sido impossível à pena de um escritor medieval. Mas também ao luteranismo, como se dá, por exemplo, nos corais de Lutero e Paul Gerhardt, ela é, exatamente do mesmo modo, pouco congenial. Agora trata-se aqui de estabelecer, no lugar dessa percepção indeterminada, uma *formulação* conceitual um pouco mais precisa, e de inquirir as razões intrínsecas dessas diferenças. O recurso ao "caráter nacional" é não só mera confissão de *des*conhecimento senão também, no nosso caso, totalmente infundado. Atribuir aos ingleses do século XVII um "caráter nacional" uniforme seria simplesmente incorreto em termos históricos. "Cavaleiros" e "cabeças redondas" se percebiam não meramente como dois partidos senão como gêneros humanos radicalmente diferentes, e quem observar atentamente há de lhes dar razão nisso[82]. E, por outro lado: não é verificável nenhum contraste caracterológico entre os *merchant adventurers* ingleses e os antigos hanseáticos, do mesmo modo como não se constata em geral nenhuma outra diferença mais profunda entre as particularidades inglesas e alemãs ao final da Idade Média que se permita explicar de imediato pelos diferentes fados políticos[83]. Apenas o poder dos movimentos religiosos – não só, mas primeiramente – criou aqui essas diferenças que percebemos hoje[84].

Por conseguinte, se partimos das construções de Calvino, do calvinismo e de outras seitas "puritanas" quando da investigação das relações entre a ética protestante antiga e o desenvolvimento do espírito capitalista, isso não deve ser compreendido como se esperássemos encontrar em um dos fundadores ou representantes dessa comunidade religiosa, enquanto *objetivo* – em um sentido qualquer – do seu trabalho de vida, o despertar disso que chamamos aqui de "espírito capitalista". De fato não poderemos crer que ambicionar bens mundanos, pensado como fim em si mesmo, teria francamente sido considerado por algum deles como valor ético. E, de uma vez por todas, deve-se registrar principalmente uma coisa: programas éticos reformadores nunca foram o aspecto central para nenhum dos expoentes da Reforma – aos quais temos de contar, para nossa consideração, também homens como Menno, George Fox e Wesley. Nenhum deles foi fundador de sociedades para "cultura ética", nem representante de esforços reformadores humanitários sociais ou de ideais culturais. A salvação da alma, e somente ela, era o ponto crucial do seu viver e atuar. Seus objetivos éticos e os efeitos práticos da sua doutrina estavam todos ancorados aqui e eram apenas *consequências* de motivos puramente religiosos. E, por essa razão, devemos considerar que os efeitos culturais da Reforma, em boa parte – talvez até predominantemente, para nossos pontos de vista especiais –, foram consequências imprevistas e mesmo *não intencionadas* do trabalho dos reformadores, frequentemente bem alheias ou até em oposição a tudo que eles próprios tinham em mente.

Assim, na sua parte certamente despretensiosa, o estudo a seguir talvez também possa constituir uma contribuição para a elucidação da maneira como as "ideias" se tornam efetivas na história em primeiro lugar. Mas para que não surjam já de antemão mal--entendidos sobre o sentido em que tal efetivar-se de motivos puramente ideais é afirmado aqui em geral, que seja permitido fazer algumas poucas alusões sobre isso, como conclusão dessas discussões introdutórias.

Nestes estudos – como há de ser expressamente observado, antes de tudo – não se trata de modo nenhum da tentativa de *valorar* o ideário da Reforma em algum sentido qualquer, nem em termos sociopolíticos, nem em termos religiosos. Para nossos fins, sempre consideramos aspectos da Reforma que haverão de parecer periféricos ou mesmo extrínsecos à consciência propriamente religiosa. Pois a rigor deve ser buscado apenas tornar um pouco mais claro o impacto que motivos religiosos trouxeram à trama do desenvolvimento da nossa cultura moderna, esta voltada especificamente a "este mundo", surgida a partir de inúmeros motivos históricos particulares. Inquirimos, portanto, apenas aquilo que, dentre certos conteúdos característicos dessa cultura, poderia porventura ser *atribuído* à influência da Reforma como causa histórica. Para isso, temos certamente de nos emancipar da visão: que seria possível, a partir de transformações econômicas, deduzir a Reforma como "necessária em termos de desenvolvimento histórico". Inúmeras constelações históricas que não se encaixam não apenas em nenhuma "lei econômica" senão principalmente em nenhum ponto de vista econômico de espécie qualquer, em particular ocorrências puramente políticas, tiveram de atuar em conjunto para que as Igrejas recém-criadas pudessem a princípio continuar a existir. Mas por outro lado não deve ser defendida em

absoluto nenhuma tese tão disparatadamente doutriná-
ria[85] como a: que o "espírito capitalista" (sempre no sentido dessa expressão empregado provisoriamente aqui)
teria porventura *logrado* surgir *apenas* como resultado
de determinadas influências da Reforma, ou até mesmo: que o capitalismo, enquanto *sistema econômico*, seria
um produto da última. O fato de certas *formas* importantes do empreendimento comercial capitalista serem
notoriamente bem *mais antigas* do que a Reforma já
obstaria, de uma vez por todas, tal visão. Antes, deve-se
apenas averiguar: se e até que ponto influências religiosas tiveram *co*participação na cunhagem qualitativa e na
expansão quantitativa daquele "espírito" pelo mundo, e
quais *aspectos* concretos da *cultura* assentada sobre base
capitalista remontam a elas. Nesse contexto, em vista do
imenso emaranhado de influenciações recíprocas entre
os fundamentos materiais, as formas de organização sociais e políticas e o teor espiritual das épocas culturais
reformadoras, pode-se proceder apenas de modo a se
investigar inicialmente se e em quais pontos são discer-
níveis determinadas "afinidades eletivas" entre certas
formas da fé religiosa e da ética profissional. Com isso
será ao mesmo tempo elucidada, na medida do possível, a espécie e a *direção* geral em que o movimento religioso, em virtude de tais afinidades eletivas, exerceu
influência sobre o desenvolvimento da cultura material.
Só *depois* de tê-lo determinado de modo razoavelmente
unívoco poderia ser feita a tentativa de avaliar em qual
medida conteúdos culturais modernos deverão ser atri-
buídos, em seu surgimento histórico, àqueles motivos
religiosos, e até que ponto a outros.

II – A ética profissional do protestantismo ascético

1 *Os fundamentos religiosos da ascese intramundana*

Os expoentes históricos do protestantismo ascético
(no sentido aqui usado da expressão) são principalmente de quatro espécies: (1) o calvinismo, *na*

forma que ele assumiu nas principais regiões da Europa ocidental sob sua dominação, em especial no decorrer do século XVII; (2) o pietismo; (3) o metodismo; (4) as seitas provenientes do movimento anabatista[1]. Nenhum desses movimentos se encontrava absolutamente isolado dos demais, e também ante as Igrejas reformadoras não ascéticas a separação não é nada de rigorosamente levado a cabo. O metodismo surgiu apenas em meados do século XVIII, dentro da Igreja de Estado inglesa; em conformidade com a intenção dos seus fundadores, ele pretendia ser não tanto uma nova Igreja do que um novo despertar do espírito ascético dentro da antiga, e se dissociou da Igreja Anglicana apenas no curso do seu desenvolvimento, em especial ao se alastrar para a América. O pietismo medrou de início no âmbito do calvinismo, na Inglaterra e especialmente na Holanda, permaneceu vinculado à ortodoxia mediante transições bem imperceptíveis e consumou então seu ingresso no luteranismo perto do final do século XVII, sob atuação de Spener, em parte com novo fundamento dogmático. Ele se manteve como um movimento *dentro* da Igreja, e somente a corrente ligada a Zinzendorf, condicionada por reminiscências de influências hussitas e calvinistas na congregação dos irmãos morávios ("de Herrnhut"), foi impelida contra sua vontade, como o metodismo, a se tornar uma espécie peculiar de formação sectária. No começo do seu desenvolvimento, calvinismo e anabatismo se encontravam dissociados, em acentuada oposição, mas se tornaram bem próximos no batismo do final do século XVII, e no início do mesmo era gradual o trânsito já nas seitas independentes da Inglaterra e da Holanda. Como mostra o pietismo, o trânsito com o luteranismo também é paulatino, e o mesmo se nota entre o calvinismo e a Igreja Anglicana, afínica ao catolicismo em seu caráter manifesto e no espírito dos seus professadores mais consequentes. Aquele movimento ascético que foi chamado de "puritanismo", no sentido mais amplo dessa palavra de diversos significados[2], de fato atacou os fundamentos do anglicanismo na maioria dos seus adeptos e em especial nos seus consequentes defensores, mas também aqui os contrastes se acentuaram apenas paulatinamente, no conflito. E mesmo se por ora deixamos totalmente de lado as questões de constituição e organização, a princípio não interessantes aqui, o estado de coisas permanece igual – então com tanto mais razão. As diferenças dogmáticas, mesmo as mais importantes, como as referentes à doutrina da predestinação e da justificação, assumiam entre elas as mais variadas combinações e impediram, já no início do século XVII, a conservação da unidade comum eclesial, isso de fato em regra, mas a rigor não sem exceções. E, acima de tudo: os fenômenos próprios à conduta *moral* de vida, importantes para nós, são encontrados em igual espécie entre os adeptos das mais distintas denominações provenientes de alguma das quatro fontes indicadas acima ou de alguma combinação de várias delas. Veremos que máximas éticas semelhantes podiam estar vinculadas a diferentes bases dogmáticas. Também os influentes recursos literários destinados à prática da cura de almas, sobretudo os compêndios casuísticos das diferentes confissões, influenciaram-se mutuamente no decorrer do tempo, e neles são encontradas grandes similaridades apesar das notórias distinções na práxis da conduta de vida. Assim, quase poderia parecer que procederíamos melhor se ignorássemos por completo as bases dogmáticas bem como a teoria ética e se nos ativéssemos puramente à práxis moral enquanto ela for averiguável. – Só que a rigor as coisas não são bem assim. Após terríveis conflitos, as raízes dogmáticas da moralidade ascética, distintas entre si, de fato feneceram. Mas não somente a ancoragem original nesses dogmas deixou fortes vestígios na ética "não dogmática" tardia, senão que *apenas* o conhecimento sobre o ideário original instrui compreender como aquela moralidade se ligava à ideia do *além* – esta a cativar, absoluta, os indivíduos mais contemplativos naquele tempo –, sem cujo poder, a tudo sobrepujante, *nenhuma* renovação moral a influenciar seriamente a práxis de vida teria sido implementada à época. Pois obviamente nos importa não o que fosse porventura instruído teórica e oficialmente em compêndios éticos do período – por mais que estes certamente tivessem significado prático por influência da disciplina eclesiástica, da cura de almas e da pregação[3] – senão algo totalmente distinto: a averiguação daqueles *estímulos* psicológicos que, criados pela fé e pela práxis da vida religiosa, indicavam a direção da conduta de vida e atinham o indivíduo a ela. Esses estímulos, porém, resultaram em alta medida também da particularidade das representações de fé religiosas. O indivíduo daquele tempo ocupava seus pensamentos com dogmas aparentemente abstratos, em um grau que por seu lado somente se torna compreensível quando entendemos sua relação com interesses prático-religiosos. É inevitável o enveredamento por algumas considerações dogmáticas[4], as quais haverão de parecer tão penosas ao leitor não teólogo como precipitadas e superficiais ao formado na teologia. Ao fazê-lo, decerto só podemos proceder de maneira a apresentar as ideias religiosas compiladas de modo consequente à maneira "típico-ideal", como apenas raramente encontrada na realidade histórica. Pois na investigação das suas formas *mais consequentes* podemos tão somente ter esperança de que nos deparemos com suas efetivações específicas, justamente *devido* à impossibilidade de traçar nítidos limites na realidade histórica.

[A – CALVINISMO]

A fé[5] em torno da qual se empreenderam as grandes lutas políticas e os grandes conflitos com caráter de *Kulturkampf*[NT3] nos territórios de cultura mais desenvolvidos em termos capitalistas nos séculos XVI e XVII – Países Baixos, Inglaterra e França –, e à qual, por essa razão, nos voltamos primeiro, foi o *calvinismo*[6]. Como seu dogma mais característico era considerada à época, e se considera também hoje em geral, a doutrina da *predestinação*. De fato se chegou a discutir se ela seria o dogma "mais essencial" da Igreja reformada, ou então algo de "acessório". Juízos sobre a essencialidade de um fenômeno histórico, porém, são juízos de valor ou então de fé – em particular quando se faz referência ao único aspecto "a interessar" no fenômeno ou ao que seja, nele, de "valor" indelével. Ou, caso o referido seja o significativo em termos *causais* devido à sua influência sobre outras ocorrências históricas, trata-se então de juízos de imputação históricos. Mas caso se parta desse último ponto de vista, como há de suceder aqui, e logo se pergunte pelo significado a ser conferido àquele dogma em função dos seus *efeitos* histórico-culturais, estes seguramente hão de ser tidos em alta conta[7]. Nele fracassou o *Kulturkampf* liderado por Oldenbarnevelt; sob Jaime I, a cisão na Igreja inglesa se tornou irreparável, visto que coroa e puritanismo se diferiam também em dogma, justamente no concernente a essa doutrina, e *esta* foi tida em primeira linha como aquilo de mais subversivo no calvinismo em geral, e combatida de forma autoritária[8]. Os grandes sínodos do século XVII, sobretudo Dordrecht e Westminster, além de vários sínodos menores, colocaram sua elevação à validade canônica no centro do seu trabalho; ela serviu de porto seguro a inúmeros dos heróis da *ecclesia militans* [Igreja militante] e, tanto no século XVIII como no século XIX, provocou cisões na Igreja e deu a palavra de ordem em momentos de grande redespertar. Não podemos passar ao largo desse dogma, e primeiro – visto que este, hoje, não pode mais ser considerado como conhecido por qualquer pessoa instruída – tomaremos conhecimento do seu conteúdo de forma autêntica, com base nos artigos da *Confissão de Westminster* (1647), que nesse ponto foi simplesmente reiterada tanto por confissões de fé independentes como por declarações confessionais batistas[9]:

Capítulo IX (da livre vontade), n. 3:

> O homem, por sua queda ao estado de peca-do, perdeu completamente toda capacidade da vontade relativa a qualquer bem espiritual que acompanhe salvação, de modo que um homem natural, estando totalmente averso àquele bem, e morto no pecado, não é capaz, por sua força própria, de converter a si mesmo, nem de se preparar para isso.

Capítulo III (do eterno decreto de Deus), n. 3:

> Pelo decreto de Deus para manifestação da sua glória, alguns homens e anjos são predestina-dos (*predestinated*) à vida eterna, e outros preor-denados (*fore-ordained*) à morte eterna.

n. 5:

> Aqueles do gênero humano que são predes-tinados à vida, Deus, antes de a fundação do mundo estar assentada, em acordo com seu propósito eterno e imutável, e com a resolu-ção secreta e o bel-prazer da sua vontade, esco-lheu a glória eterna em Cristo, por livre graça e amor, sem nenhuma previsão de fé ou boas obras, nem de perseverança em nenhum de-les ou nenhuma outra coisa na criatura, como condições ou causas a movê-lo a isso, e tudo para o louvor da sua gloriosa graça.

n. 7:

> O resto do gênero humano, Deus, acordante com a resolução insondável da sua própria von-tade, pela qual Ele oferece ou nega misericór-dia como lhe apraz, pela glória do seu poder soberano sobre suas criaturas,

teve prazer em deixar de lado, e em ordená-lo à desonra e cólera por seus pecados, para o louvor da sua gloriosa justiça.

Capítulo X (Do chamamento eficaz), n. 1:

Todos aqueles que Deus predestinou à vida, e apenas aqueles, Ele apraz efetivamente em chamar, no seu tempo apontado, por sua palavra e seu espírito, [...] levando embora seu coração de pedra e dando-lhes um coração de carne, renovando sua vontade e determinando-os, por sua força onipotente, àquilo que é bom.

Capítulo V (Da Providência), n. 6:

Quanto àqueles homens perniciosos e ímpios que Deus, como um juiz justo, por pecados passados, faz cegar e endurecer, a esses Ele não apenas nega sua graça, pela qual eles poderiam ter sido iluminados em seus entendimentos e forjados em seus corações, mas às vezes também lhes subtrai os dons que tiveram, e os expõe a objetos tais que sua corrupção torna ocasião de pecado, e ademais os entrega a suas próprias concupiscências, às tentações do mundo e ao poder de satã, pelo que sucede de eles endurecerem a si mesmos, até sob tais meios que Deus usou para o enternecer de outros[10].

"Posso ir ao inferno, mas um Deus como esse nunca haverá de conquistar a minha reverência" – foi, como se sabe, o juízo de Milton sobre a doutrina[11]. Mas importa para nós aqui não a valoração senão a posição histórica do dogma. Apenas brevemente podemos nos demorar na questão sobre: como essa doutrina surgiu e em quais contextos de ideias ela se inseria na teologia calvinista. Dois caminhos até ela foram possíveis. Em especial entre os mais ativos e passionais daqueles grandes homens de prece que a história do cristianismo sempre tornou a ver desde Agostinho, o fenômeno do sentimento religioso de redenção está ligado à percepção segura de tudo ter de dever à eficácia exclusiva de uma potência objetiva, não, o mínimo que seja, ao próprio valor: o potente estado de ditosa certeza no qual aqueles se aliviam do enorme espasmo do sentimento de pecado irrompe sobre os mesmos, ao que parece de modo completamente repentino, e aniquila toda possibilidade de imaginar que esse dom inaudito da graça pudesse ser devido a qualquer cooperação própria ou estar ligado a realizações ou qualidades das próprias fé e vontade. Naqueles tempos em que Lutero foi capaz de escrever sua obra *Da liberdade cristã*, tempos da sua mais elevada genialidade religiosa, estava também mais assente para ele que o "misterioso decreto" de Deus seria a fonte inexplicável, absolutamente única, do seu estado de graça religioso[12]. Mesmo mais tarde ele não abandonou formalmente essa concepção – mas a ideia não apenas não assumiu nenhuma posição central para Lutero senão que foi relegada cada vez mais a segundo plano, quanto mais ele, enquanto político eclesiástico responsável, era constrangido pela *Realpolitik*. Melâncton, bem intencionalmente, evitou incorporar a "perigosa e obscura" doutrina à *Confissão de Augsburgo*, e, para os pais fundadores da Igreja do luteranismo, era assente em termos dogmáticos que a graça é amissível (*amissibilis*) e pode ser reobtida mediante humildade penitente e confiança devota na palavra de Deus e nos sacramentos. Em Calvino[13] o processo se deu de forma exatamente inversa, em uma sensível elevação do significado da doutrina no decorrer da sua polêmica querela com opoentes de dogma. Ela só é plenamente desenvolvida na terceira edição das *Institutas* e adquire sua posição central apenas postumamente, nos grandes conflitos da espécie de *Kulturkampf* que os sínodos de Dordrecht e Westminster buscaram encerrar. Em Calvino, o "*decretum horribile*" é *não vivenciado*, ao contrário do que ocorre em Lutero, senão *ideado*, e por isso elevado em seu significado com cada aumento adicional da consequência conceitual no direcionamento do seu interesse religioso, voltado apenas a Deus, não aos homens[14]. Não é Deus que existe para os homens, senão que estes existem para Deus, e todo acontecimento – portanto também o fato, indubitável para Calvino, de que apenas uma pequena parte dos homens é chamada à bem-aventurança – pode ter seu sentido exclusivamente como meio para o fim da autoglorificação da majestade de Deus. Aplicar padrões de "justiça" terrena a suas determinações soberanas é sem sentido e uma ofensa à sua majestade[15], visto que Ele, e apenas Ele, é *livre*, isto é, não subordinado a nenhuma lei, e seus decretos só podem ser compreensíveis e a princípio conhecidos por nós na medida em que Ele achar por bem comunicá-los. Podemos nos ater apenas a esses fragmentos de verdade eterna; todo o demais – o *sentido* do nosso destino individual – está envolto por obscuros mistérios cujo perscrutar é impossível e ato desaforado. Se os réprobos quisessem porventura se queixar do seu fado como algo de imerecido, isso seria como se os animais reclamassem por não terem nascido seres humanos. Pois toda criatura está apartada de Deus por um abismo intransponível e merece diante dele apenas a morte eterna, a menos que Deus, com vistas à glorificação da sua majestade, tenha resolvido de outra forma. Sabemos apenas: que uma parte dos homens é abençoada, uma outra permanece condenada. Assumir que mérito ou culpa humanos condicionariam esse fado significaria enxergar decisões absolutamente livres de Deus, firmadas desde a eternidade, como possíveis de ser alteradas mediante influxo humano – uma ideia impossível. Do "Pai Celestial" do Novo Testamento, compreensível aos homens, que se apraz com o regresso do pecador como uma mulher ao reencontrar a moeda perdida, fez-se aqui um ser transcendente que escapa a todo entendimento humano, e que, desde a eternidade, por meio de decretos totalmente imperscrutáveis, decidiu o fado de cada indivíduo e dispôs a respeito de todos os mínimos detalhes no cosmo[16]. Visto que seus decretos se encontram estabelecidos de forma inalterável, a graça de Deus é tão inamissível para aqueles a quem Ele a confere como inalcançável para aqueles a quem Ele a recusa.

Em sua patética inumanidade, essa doutrina há então de ter logrado sobretudo um resultado para a índole de uma geração que se rendeu à sua grandiosa consequência: um sentimento de inaudita *solitude interior do indivíduo particular*[17]. Na questão de vida mais decisiva para os indivíduos do tempo da Reforma – a eterna bem-aventurança –, o ser humano era instruído a traçar sozinho seu rumo, ao encontro de um destino estabelecido desde a eternidade. Ninguém podia ajudá-lo. Nenhum pregador – pois apenas o eleito pode compreender *spiritualiter* ["em espírito"] a palavra de Deus. Nenhum sacramento – pois os sacramentos, embora sejam ordenados por Deus para a ampliação da sua glória e devam por isso ser observados sem infringências, são não um meio qualquer para obter a graça de Deus senão, subjetivamente, apenas *externa subsidia* ["auxílios externos"] da fé. Nenhuma Igreja – pois embora a sentença *"extra ecclesiam nulla salus"* ["fora da Igreja não há salvação"] fosse aplicável no sentido de que aquele que se afasta da verdadeira Igreja nunca pode pertencer aos eleitos por Deus[18], pertencem à Igreja (aparente) também os réprobos, os quais *devem* compor a mesma e ser sujeitados aos seus meios disciplinatórios, não para assim alcançar a bem-aventurança, o que é impossível, senão porque também eles têm de ser forçados à observância dos seus mandamentos, para glória de Deus. Finalmente, também: nenhum Deus – pois mesmo Cristo morreu apenas para os eleitos[19], aos quais Deus resolvera, desde a eternidade, dedicar sua morte por sacrifício voluntário. Esta, a absoluta supressão da salvação eclesiástico-*sacramental* (no luteranismo ainda não consumada em todas as consequências, de modo nenhum), era aquilo de absolutamente determinante em comparação com o catolicismo. Aqui encontrava seu termo aquele grande processo histórico-religioso do *desencantamento* do mundo[20], que se iniciou com a profecia judaica antiga e, juntamente com o pensamento científico helênico, condenou como superstição e sacrilégio todos os meios *mágicos* da busca de salvação. O autêntico puritano condenava até mesmo qualquer vestígio de cerimônias religiosas junto ao túmulo, e sepultava seus entes mais próximos sem grande aparato, apenas para impedir que surgisse alguma *superstition*, alguma confiança em efeitos salvíficos de espécie mágico-sacramental[21]. Não havia não apenas nenhum meio mágico senão nenhum meio em geral para conferir a graça de Deus àquele a quem o mesmo decidira negá-la. Junto com a rígida doutrina do incondicional afastamento de Deus e do desvalor próprios a tudo puramente pertencente ao reino da criatura, esse isolamento interior do ser humano explica por um lado a posição absolutamente negativa do puritanismo com relação a todos os elementos de ordem sensível-*sentimental* na cultura e na religiosidade subjetiva – porque são desnecessários à salvação e fomentadores de ilusões sentimentais e de superstições divinizadoras da criatura – e, com ela, sua posição relativa à evitação fundamental de toda cultura dos sentidos em geral[22]. Por outro lado, porém, ele constitui uma das raízes daquele individualismo[23] de matiz pessimista e sem ilusões que ainda hoje influi no "caráter nacional" e nas instituições dos povos de passado puritano – em contraste tão evidente com as lentes de espécie totalmente distinta pelas quais o "iluminismo" mais tarde enxergou os seres humanos[24]. No período do qual nos ocupamos, encontramos claramente vestígios dessa influência da doutrina da predestinação em fenômenos elementares da conduta e da concepção de vida, e em particular também onde sua vigência enquanto dogma já estava em declínio – ela também foi a rigor apenas a forma *mais extrema* daquela *exclusividade* da confiança em *Deus* cuja análise interessa aqui –, como, por exemplo, na advertência, encontrada com recorrência notavelmente frequente na literatura puritana, em especial inglesa, contra qualquer confiança na amizade e no auxílio humanos[25]. Suspeita profunda também com relação ao amigo próximo aconselha mesmo o moderado Baxter, e Bailey recomenda diretamente não confiar em ninguém e não confidenciar nada de comprometedor a nenhuma pessoa: somente Deus há de ser o homem de confiança[26]. No contraste mais patente com o luteranismo, também em relação a essa índole de vida, desapareceu então subitamente, nas regiões de calvinismo plenamente desenvolvido, a confissão privada, contra a qual o próprio Calvino tinha reservas apenas devido à possibilidade da equivocada interpretação sacramental – uma ocorrência da maior implicação, de início como sintoma da espécie de eficácia dessa religiosidade, mas depois também como estímulo psicológico ao desenvolvimento para sua postura ética. Foi eliminado o meio para o "ab-reagir" periódico da consciência de culpa de acento afetivo[27]. Ainda serão tratadas as consequências para a práxis moral cotidiana. Mas são evidentes os resultados para a situação religiosa geral dos indivíduos. Apesar da necessidade de pertencimento à verdadeira Igreja para se alcançar a salvação[28], a relação do calvinista com seu Deus se dava em profundo isolamento interior. Quem quiser perceber os efeitos específicos[29] dessa atmosfera peculiar deve conferir, no livro de longe mais lido de toda a literatura puritana – *O peregrino* de Bunyan[30] –, a descrição do comportamento de Cristão depois de ele haver tomado consciência de se encontrar na "Cidade da Destruição" e de ter lhe surpreendido o chamado para logo sair em peregrinação à Cidade Celestial. Mulher e filhos agarram-se a ele – contudo, com os dedos a cobrir os ouvidos, aos gritos de "*Life, eternal life!*"

["Vida, vida eterna!"], ele se lança adiante, a correr pelos campos, e nenhum refinamento poderia representar melhor a índole do crente puritano – a pensar somente em sua própria salvação, no fundo ocupado apenas consigo mesmo – como expressa nas untuosas conversas que ele tem pelo caminho com indivíduos que ambicionam o mesmo – que lembram um pouco a obra de Gottfried Keller *Die drei gerechten Kammacher* [*Os três justos penteeiros*] – do que a cândida sensibilidade do latoeiro a poetizar em sua prisão, que ao fazê-lo encontrava aclamação em um mundo de fiéis. Somente quando ele mesmo está longe de perigos surge a ideia de que agora seria bom também ter a família ao seu lado. Esse medo atormentador da morte e do que vem depois é o mesmo que por toda parte percebemos, como descrito por Döllinger, em Afonso de Ligório, de modo tão penetrante – a mundos de distância daquele espírito de orgulhosa intramundanidade que Maquiavel expressa no elogio daqueles cidadãos florentinos para os quais, na luta contra o papa e o interdito, "o amor à cidade natal era mais elevado do que o temor pela salvação das suas almas", e certamente ainda mais distante de sentimentos que Richard Wagner traz à boca de Siegmund antes do combate mortal: "Salve, Wotan! Salve, Valhala [...]. Mas não me fales, deveras, dos débeis deleites de Valhala". Só que, justamente os *efeitos* desse medo são, em Bunyan e Afonso de Ligório, de caráter decerto bastante distintos: o mesmo medo que compele o último a toda autodepreciação concebível esporeia o primeiro à luta sem descanso e sistemática com a vida. De onde vem essa diferença?

A princípio parece um mistério o modo como a superioridade indubitável do calvinismo na organização social logrou se vincular àquela tendência à dissociação interior do indivíduo dos mais estreitos laços com os quais o mundo o mantém cingido[31]. Só que por mais estranho que pareça de início, ela resulta justamente do matiz específico que o "amor ao próximo" cristão teve de assumir sob a pressão do isolamento interior do indivíduo pela fé calvinista. Ela é, inicialmente, consequência de espécie dogmática[32]. O mundo está destinado a – e apenas a – servir à auto-glorificação de Deus; o cristão eleito existe para – e apenas para – ampliar de sua parte a glória de Deus no mundo mediante o fazer cumprir dos seus mandamentos. Mas Deus quer, do cristão, a obra social, *pois* Ele quer que a configuração social da vida tenha arranjo acordante com seus mandamentos e de modo a corresponder a esse fim. O trabalho social[33] do calvinista no mundo é trabalho exclusivamente "*in majorem gloriam Dei*" ["para maior glória de *Deus*"]. Daí o trabalho *profissional* que se encontra a serviço da vida da coletividade neste mundo também carregar esse caráter. Em Lutero já encontramos a derivação, a partir do "amor ao próximo", do labor profissional que resulta da divisão do trabalho. Mas o que nele permaneceu um princípio incerto, puramente à maneira de construção conceitual, tornava-se agora entre os calvinistas uma parte característica do seu sistema ético. O "amor ao próximo" se manifesta em *primeira* linha – visto que a rigor lhe é permitido servir à glória apenas de *Deus*[34], não da *criatura*[35] – no cumprimento das missões *profissionais* dadas por *lex naturae*, e ao fazê-lo ele assume um caráter peculiarmente *im*pessoal em termos objetivos: o de um serviço à configuração racional do cosmos social a nos circundar. Pois a configuração e o arranjo portentosamente finalísticos desse cosmos, o qual, afinal, segundo a revelação da Bíblia bem como o entendimento natural, é claramente talhado à medida para servir ao *proveito* do gênero humano, permitem reconhecer o trabalho a serviço desse proveito social impessoal como promovedor da glória de Deus e, portanto, como acordante à vontade divina. A completa eliminação do problema da teodiceia e de todas aquelas questões referentes ao "sentido" do mundo e da vida, em virtude das quais outros se atassalhavam, era tão evidente em si mesma para o puritano como – por razões totalmente distintas – para o judeu; e em certo sentido, aliás, para a religiosidade cristã não mística em geral. No calvinismo, mais um traço, a atuar na mesma direção, acresceu-se ainda a essa economia de forças. A cisão entre o "indivíduo" e a "ética" (no sentido de Søren Kierkegaard) não existia para o calvinismo, embora nos assuntos religiosos ele deixasse o indivíduo entregue a si mesmo. Aqui não é o lugar para analisar as razões disso nem o significado desses pontos de vista para o racionalismo político e econômico do calvinismo. Nisso reside a origem do caráter *utilitário* da ética calvinista, e, do mesmo modo, daí provieram importantes peculiaridades da concepção calvinista de vocação profissional[36]. – Mas primeiro retornemos mais uma vez aqui à consideração da doutrina da predestinação em especial.

Ora, o problema decisivo para nós é em primeiro lugar: o modo como essa doutrina foi *suportada*[37] em um tempo para o qual o além era não apenas mais importante senão em vários aspectos também mais certo do que todos os interesses ligados à vida neste mundo[38]. Afinal, uma questão em particular logo havia de surgir a cada um dos crentes e de relegar todos os outros interesses: teria *eu* sido eleito? E como *eu* posso me tornar certo dessa eleição?[39] – Para Calvino, propriamente, isso não era nenhum problema. Ele se percebia como "ferramenta" e estava certo do seu estado de graça. Por conseguinte, à questão sobre como o indivíduo poderia ter certeza da sua própria eleição, ele tem, no fundo, apenas a resposta: que deveríamos nos contentar com o conhecimento do decreto de Deus e com a perseverante confiança em Cristo operada pela verdadeira fé. Por princípio ele refuta, enquanto uma desaforada tentativa de perscrutar os segredos de Deus, a assunção: que seria possível reconhecer nos outros, a partir do seu comportamento, se eles seriam eleitos ou condenados. Nesta vida, os eleitos não se distinguem dos réprobos em nada de manifesto[40], e mesmo todas as experiências subjetivas dos eleitos também são possíveis entre os condenados – enquanto "*ludibria Spiritus Sancti*" ["ludíbrios do Espírito Santo"] –, com a única exceção daquela confiança de fé a perseverar *finaliter* [até o fim]. Os eleitos, portanto, são e permanecem Igreja *in*visível de Deus. Como bem natural, os epígonos – já Teodoro de Beza – e sobretudo a ampla camada dos indivíduos comuns tinham pontos de vista distintos. A *certitudo salutis* [certeza da salvação], no sentido da *possibilidade de reconhecer* o estado de graça, teve de se elevar para eles a significado absolutamente proeminente[41], e assim, então, onde quer que a doutrina da predestinação se fizesse vigente, também não esteve ausente a questão se não haveria sinais seguros que permitissem reconhecer o pertencimento aos *electi*. Não apenas no desenvolvimento do pietismo, a medrar inicialmente no terreno da Igreja reformada, essa questão teve um significado central duradouro, sendo em certo sentido até constitutiva da confissão pietista por um tempo; antes, ainda teremos a tratar quando considerarmos o significado da doutrina e da práxis reformadas da Ceia do Senhor – este de tão grandes implicações políticas e sociais – o papel que a verificabilidade do estado de graça do indivíduo desempenhou durante todo o século XVII também fora do pietismo, por exemplo para a questão da sua admissão à Ceia do Senhor, isto é, ao ato cúltico central, determinante da posição social dos participantes.

Era no mínimo impossível, na medida em que emergia a questão referente ao estado de graça *próprio*, contentar-se com a referência de Calvino ao autotestemunho da fé perseverante que a graça opera no indivíduo – referência essa nunca abandonada formalmente[42], ao menos no princípio, pela doutrina ortodoxa[43]. Não o logrou sobretudo a práxis da cura de almas, que por toda parte se encontrava às voltas com os tormentos provocados pela doutrina. Ela lidou com essas dificuldades de diferentes maneiras[44]. Nesse contexto, enquanto a predestinação não era reinterpretada, suavizada nem abandonada fundamentalmente[45], destacaram-se como característicos em especial dois tipos de aconselhamento da cura de almas relacionados entre si. Por um lado, é simplesmente tornado dever *considerar-se* eleito e repudiar, como tentação do demônio, toda e qualquer dúvida[46], visto que falta de certeza com relação a si mesmo seria a rigor resultado de fé insuficiente, portanto da efetivação insuficiente da graça. A exortação do Apóstolo a se "ater" ao próprio chamamento é interpretada aqui, desse modo, como dever de alcançar, na luta diária, a certeza subjetiva da própria eletividade e justificação. No lugar dos humildes pecadores, aos quais Lutero promete a graça caso se entreguem a Deus em fé penitente, são cultivados assim aqueles "santos" convictos[47] que reencontramos nos comerciantes puritanos daquela época heroica do capitalismo, rijos como aço, e em exemplares isolados até na atualidade. E, por outro lado, trabalho profissional sem descanso foi expressamente recomendado como meio mais eminente para *obter* aquela certeza com relação a si mesmo[48]. Ele, e somente ele, afugentaria a dúvida religiosa e daria a certeza do estado de graça.

Mas que o trabalho profissional mundano fosse tido como capaz *dessa* realização – que ele, por assim dizer, pudesse ser tratado como o meio apropriado para o ab-reagir dos afetos de angústia religiosos – tem seu fundamento em profundas peculiaridades do senso religioso cultivado na Igreja reformada [calvinista], que, em sua contraposição ao luteranismo, evidenciam-se de modo mais claro na doutrina da natureza da fé justificadora. No belo ciclo de preleções de Schneckenburger essas diferenças são analisadas de modo puramente objetivo, tão refinado e com tamanha isenção de quaisquer juízos de valor[49] que as breves considerações a seguir, no essencial, podem apenas dar continuidade à sua exposição.

A vivência religiosa mais elevada a que aspira a devoção luterana como desenvolvida notadamente no curso do século XVII é a *unio mystica* com a divindade[50]. Como já sugere a designação, que é desconhecida nesses termos pela doutrina reformada, trata-se de um sentimento substancial referente a Deus: a percepção de um real adentrar do divino na alma crente, qualitativamente de espécie igual à dos efeitos da contemplação dos místicos alemães e distinguido por seu caráter *passivo*, voltado à satisfação da ânsia por *descanso* em Deus e por sua interioridade puramente da ordem do emotivo. Em si, porém, uma religiosidade de inflexão mística – como se conhece da história da filosofia – é não apenas muito bem compatível com senso de realidade marcadamente realista no campo do dado empírico, e não raro mesmo seu esteio direto – em conformidade com a rejeição de doutrinas dialéticas –, senão que a mística, do mesmo modo, também pode até favorecer indiretamente a conduta racional de vida. Ao menos falta à sua relação com o mundo, como natural, a valoração positiva da atividade manifesta. No luteranismo, contudo, a *unio mystica* estava ademais combinada com aquele profundo sentimento de indignidade relativo ao pecado original, o qual haveria de preservar zelosamente a *poenitentia quotidiana* do crente luterano, voltada à conservação da humildade e da simplicidade imprescindíveis para o perdão dos pecados. Em contrapartida, desde o início a religiosidade especificamente reformada encarou com rejeição a fuga do mundo quietística de Pascal bem como essa devoção luterana da ordem do emotivo, voltada puramente ao interior. O real adentrar do divino na alma humana estava impossibilitado devido à transcendência absoluta de Deus a tudo de pertencente ao reino da criatura: "*finitum non est capax infiniti*" ["o finito não é capaz de conter o infinito"]. Antes, a comunhão de Deus com seus agraciados só poderia ter lugar e chegar à consciência na medida que Deus neles *operasse* (*operatur*) e que os mesmos se tornassem conscientes de que seu *agir*, portanto, provinha da fé operada pela graça de Deus e que essa fé se legitimasse, em turno, pela qualidade daquele agir enquanto operado por Deus. Profundas diferenças entre os estados de salvação determinantes[51], válidas em geral para a classificação de toda religiosidade prática, manifestam-se em que: o virtuose religioso pode se certificar do seu estado de graça, *ora* ao se perceber como receptáculo, *ora* ao se sentir como instrumento do poder divino. No primeiro caso, sua vida religiosa tende à cultura mística do sentimento; no último, ao *agir* ascético. Lutero estava mais próximo do primeiro tipo; o calvinismo pertencia ao outro. Também o reformado [calvinista] queria ser salvo *sola fide* [pela fé somente]. Mas visto que, já conforme visão de Calvino, todos os meros sentimentos e estados, ainda por mais sublimes que pareçam, são enganadores[52], a fé tem de se comprovar em seus *efeitos* objetivos para servir como base segura à *certitudo salutis*: ela precisa ser uma *fides efficax*[53] [fé eficaz]; o chamamento à salvação, um "*effectual calling*" (termo da *Declaração de Savoy*). Ainda, ao se levantar agora a pergunta sobre os frutos *nos quais* o reformado [calvinista] lograria então reconhecer indubitavelmente a justa fé, a resposta há de ser: em uma conduta de vida do cristão que sirva à ampliação *da glória de Deus*. Tudo que serve a esse fim deve ser inferido da sua vontade, revelada diretamente na Bíblia ou evidenciada indiretamente a partir das ordens finalísticas do mundo por Ele criadas (*lex naturae*[54]). Pode-se controlar seu próprio estado de graça em especial mediante comparação do próprio estado de alma com aquele que, segundo a Bíblia, era próprio aos eleitos, por exemplo aos patriarcas[55]. Apenas um eleito tem efetivamente a *fides efficax*[56], somente ele é capaz de ampliar, mediante obras boas efetivamente, não apenas em aparência, a glória de Deus, em virtude da regeneração (*regeneratio*) e da santificação (*sanctificatio*) resultante da última. E ao se tornar consciente de que sua conduta baseia-se em uma força nele vivente[57] voltada à ampliação da glória de Deus – isso ao menos em relação ao caráter fundamental e ao propósito constante (*propositum oboedientiae*) –, portanto não apenas existente por vontade divina senão sobretudo *operada* por Deus[58], ele obtém aquele bem supremo a que aspirava essa religiosidade: a certeza da graça[59]. Com base em 2Cor 13,5 foi corroborado que ela haveria de ser obtida[60]. Assim, por mais absolutamente impróprias que sejam as boas obras para servir como meio à obtenção da bem-aventurança – pois também o eleito permanece criatura, e tudo que ele faz permanece, em infinita distância, aquém das exigências de Deus –, elas são imprescindíveis enquanto *sinais* da eleição[61]. Elas são o meio técnico não de adquirir bem-aventurança, senão: de se livrar do medo de não alcançá-la. Nesse sentido, elas são diretamente caracterizadas, em ocasiões, como "imprescindíveis à bem-aventurança"[62], ou então a *possessio salutis* [posse da salvação] é vinculada às mesmas[63]. Mas na prática, então, isso significa fundamentalmente que Deus auxilia aquele que presta auxílio a si mesmo[64], portanto que o calvinista, como também é expressado em ocasiões, "*cria*" *ele mesmo* sua bem-aventurança[65] – o correto teria de ser: a *certeza* em relação a ela; isso significa que esse criar *pode* consistir, porém, ao contrário do que se nota no catolicismo, *não* em um acumular paulatino de realizações meritórias isoladas senão em um auto*controle sistemático*, a *todo tempo* a colocar diante da alternativa: eleito ou condenado? Com isso chegamos a um ponto muito importante das nossas considerações.

Como se sabe, essa ordem de ideias, a se eviden-ciar com crescente clareza[66] nas Igrejas e seitas refor-madas[67], foi acusada reiteradas vezes, desde o lado luterano, de "santificação pelas obras". E isso segura-mente com razão – logo que se refira às consequên-cias *práticas* para a vida cotidiana do cristão médio reformado –, por mais legítimo que fosse o protesto dos acusados contra a identificação da sua posição *dogmática* com a doutrina católica[68]. Pois talvez nunca tenha existido uma forma mais intensiva da apreciação religiosa do *agir* moral do que aquela que o calvinis-mo gerou em seus adeptos. Mas determinante para o significado prático dessa espécie de "santificação pe-las obras" é apenas o reconhecimento das *qualidades* que caracterizam a conduta de vida correspondente à mesma e que a distinguiam da vida cotidiana de um cristão médio medieval. Pode-se talvez tentar formu-lá-la aproximadamente assim: no aspecto ético, o lei-go católico medieval normal[69] vivia, em certa medida, "ao deus-dará". Ele cumpria os deveres tradicionais conscienciosamente, acima de tudo. Porém, suas "boas obras" que fossem realizadas para além desse cumpri-mento normalmente continuavam sendo uma cadeia racionalizada de ações *particulares*, não necessariamen-te a formar um *sistema* de vida coeso, ao menos não de modo necessário – ações essas que ele executava a depender da ocasião, por exemplo para a compensa-ção de pecados concretos ou sob a influência da cura de almas, ou, em certa medida, próximo ao final da sua vida, como pagamento de seguro. Naturalmente, a ética católica era ética da "convicção". Mas a *inten-tio* concreta da ação *particular* determinava seu valor. E a ação *particular* – boa ou má – era creditada aos agentes, influenciava seu destino eterno e efêmero. De forma bem realista, a Igreja tinha em conta que o ser humano não era *nenhuma* unidade determinada nem a ser avaliada de modo absolutamente unívoco, senão que a vida moral do mesmo (normalmente) seria um comportar-se não raro bastante contraditório, influenciado por motivos conflitantes. Ela decerto também exigia dele, como ideal, uma mudança *fundamental* de vida. Mas justamente essa exigência ela tratou novamente de atenuar (para a média), por intermédio de um dos seus instrumentos educativos e de poder mais importantes: o sacramento penitencial, cuja função estava profundamente vinculada à particularidade mais intrínseca da religiosidade católica.

Na devoção católica, o "desencantamento" do mundo – a eliminação da *magia* enquanto meio de salvação[70] – não havia sido levado às mesmas consequências alcançadas na religiosidade puritana (e antes dela apenas na judaica). Ao católico[71] se encontrava à disposição, como meio para compensação da própria insuficiência, a *graça sacramental* da sua Igreja: o padre era um mago que operava o milagre da transubstanciação e cujas mãos detinham a autoridade central. Podia-se recorrer ao mesmo em arrependimento e penitência; ele promovia expiação, esperança em relação à graça, certeza do perdão e, com isso, proporcionava o alívio daquela enorme tensão em cujo viver estava o destino inescapável, e por nada atenuado, do calvinista. Para este não havia esses confortos amistosos e humanos, e, ao contrário do católico e também do luterano, ele tampouco podia esperar reparar momentos de fraqueza e imprudência por maior boa vontade em outras horas. O Deus do calvinismo exigia dos seus não "boas obras" individuais senão uma santificação pelas obras elevada a *sistema*[72]. Não entrava em questão o oscilar católico, verdadeiramente humano, entre pecado, arrependimento, penitência, alívio, novo pecado, nem de um saldo de vida inteira a se quitar com penas temporárias, a se pagar com os meios eclesiásticos da graça. Assim, a práxis ética dos indivíduos comuns foi despojada de sua falta de plano e de sistema e recebeu a forma de um *método* consequente de toda a conduta de vida. Afinal não é nenhum acaso que o nome dos "metodistas" tenha se mantido vinculado aos expoentes do último grande reavivamento de ideias puritanas no século XVIII, do mesmo modo como a designação "precisistas plenamente equivalente em sentido, tenha sido empregada no século XVII em referência a seus antepassados espirituais[73]. Pois somente em uma transformação fundamental do sentido de todo o viver, em cada momento e em cada ação[74], podia se comprovar o operar da graça enquanto um abjugar do ser humano, passando do *status naturae* para o *status gratiae*. A vida do "santo" estava exclusivamente voltada a um objetivo transcendente – à bem-aventurança –, mas *justamente por isso* encontrava-se totalmente *racionalizada* e dominada em seu curso neste mundo pelo ponto de vista exclusivo: de ampliar a glória de Deus na terra – e nunca se levou tão rigorosamente a sério o ponto de vista de "*omnia in majorem Dei gloriam*"[75] ["tudo para maior glória de Deus"]. Mas somente uma vida conduzida por constante reflexão podia ser vista como superação do *status naturalis* – o "*cogito ergo sum*" de Descartes foi assimilado pelos puritanos contemporâneos nessa reinterpretação ética[76]. Essa racionalização deu à piedade reformada seu traço especificamente *ascético* e fundamentou então tanto sua afinidade intrínseca[77] quanto seu contraste específico com o catolicismo. Pois, naturalmente, algo similar não era estranho aos católicos.

A ascese cristã sem dúvida trazia em si algo de espécie extremamente distinta, tanto na manifestação exterior quanto em sentido. Em suas mais elevadas formas de manifestação no Ocidente, porém, ela carregou um caráter *racional*, isso já por toda a Idade Média e, em alguns aspectos, já na Antiguidade. Nisso se baseia o significado histórico-universal da conduta de vida monástica no Ocidente em seu contraste com o monasticismo oriental – não em sua totalidade mas em seu tipo geral. Em princípio, na Regra de São Bento – mais ainda entre os cluniacenses, em grau por sua vez ainda maior entre os cistercienses, e, por fim, na forma mais determinante entre os jesuítas –, ela já estava emancipada tanto da fuga do mundo desprovida de plano quanto do autoflagelo virtuosístico. Ela havia se tornado um método da conduta racional de vida sistematicamente engendrado, com o objetivo de superar o *status naturae*, de libertar o ser humano do poder das pulsões irracionais e da dependência perante mundo e natureza, de subjugá-lo à supremacia do querer planificado[78], de subordinar suas ações ao constante auto*controle* e à *ponderação* do seu alcance ético, de modo a instruir o monge – objetivamente – a se tornar um trabalhador a serviço do Reino de Deus e, com isso, por sua vez, assegurar-lhe – subjetivamente – a salvação da alma. Esse domínio – *ativo* – de si, objetivo dos *Exercitia* de Santo Inácio e das formas mais elevadas das virtudes racionais monásticas em geral[79], foi também o ideal prático de vida determinante do puritanismo[80]. No profundo desprezo com o qual a bulha descomedida dos funcionários e prelados nobres, nos relatos sobre os interrogatórios dos seus mártires, é contrastada com a arrefecida serenidade reservada dos seus professadores[81] já se manifesta esse apreço pelo autocontrole reservado ainda representado nos melhores tipos do *gentleman* inglês e anglo-americano de hoje[82]. Na linguagem que nos é corrente[83]: a ascese puritana – como toda ascese "racional" – trabalhava no sentido de capacitar o ser humano a impor e a fazer valer, perante os "afetos", seus "motivos constantes", em especial aqueles que ela mesma lhe "incutia" – portanto no sentido de instruí-lo a formar uma "personalidade", *nesse* significado psicológico-formal da palavra. Em contraste com algumas concepções populares, o objetivo era poder levar uma vida vígil consciente, lúcida; a aniquilação do desimpedimento da fruição pulsional da vida era a tarefa mais urgente; trazer *ordem* à conduta de vida daqueles que se atinham a essa fruição, o *meio* mais importante da ascese. Todos esses aspectos determinantes são encontrados nas regras do monasticismo católico de modo tão pronunciado[84] como nos princípios da conduta de vida dos calvinistas[85]. Nesse acometimento metódico do ser humano como um todo se baseia, em ambos, seu enorme poder de superação do mundo; no calvinismo em especial, em comparação com o luteranismo, é nele que se funda sua capacidade de assegurar, enquanto *ecclesia militans*, a existência do protestantismo.

É evidente, por outro lado, em que consistia o *contraste* entre a ascese calvinista e a medieval: a eliminação dos *consilia evangelica* e, com ela, a transformação da ascese em uma ascese puramente *intra*mundana. Não é como se dentro do catolicismo a vida "metódica" tivesse se mantido restrita às celas dos mosteiros. Esse não foi o caso, nem em teoria, tampouco na práxis, isso de modo nenhum. Antes, já foi frisado que, apesar do maior comedimento moral do catolicismo, uma vida eticamente assistemática *não* chega nem perto de se equiparar aos ideais mais elevados que o mesmo produziu – mesmo para a vida intramundana[86]. A Ordem Terceira de São Francisco, por exemplo, foi uma forte tentativa em direção à impregnação ascética da vida cotidiana, e, como se sabe, não a única. Obras como a *Imitação de Cristo* decerto mostram, justamente *pelo* gênero do seu forte impacto, como as modalidades da conduta de vida nelas pregadas foram percebidas como algo de *mais elevado* perante a moralidade cotidiana minimamente satisfatória, e que esta última não foi mensurada segundo padrões como os que o puritanismo conservava à disposição. E a *práxis* de certas instituições eclesiásticas, sobretudo a da indulgência, que também por isso foi percebida no tempo da Reforma não como um excesso periférico senão pura e simplesmente como o mal fundamental determinante, teve de se interpor reiteradamente aos primeiros indícios de ascese sistemática intramundana. Mas o decisivo era: que o homem a viver de forma metódica no sentido religioso *par excellence* era e seguiu sendo, *unicamente*, *a rigor*, *o monge*, portanto que a ascese, quanto mais intensivamente ela acometia o indivíduo, *mais* ela o forçava a se *apartar* da vida cotidiana, porque a vida especificamente santa consistia na *suplantação* da moralidade intramundana[87] em particular. O primeiro a deixar isso de lado foi Lutero – e por sinal não como concretizador de uma "tendência de desenvolvimento" qualquer senão com base em experiências bem pessoais, aliás ainda a hesitar inicialmente nas consequências práticas, depois constrangido pela situação *política* –, e o calvinismo simplesmente apropriou isso dele[88]. Em relação à sua espécie de religiosidade, Sebastian Franck de fato atingiu o cerne da coisa quando entreviu o significado da Reforma na circunstância de que agora *todo* cristão teria de ser um monge por toda sua vida. Contra o desbordar da ascese para fora da vida mundana cotidiana foi erigida uma barragem, e aquelas naturezas individuais contemplativas passionalmente austeras, que haviam fornecido ao monacato seus melhores representantes até então, eram agora instruídas a seguir ideais ascéticos *dentro* da vida profissional mundana. Mas o calvinismo acrescentou algo de positivo no curso do seu desenvolvimento: a ideia da necessidade da *comprovação da fé* na vida profissional mundana[89]. Com isso ele dava às mais amplas camadas de naturezas individuais de orientação religiosa o *estímulo positivo* à ascese, e, assim, com a ancoragem da sua ética na doutrina da predestinação, entrou no lugar da aristocracia clerical do monacato, alheia e acima do mundo, a aristocracia clerical dos santos *no* mundo, predestinados por Deus desde a eternidade[90], uma aristocracia que, com seu *character indelebilis* [caráter indelével], estava apartada do resto da humanidade – este condenado desde a eternidade – por um abismo em princípio mais intransponível e ainda mais aterrador em sua invisibilidade[91] do que o do monge da Idade Média, externamente dissociado do mundo – um abismo que incisava, de modo duramente ríspido, em *todos* os sentimentos sociais. Pois, diante dos pecados do próximo, o adequado a esse estado de graça divino dos eleitos, e por isso dos santos, era não a indulgente solicitude na consciência das próprias fraquezas senão o ódio e o desprezo voltados àquele como a um inimigo de Deus que carrega em si a marca da eterna condenação[92]. Esse modo de sentir era suscetível a tamanha intensificação que, sob circunstâncias, podia resultar em formação *sectária*. Esse foi o caso quando – como entre as correntes "independentes" do século XVII – a crença genuinamente calvinista de que a glória de Deus exigiria submeter os réprobos à Lei por intermédio da Igreja foi superada pela convicção de que Deus seria exposto a opróbrio caso um não regenerado se encontrasse em seu rebanho e participasse dos sacramentos, ou mesmo se o ministrasse – na posição de pregador[93]. Como foi o caso, portanto, junto aos batistas calvinistas, quando o conceito donatista de Igreja, em suma, surgiu como consequência da ideia de comprovação. E também onde não foi efetivada a plena consequência da exigência da Igreja "pura" enquanto comunidade dos comprovados como regenerados – a formação sectária –, diversas formas de constituição eclesial resultaram da tentativa de separar cristãos regenerados dos não regenerados, dos não prontos para o sacramento, de reservar aos primeiros o regimento da Igreja ou então uma posição especial, e de apenas admitir pregadores regenerados[94].

Foi da Bíblia, como natural, que essa conduta ascética de vida recebeu então sua norma fixa, pela qual ela podia se orientar de forma pertinaz, e da qual, de fato, ela claramente carecia. E, na frequentemente propalada "bibliocracia" do calvinismo, o importante para nós é: que o *Antigo* Testamento, porque tão inspirado como o Novo, *equiparava-se* totalmente ao último em matéria de dignidade nas suas prescrições morais, salvo as que notadamente não tivessem sido específicas apenas às circunstâncias históricas do judaísmo nem expressamente revogadas por Cristo. Para os *crentes* em particular, a Lei estava dada como norma ideal, nunca realizável de todo mas sem dúvida a viger[95], enquanto Lutero, em contrapartida, enaltecera – originalmente – a *liberdade* perante a subserviência à Lei como privilégio divino dos crentes[96]. O efeito da sabedoria hebraica de vida, ligada fervorosamente ao divino e no entanto absolutamente sóbria, registrada nos livros mais lidos pelos puritanos – os Provérbios de Salomão e alguns salmos –, percebe-se em toda sua índole de viver. Em especial o caráter *racional*, a dirimição do lado místico da religiosidade, acima de tudo do *sentimental*, já foram remontados por Sanford[97], com razão, à influência do Antigo Testamento. Entretanto, enquanto tal, esse racionalismo veterotestamentário era em si de caráter tradicionalista, essencialmente pequeno-burguês, e estavam à parte não apenas o forte *pathos* dos profetas e de vários salmos senão também elementos que já na Idade Média tinham dado os pontos de referência para o desenvolvimento de uma religiosidade sentimental específica[98]. Em última instância, portanto, foi de novo o caráter fundamental *próprio* do calvinismo mesmo, precisamente o ascético, que selecionou e assimilou em si os elementos da piedade veterotestamentária congeniais a ele.

Aquela sistematização da conduta ética de vida que a ascese do protestantismo calvinista tem em comum com as formas racionais da vida nas ordens católicas manifesta-se, mesmo de modo puramente extrínseco, na maneira como o cristão puritano "preciso" continuamente *controlava* seu estado de graça[99]. É bem verdade que o diário religioso – no qual os pecados, as tentações e os progressos feitos na graça eram registrados um por um, ou também de forma tabelar – era comum tanto à devoção católica moderna (precisamente da França), criada em primeira linha pelos jesuítas, quanto àquela dos círculos reformados de maior fervor eclesial[100]. Mas se no catolicismo ele servia à finalidade de completude da confissão ou oferecia ao *directeur de l'âme* [diretor espiritual] o documento para sua orientação autoritária do cristão ou (mais) da cristã, o cristão reformado, com sua ajuda, "tomava pulso" de si *próprio*. Ele é mencionado por todos os teólogos da moral significativos; um exemplo clássico dele fornece ainda a escrituração tabelar estatística feita por Benjamin Franklin de seus progressos em cada virtude[101]. E, por outro lado, a velha imagem medieval (e própria já à Antiguidade) da contabilidade feita por Deus é elevada em Bunyan ao mau gosto característico de comparar a relação do pecador com Deus à de um cliente com o *shopkeeper* ["vendeiro"]: uma vez tendo contraído dívidas, o indivíduo poderá pagar, com a receita de todos os seus ganhos próprios, quando muito, os juros acumulados, mas nunca a soma principal[102]. O puritano mais tardio, porém, controlava o seu próprio comportamento como também o de Deus, e enxergava o envolvimento do último em cada vicissitude da vida. E por essa razão, em contraste com a doutrina genuína de Calvino, ele sabia o porquê de Deus ter feito esta ou aquela determinação. A santificação da vida lograva assumir assim quase que o caráter de um empreendimento comercial[103]. Uma penetrante cristianização de toda a existência foi a consequência dessa *metódica* da conduta ética de vida que o calvinismo, ao contrário do luteranismo, tratou de impor. Para a correta compreensão do gênero de atuação do calvinismo, deve se ter sempre em vista que era essa *metódica* o determinante da influenciação do viver. Disso resulta por um lado que a rigor somente *essa* cunhagem lograva exercer aquela influência; por outro, porém: que outras confissões também tinham de atuar na mesma direção quando seus estímulos éticos, nesse ponto determinante da ideia da comprovação, fossem os mesmos.

Até aqui nos movimentamos apenas no âmbito da religiosidade calvinista, e portanto pressupusemos a doutrina da predestinação como fundamento dogmático da moralidade puritana no sentido da conduta ética de vida metodicamente racionalizada. Isso ocorreu porque esse dogma, enquanto pedra angular da doutrina reformada, também foi de fato cultivado muito além dos círculos daquele partido religioso que, em todos os aspectos, manteve-se estritamente no terreno de Calvino: o dos "presbiterianos"; o dogma está contido não apenas na *Declaração de Savoy* de 1658, esta independente, mas igualmente na *Confession* batista de Hanserd Knollys de 1689, e mesmo que, dentro também do metodismo, o grande talento organizatório do seu movimento (John Wesley) tenha sido partidário da universalidade da graça, o grande agitador da primeira geração metodista e seu pensador mais consequente (Whitefield) foi partidário do "particularismo da graça", assim como o círculo reunido em torno de Lady Huntingdon, por certo tempo de fato bastante influente. Em sua grandiosa coesão, foi essa doutrina que na mais fatídica época do século XVII conservou nos aguerridos defensores da "vida santa" a ideia de que os mesmos seriam ferramentas de Deus e executores dos seus desígnios providenciais[104], e que impediu o colapso precoce em uma santificação pelas obras puramente utilitária com orientação voltada apenas a este mundo, a qual a rigor nunca teria sido capaz de tão inauditos sacrifícios por objetivos irracionais e ideais. E o vínculo da crença em normas necessariamente válidas com determinismo absoluto e completa transcendência do suprassensível, por ela estabelecido em uma forma genial à sua maneira, era ao mesmo tempo – em princípio –, de modo extraordinário, muito mais *"moderno"* do que a doutrina mais concessiva à sentimentalidade, mais moderada, que subordinava também Deus à lei moral. Mas a ideia da *comprovação* – fundamental para nossas considerações, como sempre haverá de se notar –, enquanto ponto de partida psicológico da moralidade metódica, tinha de ser estudada sobretudo na "forma pura", em particular com base na doutrina da predestinação e no seu significado para a vida cotidiana, de tal modo que tivemos de partir dessa doutrina como forma mais consequente, visto que essa ideia ressurge enquanto esquema da vinculação entre fé e moralidade com muita regularidade nas denominações a serem consideradas adiante. Dentro do protestantismo, as consequências que *ela* necessariamente teve para a configuração ascética da conduta de vida entre seus primeiros adeptos constituíram a antítese *mais fundamental* do (relativo) desfalecimento moral do luteranismo. A *gratia amissibilis* [graça amíssivel] luterana, que a todo tempo podia ser reobtida mediante arrependimento penitente, manifestamente não continha *em si* nenhum estímulo àquilo que é importante para nós aqui como produto do protestantismo ascético: uma configuração racional sistemática da vida ética como um todo[105]. Por conseguinte, a devoção luterana deixava mais inabalada a vitalidade desimpedida do agir pulsional e da vida sentimental ingênua; faltava aquele estímulo ao constante autocontrole e, com ele, principalmente à regulamentação *planificada* da própria vida como contida na aflitiva doutrina do calvinismo. Nesses ares de livre abertura ao mundo, o gênio religioso, como Lutero, vivia desimpedido e – enquanto durasse o vigor das suas asas! – sem risco de imergir-se no *status naturalis*. E aquela forma simples, refinada e peculiarmente emotiva de devoção, que ataviou alguns dos tipos mais eminentes do luteranismo, encontra raramente – assim como sua moralidade livre de lei – seus paralelos no âmbito do puritanismo genuíno, senão mais, em compensação, dentro do anglicanismo moderado de Hooker, Chillingsworth e outros, por exemplo. Mas para o luterano comum, também para o mais idôneo, não havia nada mais certo do que ele ter sido tirado do *status naturalis* apenas temporariamente – enquanto durasse o efeito de cada confissão ou prédica. Conhecida é a diferença, tão surpreendente aos contemporâneos, entre o padrão ético das cortes reformadas [calvinistas] e o das luteranas, estas com tanta frequência imersas em ebriedade e rudeza[106], assim como a falta de recursos da clerezia luterana, com sua pregação puramente da fé, em comparação com o movimento ascético do anabatismo. Aquilo que se percebe de *Gemütlichkeit* [aprazibilidade do ânimo] e "naturalidade" nos alemães, em oposição ao ambiente de vida anglo-americano, este encontrado ainda hoje – até na fisionomia dos indivíduos – sob o efeito da exaustiva aniquilação do desimpedimento do *status naturalis*, e aquilo que alemães em regra costumam estranhar naquele ambiente como estreiteza, ausência de liberdade e limitação interior, referem-se a contrastes de conduta de vida que de modo bastante essencial têm origem também naquela *menor* impregnação ascética da vida pelo luteranismo, em oposição ao calvinismo. A antipatia do desimpedido "filho do mundo" contra tudo de ascético se manifesta nessas percepções. Afinal, ao luteranismo faltava, e isso em virtude da sua doutrina da graça, o estímulo psicológico ao sistemático na conduta de vida, o qual força sua racionalização metódica. Esse estímulo, em si, que determina o caráter ascético da devoção, sem dúvida *podia* ser gerado por motivos religiosos de diferentes espécies, como veremos em breve; a doutrina da predestinação própria ao calvinismo era apenas *uma* das distintas possibilidades. Mas a rigor nos convencemos de que a última, em sua maneira, era não apenas de consequência totalmente incomparável senão também de eficácia psicológica bastante eminente[107]. Considerados puramente sob o ponto de vista da motivação religiosa da sua ascese, os movimentos ascéticos *não* calvinistas surgem então como *moderações* da consequência interna do calvinismo.

Contudo, de fato não sempre, mas certamente na maioria das vezes, as circunstâncias na realidade do desenvolvimento histórico também eram tais que a forma reformada [calvinista] da ascese foi imitada pelos demais movimentos ascéticos ou então utilizada como recurso comparativo e complementar quando do desenvolvimento dos seus próprios princípios, fossem estes divergentes ou sobejantes com relação a ela. Onde quer que a mesma consequência ascética tenha surgido apesar da fundamentação distinta da fé, isso em regra foi resultado da *constituição* eclesial, da qual será tratado em outro contexto[108].

[B – PIETISMO]

Historicamente, em todo caso, a ideia da predestinação foi o ponto de partida para a corrente ascética comumente chamada de *pietismo*. Enquanto esse movimento se manteve dentro da Igreja reformada [calvinista], fica quase impossível estabelecer um limite determinado entre calvinistas pietistas e calvinistas não pietistas[109]. Em ocasiões, quase todos os pronunciados representantes do puritanismo foram contados entre os pietistas, e é uma concepção plenamente lícita aquela que enxerga todas essas relações entre a predestinação e a ideia da comprovação, como expostas acima junto com o interesse – a fundamentar a última – na obtenção da *certitudo salutis* [certeza da salvação] subjetiva, já como desenvolvimento subsequente, pelos pietistas, da doutrina genuína de Calvino; com bastante regularidade, em particular na Holanda, o surgimento de *revivals* ascéticos dentro das comunidades reformadas [calvinistas] esteve relacionada a um reacender da doutrina da predestinação, por vezes caída em esquecimento ou esmaecida. Por essa razão não se costuma mais nem mesmo usar o conceito "pietismo" em referência à Inglaterra[110]. Mas também o pietismo reformado continental (dos Países Baixos e da Baixa Renânia) foi acima de tudo, ao menos em núcleo, simplesmente intensificação da ascese reformada, exatamente do mesmo modo que a religiosidade de Bailey, por exemplo. A ênfase decisiva recaiu com tanta força sobre a *praxis pietatis* que a ortodoxia dogmática passou então a segundo plano, às vezes dando a impressão de ser diretamente indiferente. Os predestinados, afinal, podiam ocasionalmente incorrer em equívocos dogmáticos bem como em outros pecados, e a experiência instruía que os frutos mais manifestos da fé foram produzidos por inúmeros cristãos totalmente desorientados a respeito da teologia de escola, ao passo que se evidenciava, por outro lado, que o simples saber teológico não implicava em absoluto a certeza da comprovação da fé na conduta[111]. A eleição, portanto, não podia de modo nenhum ser comprovada a partir do saber teológico[112]. Por isso o pietismo, em profunda desconfiança com relação à Igreja dos teólogos[113], à qual ele todavia permaneceu oficialmente vinculado – isso pertence às suas marcas características –, começou a reunir em "conventículos", em isolamento do mundo, os adeptos da *praxis pietatis*[114]. Ele pretendia trazer à terra a Igreja invisível dos santos, tornando-a visível, e, protegido nessa comunidade, embora sem ter como consequência a formação sectária, levar uma vida apática às influências do mundo, orientada em todos os detalhes pela vontade de Deus, e assim ficar certo da própria regeneração também em aspectos cotidianos manifestos da conduta de vida. A *ecclesiola* dos verdadeiramente conversos – isso também era comum a todo pietismo específico – queria experimentar, assim, já neste mundo, em ascese intensificada, a comunhão com Deus em sua bem-aventurança. Esse último esforço tinha algo de intrinsecamente afínico com a *unio mystica* luterana, e levou com bastante frequência, de forma mais intensa do que a encontrada normalmente entre os cristãos médios reformados, a um cultivo do lado *sentimental* da religião. *Esta*, então, enquanto sejam considerados os *nossos* pontos de vista, teria de ser tratada como a característica determinante do "pietismo" no âmbito da Igreja reformada [calvinista]. Pois aquele fator do sentimento, no todo originalmente estranho à devoção calvinista – em compensação intrinsecamente afínico a certas formas da religiosidade medieval –, conduzia a religiosidade prática à via da fruição da bem-aventurança neste mundo, no lugar da luta ascética por sua certificação no futuro além. E, nesse contexto, o sentimento *podia* passar por uma intensificação tal que a religiosidade assumia caráter diretamente histérico, e então, mediante aquela alternância de base neuropática – conhecida de inúmeros exemplos – entre estados semiconscientes de êxtase religioso e períodos de extenuação nervosa que eram percebidos como "afastamento de Deus", alcançava-se, no *efeito*, o direto oposto da disciplina sóbria e rígida à qual a vida santa sistematizada do puritano levava o indivíduo: um enfraquecimento daquelas "inibições" que serviam de arrimo à personalidade racional do calvinista contra os "afetos"[115]. Nesse contexto, a ideia calvinista da condenação de tudo de pertencente ao reino da criatura, de tudo concebido como da ordem do *sentimental* – por exemplo na forma do assim denominado "sentimento de ser um verme" –, igualmente *podia* provocar um esmorecimento do dinamismo na vida profissional[116]. E também a ideia da predestinação *podia* se tornar fatalismo quando – em oposição às tendências genuínas da religiosidade racional calvinista – ela se tornou objeto de uma assimilação própria à ordem das emoções e dos *sentimentos*[117]. E, por fim, o ímpeto ao insulamento dos santos perante o mundo *podia* dar origem, quando da maior intensificação *sentimental*, a uma espécie de organização monástica comunitária de caráter semicomunista, como a que o pietismo esteve a produzir de forma recorrente, e também na Igreja reformada[118]. Mas enquanto não foi alcançado esse efeito extremo, condicionado por aquele cultivo da *sentimentalidade*, portanto enquanto o pietismo reformado buscou se certificar da sua bem--aventurança dentro da vida *profissional* mundana, o efeito prático dos princípios pietistas era somente um controle ascético *ainda* mais estrito da conduta de vida na profissão e uma ancoragem religiosa da moralidade profissional ainda mais firme do que a lograda pela simples "honorabilidade" mundana dos cristãos reformados normais, vista pelos "distintos" pietistas como cristianismo de segunda ordem. A aristocracia religiosa dos santos, que, afinal, no desenvolvimento de toda ascese reformada, quanto mais tida a sério, mais segura de si se colocava, foi então – como ocorrido na Holanda – organizada voluntariamente dentro da Igreja na forma de conventículo, enquanto no puritanismo inglês ela urgiu em parte à diferenciação formal entre cristãos ativos e passivos na *constituição* da Igreja, em parte – conforme já dito anteriormente – à formação sectária.

O desenvolvimento do pietismo *alemão* no âmbito do luteranismo, associado aos nomes Spener, Francke, Zinzendorf, logo nos afasta do campo da doutrina da predestinação. Mas com isso não se abandona necessariamente de modo nenhum o domínio daquelas ordens de ideias cuja coroação consequente consistiu nessa doutrina, como então o atesta em relação a si mesmo em especial a influenciação de Spener pelo pietismo anglo-neerlandês, e como se evidenciou, por exemplo, na leitura de Bailey em seus primeiros conventículos[119]. Em todo caso, para *nossos* pontos de vista especiais, o pietismo significa apenas o incutir de uma *conduta de vida* metodicamente cultivada e controlada, isto é, portanto, *ascética*, isso também nos domínios da religiosidade não calvinista[120]. O luteranismo, porém, teve de perceber essa ascese racional como corpo estranho, e a falta de consequência da doutrina pietista alemã foi resultado das dificuldades daí surgidas. Em Spener, para a fundamentação dogmática da conduta religiosa sistemática de vida, ordens de ideias luteranas são combinadas com a marca característica, especificamente reformada [calvinista], das boas obras enquanto tais, empreendidas com o "intuito da *honra* de Deus"[121], e com a crença, também a soar como reformada, na possibilidade de os regenerados alcançarem, em uma medida relativa, a perfeição cristã[122]. Só que faltava justamente a consequência da teoria: em Spener, fortemente influenciado pelos místicos[123], buscou-se menos fundamentar do que descrever, de maneira bem indeterminada mas essencialmente luterana, o caráter sistemático da conduta cristã de vida, este essencial também para seu pietismo; não se buscou derivar a *certitudo salutis* a partir da santificação, senão que se escolheu para ela a vinculação luterana à fé mencionada anteriormente, mais lasseada, no lugar da ideia da comprovação[124]. Mas enquanto o elemento ascético-racional prevalecia sobre o lado sentimental no pietismo, as concepções determinantes para nossos pontos de vista estavam sempre a reclamar seu direito, a saber: que (1) desenvolvimento metódico da própria santidade, em crescentes perfeição e consolidação, a serem controladas a partir da *Lei*, seria *sinal* do estado de graça[125], e que (2) seria a Providência divina que *operaria* nos indivíduos assim tornados perfeitos, na medida em que Deus lhes daria aceno em caso de paciente perseverar e de *reflexão metódica*[126]. O trabalho profissional era meio ascético *par excellence* também para A.H. Francke[127]; era-lhe assente que aquele a abençoar os seus mediante o êxito do trabalho seria o próprio Deus, ideia que encontraremos igualmente assentada entre os puritanos.

E o pietismo criou para si representações que,

como sucedâneos do "duplo decreto", instauraram de maneira essencialmente idêntica, apenas de forma menos evidente do que essa doutrina, uma aristocracia de regenerados fundada na graça particular de Deus[128], com todas as consequências psicológicas descritas acima relativamente ao calvinismo. A estas pertence, por exemplo, o assim denominado "terminismo", imputado de modo geral ao pietismo pelos seus opoentes (decerto que injustamente)[129], isto é, a assunção de que a graça seria universalmente oferecida a cada um, mas uma vez, apenas em um momento bem determinado na vida, ou então em um momento qualquer, uma última vez[130]. Àquele que perdeu esse momento, portanto, o universalismo da graça não servia mais em auxílio: ele estava na condição de ignorado por Deus na doutrina calvinista. Com efeito também se aproximava bastante dessa teoria, por exemplo, a assunção de que a graça só poderia vir a se "manifestar" sob ocorrências específicas, únicas e singulares, em particular após o *Busskampf* [conflito penitencial] precedente[131], assunção abstraída por Francke de vivências pessoais e bem amplamente difundida – talvez se possa dizer: predominante – no pietismo. Visto que, segundo a própria opinião dos pietistas, nem todos eram dispostos àquela vivência, aquele que não a experienciasse em si apesar do método ascético, aplicado conforme instrução pietista com o fim de provocá-la, permanecia, aos olhos dos regenerados, uma espécie de cristão passivo. Por outro lado, mediante a criação de um *método* para a realização de *Busskampf*, também a obtenção da graça divina se tornava efetivamente objeto da atividade humana *racional*. Também resultaram desse aristocratismo da graça as reservas contra a confissão privada, as quais contribuíram para aluir a mesma também no luteranismo, nutridas não por todos – não por Francke, por exemplo – mas decerto por muitos pietistas, em especial pelos pietistas encarregados da *cura de almas*, como mostram as interpelações sempre recorrentes dirigidas a Spener; o *efeito* visível da graça – obtida mediante penitência – na *conduta* santa devia afinal decidir sobre a permissibilidade da absolução, e portanto era impossível que bastasse, para sua concessão, a mera *contritio* [contrição][132].

A *auto*avaliação religiosa de Zinzendorf, ainda que a oscilar diante dos ataques da ortodoxia, sempre vinha a desembocar na ideia de "ferramenta". De resto, porém, o ponto de vista conceitual desse notável "diletante religioso", como Ritschl o chama, certamente pouco parece apreensível de forma unívoca nos pontos importantes para nós[133]. Ele mesmo se intitulou repetidas vezes de representante do "tropo paulino-luterano" *contra* o "pietista-jacobino", o qual se atinha à *Lei*. Mas já em seu protocolo notarial de 12 de agosto de 1729, a congregação de irmãos mesma e sua práxis, que ele autorizou e promoveu apesar do seu luteranismo sempre enfatizado[134], são consideradas sob um ponto de vista que em muitos aspectos vinha inteiramente ao encontro da aristocracia calvinista dos santos[135]. A tão discutida transmissão do cargo de deão a Cristo em 12 de novembro de 1741 também parecia tornar expresso algo semelhante. Dos três "tropos" da congregação de irmãos [de Herrnhut], ademais, o calvinista e o morávio estiveram desde o início orientados no essencial pela ética profissional reformada. Bem à maneira puritana, Zinzendorf também exprimiu, contra John Wesley, a visão de que, mesmo que nem sempre o próprio justificado pudesse *reconhecer* a sua justificação, *outros* lograriam fazê-lo com base no gênero da sua conduta[136]. Por outro lado, porém, o fator do sentimento tem forte proeminência na devoção especificamente dos hernutos, e Zinzendorf em especial até buscou pessoalmente, repetidas vezes, eliminar em sua congregação a tendência à santificação ascética em sentido puritano[137] e dar viés luterano à santificação pelas obras[138]. Sob a influência da condenação dos conventículos e da conservação da práxis da confissão, também se desenvolveu um vínculo à mediação sacramental da graça pensado de modo essencialmente luterano. Ainda, tanto o princípio especificamente zinzendorfiano – de que a *puerilidade* do senso religioso seria marca da sua autenticidade – quanto o uso de *leitura da sorte* como meio da revelação da vontade de Deus, por exemplo, atuaram tão fortemente em oposição ao racionalismo da conduta de vida que, no geral, até onde alcançava a influência do conde [Zinzendorf][139], os elementos antirracionais, da ordem do *sentimental*, foram bem mais preponderantes na devoção dos hernutos do que no restante do pietismo[140]. A vinculação entre moralidade e perdão dos pecados em *Idea fidei fratrum* de Spangenberg é tão lasseada[141] como no luteranismo em geral. A rejeição por Zinzendorf da ambição metodista de perfeição vai ao encontro – aqui como em todos os contextos – do seu ideal fundamentalmente eudemonístico de admitir aos indivíduos que tenham já no *presente*[142] uma percepção da ordem do sentimental referente à bem-aventurança (ele diz: "*Glückseligkeit*" ["felicidade"]), ao invés de instruí-los para que, mediante trabalho racional em si, tornem-se certos de encontrá-la no *além*[143]. Por outro lado, aqui também permaneceu viva a ideia de que o valor determinante da congregação de irmãos [de Herrnhut], em oposição a outras Igrejas, residiria na atividade da vida cristã, na missão e – com o qual foi posta em relação – no trabalho profissional[144]. Ademais, a racionalização prática do viver sob o ponto de vista da *utilidade* foi de fato um elemento bem essencial também da concepção de vida de Zinzendorf[145]. Para este – como para outros representantes do pietismo –, ela resultava, por um lado, da resoluta aversão às especulações filosóficas, riscosas à fé, e da correspondente predileção pelo saber particular empírico[146], por outro lado do senso de prudência próprio ao missionário profissional com relação ao mundo. A congregação de irmãos, enquanto ponto central missionário, era ao mesmo tempo empreendimento comercial, e assim conduzia seus membros à via da ascese intramundana, que, também na vida em geral, demanda antes de tudo "missões" e configura o viver de modo sóbrio e planificado em vista das mesmas. Como obstáculo tem-se de novo apenas a glorificação – aduzida do paradigma da vida missionária dos apóstolos – do carisma da falta de *posses* apostólica entre os "discípulos" eleitos por Deus mediante "predestinação"[147], o que de fato significava, no efeito, uma repristinação parcial dos "*consilia evangelica*". Assim, a criação de uma ética profissional racional à espécie da calvinista foi, se já não impossibilitada – como mostra o exemplo da transformação do movimento anabatista –, em todo caso retardada; mais que isso, ela foi fortemente preparada em âmbito intrínseco pela ideia de trabalho *apenas* "pela vocação".

Em suma, quando examinarmos o pietismo alemão sob os pontos de vista a serem considerados *por nós* aqui, constatamos uma hesitação e uma insegurança na ancoragem religiosa da sua ascese que divergem consideravelmente da ferrenha consequência própria ao calvinismo e que são determinadas em parte por influências luteranas, em parte pelo caráter *sentimental* da sua religiosidade. Pois de fato é uma grande tendenciosidade apresentar esse elemento sentimental como aquilo de específico ao pietismo em oposição ao *luteranismo*[148]. Em comparação com o calvinismo, porém, a intensidade da racionalização do viver sem dúvida tinha de ser necessariamente menor, porque o estímulo interior a pensar no estado de graça, este a ser reiteradamente comprovado, o qual garante o *futuro* eterno, foi desviado por via sentimental ao *presente*, e no lugar da certeza com relação a si mesmo que o predestinado a todo tempo se esforçava em adquirir mediante trabalho profissional exitoso e sem descanso foram postas aquela humildade e aquele alquebramento[149] do ser que eram consequências em parte do excitamento sentimental voltado puramente às vivências interiores, em parte do instituto luterano da confissão, este na maioria das vezes tolerado pelo pietismo embora de fato quase sempre visto com graves reservas pelo último[150]. Pois em tudo isso se manifesta aquela maneira especificamente luterana de buscar a salvação, cujo determinante é o "perdão dos pecados", não: a "santificação" prática. No lugar do ambicionar racional planificado voltado a obter e reter o *saber* certo a respeito da bem-aventurança futura (no além), tem-se aqui a necessidade de *sentir* agora (neste mundo) a reconciliação e a comunhão com Deus. Mas assim como na vida econômica a inclinação à fruição do presente entra em atrito com a configuração racional da "economia" – que afinal é ancorada na preocupação com o futuro –, o mesmo também ocorre, em certo sentido, no âmbito da vida religiosa. De modo bem evidente, portanto, o direcionamento da necessidade religiosa a uma afecção presente interior *sentimental* implicava um *deficit* de estímulo à racionalização do *agir* intramundano se comparada com a necessidade de comprovação dos "santos" reformados [calvinistas], esta voltada apenas ao além, ao passo que, se comparada com a fé do luterano ortodoxo, tradicionalmente atida à palavra e ao sacramento, ela certamente estava apta a desenvolver um excedente de impregnação religiosa *metódica* da conduta de vida. No todo, desde Francke e Spener até Zinzendorf, o pietismo caminhou em *crescente* ênfase do caráter sentimental. Mas não foi nenhuma "tendência de desenvolvimento" qualquer, imanente ao mesmo, aquilo que se manifestava nisso. Antes, essas diferenças resultaram de antagonismos próprios ao meio de origem religioso (e: social) de seus principais representantes. No presente contexto não é possível adentrar esse tema, tampouco tratar: como a particularidade do pietismo alemão encontra expressão em sua *difusão* geográfica e social[151].

Aqui temos de recordar mais uma vez que o nuançar desse pietismo sentimental no contraste com conduta de vida dos santos puritanos efetua-se em transições bem graduais, como natural. Caso se tivesse de caracterizar, ao menos provisoriamente, uma consequência prática da distinção, seria possível indicar como tal as virtudes que o pietismo cultivou, mais no modo como as lograram desenvolver, por um lado, os empregados, trabalhadores, industriais domésticos e funcionários "fiéis à profissão"[152], e por outro empregadores de mentalidade predominantemente patriarcal em *condescendência* aprazente a Deus (à maneira de Zinzendorf). Em comparação, o calvinismo aparenta ter mais afinidades eletivas com o rijo senso ativo e de justiça próprio ao empresariado capitalista-burguês[153]. O *puro pietismo sentimental* é, por fim – como Ritschl[154] já destacou –, uma distração religiosa para *leisure classes* [classes desocupadas]. Por menos exaustiva que seja essa caracterização, ainda hoje ela encontra correspondência em certas diferenças também de particularidade econômica de povos que estiveram sob a influência de uma ou outra dessas duas correntes ascéticas.

[C – METODISMO]

A combinação de uma religiosidade da ordem do sentimental e todavia ascética com a crescente indiferença ou rejeição dos fundamentos dogmáticos da ascese calvinista caracteriza também a contrapartida anglo-americana do pietismo continental: o *metodismo*[155]. Seu nome já indica aquilo que sobressaía aos olhos dos contemporâneos como particularidade dos seus adeptos: a sistemática "metódica" da conduta de vida com a finalidade de obtenção da *certitudo salutis* – pois, desde o início, também aqui, é *desta* que se trata, e a mesma seguiu sendo ponto central da aspiração religiosa. Mas a afinidade com certas correntes do pietismo alemão[156], incontestável apesar de todas as diferenças, revela-se sobretudo no fato de que essa metódica em especial também era aplicada para provocar o ato *sentimental* da "conversão". E, visto que o metodismo esteve voltado desde o início à missão entre as massas, a sentimentalidade – inspirada em John Wesley por influências hernuto-luteranas – assumiu um caráter fortemente *emocional*, especialmente em território americano. Na América, um *Busskampf* realizado preferivelmente no "banco dos angustiados", elevado sob circunstâncias até os êxtases mais aterradores, levou à crença na graça imerecida de Deus e, junto com ela, imediatamente à consciência da justificação e da reconciliação. Sob não poucas dificuldades internas, essa religiosidade emocional estabelecia então um vínculo peculiar com a ética ascética, a qual, de uma vez por todas, obtivera do puritanismo seu cunho *racional*. Em oposição ao calvinismo, que tomava tudo de meramente da ordem do sentimental como suspeito de provocar ilusão, considerou-se em princípio como único fundamento indubitável da *certitudo salutis* uma certeza absoluta emanada da imediação do testemunho do espírito, puramente *sentida* pelo agraciado – cujo surgimento, ao menos normalmente, haveria de ter dia e hora determinados. Entretanto, segundo a doutrina de Wesley, a qual representa uma consequente intensificação da doutrina da santificação mas um resoluto desvio da sua versão ortodoxa, um indivíduo assim regenerado pode alcançar já nesta vida a "santificação", a consciência da *perfeição* no sentido de impecabilidade, em virtude do operar da graça no mesmo mediante um segundo processo interior, este em regra a surgir de forma isolada e não raro também repentinamente. Por mais difícil que seja alcançar esse objetivo – na maioria das vezes somente próximo ao fim da vida –, tão incondicionalmente ele há de ser ambicionado – porque ele garante definitivamente a *certitudo salutis* e institui ditosa certeza no lugar da "lamurienta" preocupação do calvinista[157] –, e o verdadeiramente convertido, enquanto tal, deve provar a si mesmo e a outros que o pecado ao menos "não tem mais nenhum poder sobre ele". Por isso, naturalmente, permanecia-se atido à conduta santa orientada à *Lei*, apesar do significado determinante do autotestemunho do *sentimento*. Sempre que Wesley, em seu tempo, combatia a justificação pelas obras, ele estava somente a reavivar a antiga ideia puritana de que as obras são não causa real senão apenas fundamento do reconhecimento do estado de graça, e isso também somente se fossem realizadas exclusivamente para glória de Deus. A conduta correta *sozinha* não bastava – como ele teve de descobrir por si mesmo; havia de se acrescer o *sentimento* do estado de graça. Ele próprio, em ocasiões, chamou as obras de "condição" da graça, e também ressaltou, na declaração de 9 de agosto de 1771[158], que quem não realiza boas obras não seria um crente verdadeiro, e sempre foi enfatizado pelos metodistas que eles se distinguem da Igreja oficial não na doutrina senão pela espécie de devoção. O mais das vezes, o significado do "fruto" da fé foi justificado com base em 1Jo 3,9; e, a conduta, apresentada como claro *sinal* da regeneração. Apesar de tudo isso surgiram dificuldades[159]. Para aqueles metodistas adeptos da doutrina da predestinação, transformar a *certitudo salutis*, passando da consciência de graça resultante da conduta ascética de vida mesma, esta em comprovação sempre nova, para a graça imediata e para o *sentimento* de perfeição[160] – porque nisso, afinal, a certeza da *perseverantia* se unia ao *Busskampf*, este de ocorrência *única* –, significava das duas uma: interpretação antinomística da "liberdade cristã" no caso de naturezas individuais fracas, portanto colapso da conduta metódica de vida, ou então, onde quer que essa consequência tenha sido rejeitada, uma certeza com relação a si mesmo própria ao santo, a qual alcançava altitude vertiginosa[161] – uma intensificação *sentimental* de tipo puritano.

Por um lado, diante dos ataques dos opositores, buscou-se enfrentar essas consequências mediante enfatização intensificada da autoridade normativa da Bíblia e da imprescindibilidade da comprovação[162]; por outro lado, porém, elas levaram em sequência a um fortalecimento, dentro do movimento, da corrente anticalvinista de Wesley, a qual instruía a amissibilidade da graça. As fortes influências luteranas às quais Wesley estava exposto por intermédio da congregação de irmãos [de Herrnhut][163] intensificaram esse desenvolvimento e ampliaram a *indeterminação* da orientação religiosa da moralidade metodista[164]. No resultado, por fim, foi essencialmente preservado de modo consequente, enquanto fundamento imprescindível, apenas o conceito de *regeneration* – uma certeza referente à salvação que surge de imediato pela via *sentimental*, como fruto da *fé*. Preservou-se ainda o conceito de santificação, enquanto prova – resultante da primeira – do estado de graça, com sua consequência de liberdade (ao menos virtual) ante o poder dos pecados; por conseguinte, desvalorou-se o significado dos meios manifestos da graça, em especial dos sacramentos. E, para todos os efeitos, o *general awakening* [despertar geral] na sequência do metodismo indica uma intensificação da doutrina da graça e da eleição – por toda parte, por exemplo também na Nova Inglaterra[165].

Nesse sentido, o metodismo surge à *nossa* consideração como uma formação fundamentada de modo inconsistente em sua ética, similarmente ao pietismo. Mas aspirar à *higher life* [vida mais elevada], à "segunda bênção", serviu também a ele como uma espécie de sucedâneo da doutrina da predestinação e, medrada do solo da Inglaterra, a práxis da sua ética se orientava inteiramente àquela do cristianismo reformado de lá, cujo *revival* ele, afinal, pretendia ser. O ato emocional da conversão se tornou algo *metodicamente* suscitado. E, uma vez alcançado, tinha lugar não um fruir devoto da comunhão com Deus à espécie do pietismo sentimental de Zinzendorf senão que o sentimento despertado era imediatamente conduzido à via do aspirar racional à perfeição. Por isso o caráter emocional da religiosidade não fez surgir nenhum cristianismo íntimo sentimental à espécie do pietismo alemão. Schneckenburger já mostrou, e permaneceu um ponto manente na crítica do metodismo, que isso estava ligado ao menor desenvolvimento do sentimento de *pecado* (em parte em virtude justamente do proceder emocional da conversão). O caráter *reformado* fundamental do senso religioso permaneceu, aqui, determinante. O excitamento sentimental assumiu o caráter de um entusiasmo avivado apenas ocasionalmente, mas então de espécie "coribântica", que de resto não comprometia de modo nenhum o caráter racional da conduta de vida[166]. A *regeneration* do metodismo criou assim apenas um *complemento* da pura santificação pelas obras: uma ancoragem religiosa da conduta ascética de vida, depois que a predestinação havia sido abandonada. Em substância, as características distintivas da conduta, imprescindível enquanto controle da verdadeira conversão – enquanto sua "condição", como Wesley diz em ocasiões –, eram exatamente as mesmas que no calvinismo. Enquanto um fruto tardio[167], o metodismo, no essencial, pode ser deixado de lado a seguir quando da discussão da ideia de vocação profissional, a cujo desenvolvimento ele não contribuiu com nada de novo[168].

[D – AS SEITAS BATISTAS E ANABATISTAS]

Considerados tanto em seu ideário como em seu desenvolvimento histórico, o pietismo do continente europeu e o metodismo dos povos anglo-saxões são fenômenos secundários[169]. Em turno, como segundo expoente *autônomo* da ascese protestante (ao lado do calvinismo) tem-se o *anabatismo*, junto com as seitas[170] dos *batistas*, *menonitas* e sobretudo dos *quakers*, todas provenientes diretamente do primeiro ou mediante assimilação das suas formas religiosas de pensar no decorrer dos séculos XVI e XVII[171]. Com elas chegamos a comunidades religiosas cuja ética, em comparação com a doutrina reformada [calvinista], está assentada sobre um fundamento heterogêneo por princípio. O delineamento a seguir, que a rigor destaca apenas aquilo de importante para *nós* aqui, não logra prover nenhum entendimento a respeito da diversidade desse movimento. Novamente, como natural, damos ênfase principal ao desenvolvimento nos países de capitalismo mais antigo. – Já nos deparamos, em rudimentos, com a ideia historicamente e em princípio mais importante de todas essas comunidades, cujo alcance para o desenvolvimento cultural decerto só pode ser completamente aclarado em outro contexto: a *believers' Church* [Igreja dos crentes][172]. Isso quer dizer: que a comunidade religiosa, a "Igreja visível" segundo o linguajar das Igrejas da Reforma[173], passou a ser concebida não mais como uma espécie de fundação fideicomissória com fins supraterrenos, não mais como uma *instituição* necessariamente a acolher justos e injustos – seja com vistas à ampliação da glória de Deus (calvinistas), seja para mediação de bens de salvação aos indivíduos (católicos e luteranos) –, senão exclusivamente como uma comunidade dos *pessoalmente crentes* e *regenerados*, e apenas destes; com outras palavras, não como uma "Igreja" mas como uma "seita"[174]. Afinal, apenas isso haveria de simbolizar também o princípio, em si puramente extrínseco, de batizar tão somente adultos que tivessem intimamente adquirido e professado a fé pessoalmente[175]. Entre os anabatistas, a "justificação" *mediante* essa fé, como eles obstinadamente repetiam em todas as discussões religiosas, era em todo caso radicalmente diferente da ideia de uma *imputação* "forense" do mérito de Cristo, a qual dominava a dogmática ortodoxa do protestantismo antigo[176]. Antes, ela consistia na *assimilação interior* da sua obra redentora. Mas esta sucedia mediante *revelação* individual: por meio da atuação do Espírito divino no indivíduo, e *apenas* por meio dela. Ela foi oferecida a todos, e bastava perseverar na expectativa pelo Espírito e não resistir à sua vinda por apego pecaminoso ao mundo. Diante disso, por conseguinte, passou totalmente a segundo plano o significado da fé no sentido do conhecimento da doutrina eclesial, mas isso também, do mesmo modo, no sentido do acometimento penitente da graça divina, e teve lugar um renascimento – naturalmente que fortemente remodelador – de ideias pneumático-religiosas do cristianismo primitivo. Por exemplo, a seita para a qual Menno Simons foi o primeiro a criar uma doutrina razoavelmente coesa – em seu *Dat fundament des christelycken leers* [*Fundamento da doutrina cristã*] (1539) – pretendia ser, assim como as outras seitas anabatistas, *a* verdadeira irrepreensível Igreja de Cristo: composta exclusivamente por inspirados e chamados *pessoalmente* por Deus, como a congregação primitiva. Os regenerados, e somente eles, são irmãos de Cristo, porque diretamente gerados espiritualmente por Deus, como ele[177]. Para as primeiras comunidades anabatistas, resultou daí uma rigorosa *evitação* do "mundo" – isto é, de todo contato não incondicionalmente necessário com as gentes mundanas – em combinação com a mais estrita bibliocracia, no sentido de tomar como exemplo a vida da primeira geração de cristãos, e esse princípio da evitação do mundo nunca desapareceu por completo enquanto o antigo espírito permaneceu vivo[178]. Desses motivos, predominantes em seus primórdios, as seitas anabatistas tomaram como posse permanente aquele princípio ao qual fomos apresentados já no calvinismo – justificado de modo um pouco distinto – e cuja importância fundamental sempre haverá de sobressair: a incondicional *condenação de toda "divinização da criatura"* enquanto desvalorização da veneração que é devida a Deus sozinho[179]. Dentro da primeira geração de anabatistas da Suíça e do Sul da Alemanha, a conduta de vida bíblica era pensada de modo similarmente radical ao encontrado originalmente em São Francisco de Assis: como um rígido rompimento ante toda alegria com o mundo e como um viver estritamente segundo o exemplo dos apóstolos. E, de fato, a vida de muitos dos seus primeiros representantes lembra a de Santo Egídio. Mas essa mais estrita observância da Bíblia[180] não tinha bases tão firmes em comparação com o caráter pneumático da religiosidade. Afinal, aquilo que Deus havia revelado a profetas e apóstolos não era tudo que ele podia e pretendia revelar. Pelo contrário: a perenidade da palavra, não como um documento escrito senão como uma força do Espírito Santo a operar na vida diária dos crentes a falar diretamente ao indivíduo, o qual deseja escutá-lo, era – como já instruía Schwenckfeld contra Lutero, e mais tarde Fox contra os presbiterianos – a única característica distintiva da verdadeira Igreja, segundo o testemunho das congregações originárias. Resultou dessa ideia da revelação perene a conhecida doutrina, mais tarde desenvolvida de modo consequente entre os *quakers*, do significado, em última instância decisivo, do testemunho interior do Espírito na razão e na *consciência*. Com isso era suprimida não a autoridade mas decerto a autarquia da Bíblia, e ao mesmo tempo dava-se início a um desenvolvimento que acabou radicalmente com todos os resquícios da doutrina eclesiástica da salvação, ao final também com o batismo e a Ceia do Senhor entre os *quakers*[181]. As denominações anabatistas, ao lado dos predestinacionistas, sobretudo dos calvinistas estritos, efetuaram a desvalorização mais radical de todos os sacramentos como meios de salvação, e assim levaram o "desencantamento" religioso do mundo às suas últimas consequências. Somente a "luz interior" da revelação perene capacitava em princípio ao verdadeiro entendimento também das revelações bíblicas de Deus[182]. Por outro lado, ao menos segundo a doutrina dos *quakers*, que nisso arcaram com a plena consequência, seu efeito podia se estender a indivíduos que nunca conheceram a forma bíblica da revelação. A sentença *"extra ecclesiam nulla salus"* ["fora da Igreja não há salvação"] aplicava-se apenas para essa Igreja *in*visível dos iluminados pelo Espírito. *Sem* a luz interior, o homem natural, também o guiado pela razão natural[183], permanecia um ser pertencente puramente ao reino da criatura, cujo afastamento de Deus os anabatistas – também os *quakers* – sentiam com aspereza quase ainda maior do que o calvinismo. Por um lado, a regeneração que o Espírito promove caso *perseveremos na expectativa pelo mesmo* e a ele nos entreguemos internamente *pode* levar, porque operada por Deus, a um estado de superação tão plena do poder dos pecados[184] que recaídas ou até a perda do estado de graça se tornam factualmente impossíveis, embora, como mais tarde no metodismo, o alcance daquele estado não fosse a regra; antes, o grau de perfeição do indivíduo era tido como subordinado ao desenvolvimento. *Todas* as comunidades anabatistas, porém, pretendiam ser congregações "puras" no sentido da conduta irrepreensível de seus membros. A dissociação interior perante o mundo e seus interesses e a submissão incondicional ao domínio de Deus, este a nos falar na consciência, eram também as únicas marcas infalíveis da regeneração efetiva, e a conduta correspondente, portanto, requisito da bem-aventurança. Ela não podia ser obtida por mérito; antes, era dom da graça ofertado por Deus – mas apenas aquele a viver conforme sua consciência poderia se considerar regenerado. As "boas obras", nesse sentido, eram *"causa sine qua non"*. Nota-se: essas últimas linhas de pensamento de Barclay às quais nos ativemos são de fato praticamente idênticas à doutrina reformada e foram desenvolvidas decerto ainda sob a influência da ascese calvinista que encontraram as seitas anabatistas na

Inglaterra e nos Países Baixos, e cujo pregar da sua assimilação interior e austera ocupou todo o primeiro período da atividade missionária de G. Fox.

Psicologicamente, contudo – visto que a predestinação foi rejeitada –, o caráter especificamente *metódico* da moralidade anabatista repousava sobretudo na ideia do *perseverar na expectativa* pela atuação do Espírito, a qual ainda hoje imprime seu cunho ao *meeting* quakerista e foi bem analisada por Barclay: finalidade dessa calada espera é a superação do pulsional e do irracional, das paixões e das subjetividades do homem "natural" – *ele* deve se calar para assim criar aquele profundo silêncio na alma, na qual somente Deus pode ter a palavra. Certamente, desaguar *podia* o efeito desse *perseverar* em estados histéricos, profecia e, sob circunstâncias, enquanto houvesse esperanças escatológicas, mesmo em um surto de entusiástico quiliasmo, como possível em todas as espécies de devoção similarmente fundamentadas e ocorrido efetivamente à corrente debelada em Münster. Mas com a incursão do anabatismo na vida profissional mundana normal, a ideia de que Deus só fala onde a criatura se cala assumiu claramente o significado de uma instrução voltada à *ponderação* serena do agir e à sua orientação a um cuidadoso exame de *consciência* individual[185]. Esse caráter sereno, sóbrio, excepcionalmente *consciencioso*, foi então assimilado também pela práxis de vida das congregações anabatistas mais tardias, em medida bem específica pela dos *quakers*. O radical desencantamento do mundo não admitia intrinsecamente nenhuma outra via senão à da ascese intramundana. Para congregações que não queriam fomentar nenhuma relação com as forças políticas nem com suas atividades, o resultado disso, também em âmbito extrínseco, foi a incursão dessas virtudes ascéticas no trabalho profissional. Se os líderes do movimento anabatista mais antigo foram inexoravelmente radicais em sua aversão ao mundo, é natural que já na primeira geração a conduta de vida estritamente apostólica *não* tivesse sido necessariamente tida por *todos* como indispensável para a prova de regeneração. A essa geração já pertenciam elementos burgueses abastados, e mesmo antes de Menno, que se encontrava inteiramente no plano da virtude profissional intramundana e da ordem da propriedade privada, o austero rigor moral dos anabatistas havia se voltado, na prática, a esse leito aberto pela ética reformada[186], justamente *porque*, desde Lutero, acompanhado nesse ponto também pelos anabatistas, estava fora de questão – enquanto antibíblico e relacionado à santificação pelas obras – o desenvolvimento rumo a uma forma *extra*mundana, monástica, da ascese. Em todo caso – à exceção das congregações semicomunistas de tempos mais remotos, que não haverão de ser tratadas aqui –, não apenas uma seita anabatista – a assim denominada *Tunker* (*dompelaers, dunckards*) – se ateve até a presente época à condenação da acumulação e de toda posse que excedesse o imprescindível para a conservação da vida, senão que, por exemplo também em Barclay, a fidelidade à profissão é concebida não à maneira calvinista nem mesmo apenas luterana, mas antes tomista, enquanto *consequência* inevitável *naturali ratione* [por razão natural] do enredamento do crente no mundo[187]. Se nessas visões se implicava uma moderação da concepção calvinista de vocação profissional, como similar em várias afirmações de Spener e dos pietistas alemães, por outro lado a intensidade do interesse profissional econômico tornou-se substancialmente *elevada* junto às seitas anabatistas, por distintos fatores. Inicialmente pela recusa de assumir cargos estatais – originalmente concebida como um dever religioso resultante da dissociação do mundo –, a qual, mesmo depois de abandonada como princípio, todavia continuou a existir na prática ao menos entre menonitas e *quakers*, em virtude da rigorosa rejeição ao uso de armas e a fazer juramentos, visto que implicavam desqualificação aos cargos públicos. Com ela caminhava de mãos dadas a intransponível oposição, encontrada em todas as denominações anabatistas, contra qualquer espécie de estilo de vida aristocrático, em parte uma consequência, como entre os calvinistas, da proibição da glorificação da criatura, em parte também consequência desses princípios, apolíticos ou até antipolíticos. Toda a metódica sóbria e conscienciosa da conduta de vida anabatista foi assim impelida à via da vida profissional *a*política. Ao mesmo tempo, o enorme significado que a doutrina anabatista da salvação conferia ao controle pela consciência, enquanto revelação individual de Deus, imprimia agora à sua conduta na vida profissional um caráter cujo grande significado para o desenvolvimento de importantes aspectos do espírito capitalista conheceremos em pormenores somente mais adiante, e também apenas na medida em que isso for possível sem discutir aqui toda a ética política e social da ascese protestante. Veremos então – para antecipar ao menos isso – que, segundo o juízo do século XVII, a forma específica que essa ascese intramundana assumiu entre os anabatistas, em especial junto aos *quakers*[188], manifestava-se já na comprovação prática daquele importante princípio da "ética" capitalista que se costuma formular em "*honesty is the best policy*"[189] ["honestidade é a melhor política"] e que também encontrou seu documento clássico no tratado de Franklin citado anteriormente. Em turno, haveremos de supor os efeitos do calvinismo mais na direção de um desgrilhoar de energia aquisitiva própria ao âmbito da economia privada, pois, em resultado, apesar de toda a legalidade formal do "santo", com bastante frequência a sentença de Goethe valia também para o calvinista: "O agente é sempre sem consciência, ninguém tem consciência senão o observador"[190].

Em seu pleno significado, um outro importante elemento que favoreceu a intensidade da ascese intramundana das denominações anabatistas também só pode vir à discussão em outro contexto. Apesar disso, adiantemos algumas considerações também a esse respeito, ao mesmo tempo para a justificação do curso de exposição escolhido aqui. De modo bem intencional, por ora *não* se partiu aqui das instituições sociais objetivas das Igrejas protestantes antigas nem de suas influências éticas, tampouco da tão importante *disciplina eclesiástica* em particular, senão dos efeitos que a assimilação *subjetiva* da religiosidade ascética por parte dos *indivíduos* estava apta a promover na conduta de vida. Isso não apenas porque esse lado da coisa é de longe, até hoje, o menos considerado. Senão também porque o efeito da disciplina eclesiástica não atuou de modo nenhum sempre na mesma direção. Antes, o controle eclesiástico-policial da vida do indivíduo, como praticado nos domínios das Igrejas de Estado calvinistas bem perto do extremo de inquisição, *podia* até atuar *contra* aquela liberação das forças individuais que era determinada pelo aspirar ascético à apropriação metódica de salvação, e, sob circunstâncias, ele efetivamente o fez. Exatamente como a regulamentação mercantilista do Estado podia de fato fomentar indústrias, mas não, ao menos não por si só, o "espírito" capitalista, o qual, antes, ela tolheu diretamente diversas vezes, onde quer que a mesma tenha assumido caráter autoritário-policial, esse mesmo efeito também podia partir da regulamentação eclesiástica da ascese caso esta se desenvolvesse de modo mais predominantemente policial; ela forçava então um determinado comportamento manifesto, mas sob circunstâncias estorvava os estímulos subjetivos à conduta metódica de vida. Toda discussão desse ponto[191] deve considerar a grande diferença que existia entre a atuação da polícia moral autoritária das *Igrejas* de Estado e a da polícia moral das *seitas*, baseada em submissão voluntária. O fato de o movimento anabatista, em todas as suas denominações, ter produzido fundamentalmente "seitas", não "Igrejas", sem dúvida favoreceu a intensidade da sua ascese, do mesmo modo como este foi o caso – em medida distinta – também naquelas comunidades calvinistas, pietistas e metodistas que *factualmente* foram impelidas à via da formação congregacional voluntarista[192].

Temos agora de examinar a ideia puritana de vocação profissional em seu efeito na vida *aquisitiva*, depois que o delineamento acima tentou desenvolver sua fundamentação religiosa. Não obstante todas as divergências nos pormenores e apesar de toda a diferença na ênfase que incide sobre os aspectos decisivos para nós nas distintas comunidades religiosas ascéticas, estes últimos se mostraram eficazes e presentes em todas elas[193]. Porém, determinante para nossa consideração sempre foi, para recapitulá-lo, a concepção do "estado de graça" religioso, recorrente em todas as denominações, precisamente como um estado (*status*) que dissocia o indivíduo do "mundo", que o afasta da condenação própria a tudo de pertencente ao reino da criatura[194], mas cuja posse – como quer que ela fosse alcançada, segundo a dogmática da respectiva denominação – podia ser garantida *não* por meios mágico-sacramentais quaisquer nem mediante o alívio na confissão ou através de realizações individuais de devoção, senão que apenas por meio da *comprovação*, em uma conduta de espécie particular, inequivocamente distinta do estilo de vida do homem "natural". Disso advinha, para o indivíduo, o *estímulo* ao *controle metódico* do seu estado de graça na conduta de vida e, com ele, à sua impregnação *ascética*. Esse estilo de vida ascético, contudo, a rigor significou, como vimos, uma configuração *racional* de toda a existência, orientada pela vontade de Deus. E essa ascese era *não* mais *opus supererogationis* senão uma realização exigida a qualquer um que quisesse estar certo da sua bem-aventurança. Aquela singular vida dos santos, requerida pela religiosidade, distinta do viver "natural", ocorria – isso é o determinante – não mais fora do mundo em comunidades monásticas, senão *dentro* do mundo e de suas ordens. Essa *racionalização* da conduta de vida dentro do mundo com vistas ao além foi o efeito da *concepção de vocação profissional* do protestantismo ascético.

A ascese cristã, inicialmente a fugir do mundo, refugiando-se na solitude, já havia dominado o mesmo por via eclesial, ao renunciá-lo desde o mosteiro. Mas ao fazê-lo ela manteve incólume no todo, para a vida cotidiana mundana, o caráter naturalmente desimpedido da última. Agora ela adentrava o mercado da vida, cerrava atrás de si as portas do mosteiro e buscava impregnar com sua metódica justamente a vida mundana *cotidiana*, transformá-la em um viver racional *no* mundo e todavia *não deste* mundo, tampouco *para* ele. Com qual resultado, isso nossas exposições seguintes pretendem mostrar.

2 Ascese e espírito capitalista

Para compreender as relações entre as representações religiosas fundamentais do protestantismo ascético e as máximas da vida econômica cotidiana, é necessário recorrer antes de tudo àqueles escritos teológicos reconhecidamente nascidos da práxis da cura de almas. Pois em um tempo no qual o além era tudo, em que a posição social do cristão dependia da admissão à Ceia do Senhor, em que a atuação do clérigo na cura de almas, na disciplina eclesiástica e na pregação exercia uma influência da qual nós, modernos – como indica qualquer consulta às compilações de *consilia, casus conscientiae* etc. –, *simplesmente não somos mais capazes* de fazer nenhuma ideia, as forças religiosas que se fazem notar *nessa práxis* são as moldadoras determinantes do "caráter nacional".

Agora, para as discussões *desta* seção, em contraste com discussões posteriores, podemos tratar o protestantismo ascético como *uma* totalidade. Mas visto que o puritanismo inglês, proveniente do calvinismo, fornece a fundamentação mais consequente da ideia de vocação profissional, vamos nos centrar, conforme nosso princípio, em um dos seus expoentes. Richard Baxter se destaca ante muitos outros representantes literários da ética puritana por sua posição eminentemente prática e irênica, ao mesmo tempo também pelo reconhecimento universal dos seus trabalhos, reeditados e traduzidos com bastante recorrência. Presbiteriano e apologista do Sínodo de Westminster, mas – como tantos dos melhores espíritos da época – gradualmente a se desvencilhar em dogma do padrão calvinista, no íntimo um opositor da usurpação de Cromwell porque avesso a qualquer revolução, ao sectarismo e principalmente ao fervor fanático dos "santos", mas de grande generosidade em relação a particularidades extrínsecas e objetivo diante do opositor, ele buscou estabelecer seu campo de trabalho, bem essencialmente, na direção da promoção prática da vida acordante à moral eclesiástica, e – como um dos mais bem-sucedidos encarregados da cura de almas que a história conheceu – colocou-se à disposição do governo parlamentar bem como de Cromwell e da Restauração para prestar esse trabalho[195], até que deixou o cargo sob a última – já antes do "Dia de São Bartolomeu". Sua obra *Christian Directory* é o compêndio de teologia moral puritana mais abrangente e ao mesmo tempo orientado em todos os aspectos pelas experiências práticas da própria cura de almas. – A fim de comparação vamos recorrer, de maneira sucinta por questão de espaço, à obra *Theologische Bedenken* [*Ponderações teológicas*] de Spener como representante do pietismo alemão, à *Apology* de Barclay como representante do quakerismo, e, com eles, a outros representantes[196] da ética ascética[197].

À primeira vista, ao se ter à mão o livro *O descanso eterno dos santos* de Baxter e seu *Christian Directory*, ou mesmo trabalhos afínicos de outros[198], sobressai nos juízos sobre a riqueza[199] e sobre sua aquisição a ênfase justamente dos elementos ebionitas da anunciação do Novo Testamento[200]. A riqueza enquanto tal é um sério risco, suas tentações são incessantes; ambicioná-la[201] é não apenas sem sentido diante do supremo significado do Reino de Deus senão também moralmente grave. A ascese parece se voltar aqui *contra* qualquer ambição voltada à aquisição de bens temporais, isso de modo muito mais evidente do que em Calvino, que não enxergou na riqueza dos clérigos nenhum impedimento à atuação dos mesmos – pelo contrário, viu nela um aumento plenamente bem-vindo do seu prestígio – e lhes autorizou a investir seu patrimônio de maneira a trazer ganhos, sob a única condição de evitar escândalo. Pode-se reunir uma porção dos mais variados exemplos da ambição de dinheiro e bens a partir de escritos puritanos e contrastá-los com a literatura ética da Baixa Idade Média, muito mais desimpedida nesse aspecto. E essas reservas também eram levadas bem a sério – para notar seus contexto e senso ético determinantes há de bastar um exame um pouco mais detido. O moralmente condenável de verdade é o *descansar* sobre a posse[202], a *fruição* da riqueza, com sua consequência de ociosidade e concupiscência carnal, sobretudo de desvio do aspirar à vida "santa". E *somente porque* ela traz consigo o risco desse descansar, a posse é questionável. Pois o "descanso eterno dos santos" está no além; na terra, porém, o indivíduo deve, para se certificar do seu estado de graça, operar "as obras" daquele que o "enviou enquanto é dia". Segundo a vontade de Deus revelada de modo inequívoco, serve à ampliação de sua glória *apenas agir*, não ócio nem fruição[203]. *Desperdício de tempo*, portanto, por princípio, é o primeiro e mais grave de todos os pecados. A duração da vida é infinitamente curta e preciosa para se "ater" ao próprio chamamento. Perder tempo com convívio social, "conversa ociosa"[204], luxuosidade[205], mesmo dormir além do necessário à saúde[206] – 6 até 8 horas, no máximo –, é absolutamente condenável moralmente[207]. Ainda não se trata do "tempo é dinheiro" de Franklin, mas a sentença se aplica em certa medida no sentido espiritual: ele é infinitamente valioso porque cada hora perdida é tomada do trabalho a serviço da glória de Deus[208]. Por isso, também a contemplação inativa é sem valor e condenável, eventualmente de modo direto, ao menos quando ela sucede às custas do trabalho de profissão[209]. Pois ela é *menos* aprazente a Deus do que o fazer ativo da sua vontade na vocação profissional[210]. Ademais, o domingo existe para isso, e, segundo Baxter, os ociosos em suas respectivas profissões são sempre aqueles que também não têm nenhum tempo para Deus quando é chegada a hora do louvor[211].

Por conseguinte, uma pregação sempre reiterada – às vezes quase passional – de *trabalho* duro, pertinaz, corporal ou intelectual, atravessa a principal obra de Baxter[212]. Dois motivos operam aqui em conjunto[213]. O trabalho, antes de tudo, é *meio ascético* há muito comprovado; na Igreja do Ocidente, em agudo contraste não apenas com o Oriente senão com quase todas as regras monásticas de todo o mundo[214], ele desde sempre foi avaliado como tal[215]. Em particular, ele é o preventivo específico contra todas aquelas tentações que o puritanismo subsume ao conceito "*unclean life*" ["vida impura"], e cujo papel não é pequeno. No puritanismo, a ascese sexual é distinta da monástica apenas em grau, não no princípio fundamental, e mais abrangente que esta em virtude da inclusão também da vida matrimonial. Pois a relação sexual, também *no* casamento, *só* é permitida enquanto meio, acordante à vontade de Deus, para a ampliação da sua graça, em conformidade com o mandamento [de Gn 1,28]: "Sede fecundos, multiplicai-vos"[216]. Assim como contra dúvidas religiosas e autoflagelo inescrupuloso, é prescrito também – além de dieta sóbria, alimentos vegetais e banhos frios – contra todas as tentações sexuais: "Trabalha duro na tua vocação"[217].

Mas o trabalho, ademais e acima de tudo, é fim *em si mesmo* geral da vida, prescrito por Deus[218]. Incondicionalmente e a todos se aplica a sentença paulina [de 2Ts 3,10]: quem não trabalha "não há de comer"[219]. A pouca vontade de trabalhar é sintoma de estado de graça faltante[220].

Aqui se mostra claramente a diferença com relação à postura medieval. Também Tomás de Aquino interpretara essa sentença. Segundo ele, porém[221], o trabalho é necessário apenas *naturali ratione* [por razão natural], para o sustento de vida do indivíduo e da coletividade. Onde esse fim for ausente, cessa também a validade da prescrição. Ela apenas concerne à espécie, não a cada indivíduo; não se refere àquele que pode viver da sua posse sem trabalhar. E, do mesmo modo, a contemplação, como uma forma espiritual do operar no Reino de Deus, naturalmente se encontra acima do mandamento em sua interpretação literal. Para a teologia popular, a forma mais elevada da "produtividade" monástica consistia exclusivamente na ampliação do *thesaurus ecclesiae* [tesouro da Igreja] mediante prece e coro. Em Baxter, porém, obviamente não apenas são eliminadas essas exceções ao dever ético do trabalho senão que ele afirma com a maior ênfase o princípio de que a riqueza também não dispensaria daquela prescrição incondicional[222]. Também o homem de posses não há de comer sem trabalhar, visto que o mandamento de Deus, ao qual ele deve obedecer tanto como o pobre, existe mesmo que ele não precise do trabalho para cobrir suas necessidades[223]. Pois a Providência de Deus reserva a cada um, sem distinção, uma vocação (*calling*) que ele deve reconhecer e na qual ele há de trabalhar, e esta, ao contrário do que se nota no luteranismo[224], é não uma destinação com qual aquele tem de se conformar e se contentar senão uma ordem de Deus ao indivíduo para que ele atue por sua honra. Essa nuança aparentemente sutil teve amplas consequências psicológicas e estava relacionada a uma formulação subsequente daquela interpretação *providencial* do cosmos econômico conhecida já pela escolástica.

Tomás de Aquino, a quem novamente nos reportamos em maior comodidade, já havia concebido – como outros autores – o fenômeno da divisão do trabalho e da estratificação profissional da sociedade como resultado direto do plano divino para o mundo. Mas a inserção dos seres humanos nesse cosmos sucede *ex causis naturalibus* [por causas naturais] e é acidental (*contingent*, na linguagem escolástica). Para Lutero, como vimos, a inserção do indivíduo nos estados e profissões dados, esta resultante da ordem histórica objetiva, era produto direto da vontade divina; e o *persistir* do indivíduo na posição e nos limites que Deus lhe conferiu, portanto, dever religioso[225]. Isso ainda mais tendo em vista que as relações mesmas da devoção luterana com o "mundo" foram em geral incertas desde o início, e assim permaneceram. A partir do círculo de ideias de Lutero, nunca a se despojar totalmente da indiferença paulina com o mundo, não havia como obter princípios éticos para a configuração do mesmo; justamente por essa razão se tinha de aceitá-lo como era, e apenas *isso* se podia rotular como dever religioso. – Em turno, o caráter providencial da interação de interesses ligados à economia privada se nuança de modo distinto na visão puritana. De acordo com o esquema puritano de interpretação pragmática, a finalidade providencial da estratificação profissional é reconhecida a partir de seus *frutos*. A respeito destes, Baxter se manifesta então em exposições que lembram diretamente, em mais de um ponto, a conhecida apoteose de

Adam Smith sobre a divisão do trabalho[226]. A especialização das profissões, porque possibilita a capacitação (*skill*) do trabalhador, leva à intensificação quantitativa e qualitativa da divisão do trabalho e serve, portanto, ao bem comum (*common best*), o qual é idêntico ao bem do maior número possível de pessoas. Se a motivação é puramente utilitária e inteiramente afínica a alguns pontos de vista já comuns na literatura mundana da época[227], a influência caracteristicamente puritana se nota logo que Baxter, no ápice das suas discussões, expõe o motivo segundo o qual "fora de uma vocação o labor de um homem é somente ocasional, ou inconstante, e assim mais tempo é gasto em ociosidade do que em labor"; e o autor as conclui da seguinte maneira: "E ele (aquele que trabalha na vocação) fará seu trabalho de modo mais *ordenado*, enquanto outro está em contínua confusão e seu negócio não conhece hora nem local[228] [...]. Por isso, uma vocação determinada (*certain calling*, em outras passagens se lê *stated calling*) é melhor para qualquer homem". O trabalho inconstante, ao qual o diarista comum é obrigado, constitui um estado intermediário, não raro inevitável mas sempre indesejado. À vida do "sem vocação profissional" falta justamente o caráter sistemático-metódico que, como vimos, a ascese intramundana exige. Também conforme a ética dos *quakers*, a vida profissional do indivíduo deve ser uma consequente prática ascética de virtude, uma comprovação do seu estado de graça com base na sua *conscienciosidade*, a qual se reflete no desvelo[229] e no método com que ele desempenha sua profissão. A rigor, o exigido por Deus é não trabalho em si senão trabalho profissional racional. Na ideia puritana de vocação profissional, a ênfase sempre recai sobre esse caráter metódico da ascese na profissão, não sobre o contentar-se com o destino conferido outrora por Deus, como se nota em Lutero[230]. Por isso, não apenas a questão se alguém poderia combinar vários *callings* terá necessariamente resposta afirmativa – caso fazê-lo seja favorável ao bem comum ou próprio[231] e senão inócuo a todos, e se não fizer com que alguém se torne inconsciencioso (*unfaithful*) em uma das vocações combinadas. Antes, também a *mudança* de profissão não é de modo nenhum vista como condenável em si, desde que ocorra não de modo irrefletido mas para adotar uma vocação profissional mais aprazente a Deus[232]; e em conformidade com o princípio geral isso significa: mais útil. E, acima de tudo, a utilidade de uma profissão e seu aprazimento divino correspondente de fato se orientam em primeira linha por critérios morais, e logo pelo grau de importância, para a "coletividade", dos bens a se produzir naquela; mas segue então como terceiro aspecto, e naturalmente mais importante na prática: a *lucratividade* no âmbito da economia privada[233]. Pois se aquele Deus que os puritanos enxergam como operante em todas as conjunturas da vida indica a um dos seus uma oportunidade de lucro, ele tem, ao fazê-lo, suas intenções. E, por conseguinte, o cristão crente há de seguir esse chamado, aproveitando-se do mesmo[234]. "Se Deus vos indica um caminho no qual *possais ganhar mais* do que por uma outra via (sem prejuízo para vossa alma ou para outrem), de maneira lícita, e o rejeitais e escolherdes o caminho a trazer ganho menor, então *contrarieis uma das finalidades da vossa vocação* (*calling*), e *recusais ser intendente* (*steward*) *de Deus* e a aceitar seus dons, e a utilizá-los em seu favor, caso Ele o tenha exigido; poderdes laborar *para ficar rico* para Deus, embora não para a carne e o pecado"[235]. A riqueza é questionável a rigor apenas como tentação do descansar mandrião e da fruição pecaminosa de vida, e ambicioná-la somente o é quando ocorre para se poder viver mais tarde sem preocupações e com deleitamento. Como exercício do dever profissional, porém, fazê-lo é moralmente não apenas permitido senão até imperioso[236]. A parábola daquele servo que foi condenado porque não usurara com a moeda que lhe foi confiada também parecia expressá-lo diretamente[237]. *Querer ser pobre*, como foi frequentemente argumentado, significaria o mesmo que querer ser enfermo[238], seria condenável enquanto santificação pelas obras e adverso à glória de Deus. E o mendigar de alguém apto ao trabalho é todo ele não apenas pecaminoso enquanto indolência senão também, segundo palavra do Apóstolo, contrário ao amor ao próximo[239].

Assim como a acentuação do significado ascético da vocação determinada apoteotiza eticamente o *homem especializado* moderno, a interpretação providencial das oportunidades de lucro o faz com relação ao homem de *negócios*[240]. A distinta venialidade do *seigneur* e a ostentação do gabarola, à maneira de um *parvenu*, são igualmente execráveis para a ascese. Em contrapartida, um pleno irradiar de aprovação ética acomete o sóbrio *self-made man* burguês[241]: "*God blesseth his trade*" ["Deus abençoa seu negócio"] é uma expressão corrente para aqueles santos[242] que haviam seguido esses desígnios divinos com êxito, e todo o ímpeto do *Deus veterotestamentário*, que recompensa os seus diretamente *nesta vida* pela sua devoção[243], teria de operar na mesma direção para o puritano, que, conforme conselho de Baxter, controlava o próprio estado de graça mediante comparação com a constituição da alma dos heróis bíblicos[244], e que, ao fazê-lo, interpretava as sentenças da Bíblia "como os parágrafos de um código de leis". – Em si, as sentenças do Antigo Testamento não eram totalmente unívocas. Vimos que Lutero empregou idiomaticamente o conceito "*Beruf*" no sentido mundano pela primeira vez na tradução de uma passagem do Sirácida. O Livro de Ben Sirá, porém, a considerar toda a índole nele albergada, pertence de fato aos componentes do Antigo Testamento (ampliado) que operam de modo tradicionalista, não obstante toda sua influenciação helenística. É característico que esse livro frequentemente pareça desfrutar de especial popularidade entre os camponeses alemães luteranos ainda na atualidade[245], como também o caráter luteranamente enviesado de amplas correntes no pietismo alemão costumava se exprimir na predileção por Ben Sirá[246]. Os puritanos condenavam os apócrifos como não inspirados, em conformidade com sua rígida distinção entre o divino e o pertencente ao reino da criatura[247]. Tão mais fortemente atuou, entre os livros canônicos, o Livro de Jó, com sua combinação, por um lado, de uma grandiosa glorificação da majestade de Deus, esta absolutamente soberana, acima dos padrões humanos, afinal tão congenial às concepções calvinistas, junto com a certeza – todavia a se manifestar novamente no final –, tanto secundária para o Calvino quanto importante para o puritanismo, de que Deus trataria de abençoar os seus também e justamente – no Livro de Jó: apenas! – nesta vida, e também no aspecto material[248]. O quietismo oriental que se nota em alguns dos versículos mais expressivos dos Salmos e dos Provérbios de Salomão foi deixado de lado da mesma maneira como Baxter o fez com o matiz tradicionalista da passagem – constitutiva para o conceito de vocação profissional – da Primeira Epístola aos Coríntios. Em troca, deu-se ênfase tanto maior àquelas passagens do Antigo Testamento que louvam a *justeza formal* enquanto característica distintiva da conduta aprazente a Deus. A teoria de que a Lei mosaica tinha sido despojada da sua validade pela nova Aliança apenas na medida em que continha prescrições cerimoniais ou historicamente determinadas para o povo judeu, mas que senão teria desde sempre possuído sua validade enquanto expressão da *lex naturae*, e por isso também a conservado[249], possibilitou por um lado a eliminação daquelas prescrições que simplesmente não encontravam inserção na vida moderna, e, graças aos inúmeros traços afínicos à moralidade veterotestamentária, deixou o caminho livre à vigorosa intensificação daquele espírito de legalidade sóbria e presumida própria à ascese intramundana desse protestantismo[250]. Portanto, compreendido de modo correto, quando escritores também mais recentes, assim como várias vezes já os contemporâneos, chamam de *English Hebraism*[251] a índole ética fundamental do puritanismo inglês em especial, isso é totalmente aplicável. Só que nesse contexto há de se ter em mente não o judaísmo palestino do tempo do surgimento dos escritos veterotestamentários senão o judaísmo como paulatinamente formado sob a influência dos vários séculos de instrução legal formalista e talmúdica, e mesmo nesse caso deve-se ser extremamente cauteloso com paralelos. A índole do judaísmo antigo, voltada no todo à desimpedida apreciação da vida enquanto tal, distava bastante da particularidade específica do puritanismo. Igualmente distante dela estava – e isso também não pode ser ignorado – a ética econômica do judaísmo medieval e a do judaísmo moderno, nos traços que foram determinantes para a posição de ambos dentro do desenvolvimento do *ethos* capitalista. O judaísmo encontrava-se ao lado do capitalismo "aventureiro", este de orientação política ou especulativa; seu *ethos* era, com uma palavra, o do capitalismo-*pária* – o puritanismo carregava o *ethos* do *empreendimento* racional burguês e da organização racional do *trabalho*. Ele extraiu da ética judaica apenas o que se encaixava nesse âmbito.

No contexto deste delineamento seria impossível demonstrar as consequências caracterológicas da impregnação da vida por normas veterotestamentárias – uma tarefa instigante mas que até hoje não foi efetivamente cumprida, nem mesmo em relação ao próprio judaísmo[252]. Quanto ao *habitus* geral interior do puritano, há de se considerar também, além das relações delineadas, sobretudo que a crença em ser o povo escolhido de Deus vivenciou nele um grandioso renascimento[253]. Assim como mesmo o moderado Baxter agradece a Deus por tê-lo feito vir ao mundo na Inglaterra e na verdadeira Igreja, e não alhures, essa gratidão pela própria irrepreensibilidade, esta operada pela graça de Deus, impregnou a índole de vida[254] da burguesia puritana e serviu de condição a esse caráter duro, formalisticamente correto – como próprio aos representantes daquela época heroica do capitalismo.

Busquemos agora esclarecer para nós ainda os pontos em especial nos quais a concepção puritana de vocação profissional e a exigência da conduta ascética de vida tiveram de influenciar *diretamente* o desenvolvimento do estilo de vida capitalista. Como vimos, a ascese se volta com todo ímpeto sobretudo contra uma coisa: o *fruir desimpedido* da existência e do que ela tem a oferecer em alegrias. Esse traço se torna manifesto de modo provavelmente mais característico no conflito em torno do *Book of Sports*[255], que Jaime I e Carlos I tornaram lei com o fim manifesto de combate ao puritanismo e cuja leitura o último ordenou que fosse feita em todos os púlpitos. Se os puritanos combateram como que enfurecidamente a determinação do rei para que certos divertimentos populares pudessem ser permitidos por lei no domingo fora do período da missa, o que os aborrecia era *não* apenas a perturbação do descanso sabático senão todo o desvio intencional da conduta ordenada de vida do santo. E se o rei ameaçava com grave punição toda ofensiva contra a legalidade desses *sports*, a finalidade era justamente quebrar esse traço *ascético*, perigoso ao Estado porque *antiautoritário*. A sociedade monárquico-feudal protegia os "inclinados voluntariamente ao divertimento" contra a moral burguesa ascendente e contra o conventículo ascético hostil à autoridade, do mesmo modo como hoje a sociedade capitalista costuma proteger os "inclinados voluntariamente ao trabalho" contra a moral de classe dos trabalhadores e contra o grêmio sindical hostil à autoridade. Diante disso, os puritanos defendiam sua particularidade mais determinante: o princípio da conduta ascética de vida. Pois de resto a aversão do puritanismo ao *sport*, mesmo entre os *quakers*, não era nada de absolutamente fundamental. Só que ele devia servir a um fim racional: a recuperação necessária do vigor físico. Do contrário, enquanto meio do vivenciar puramente desimpedido de pulsões indômitas, ele lhe era suspeito e, obviamente, de todo condenável enquanto puro meio de fruição ou caso despertasse aspiração agonal, instintos primitivos ou desejo irracional de apostar. Justamente enquanto tal, a fruição *pulsional* da vida, que afasta tanto do trabalho profissional como, em igual medida, da devoção, era a inimiga da ascese racional, quer aquela se apresentasse como *sport* de *seigneur* ou então como local de dança e visita à taberna pelo homem comum[256].

Desconfiada, portanto, e hostil em vários aspectos, é também a postura com relação a bens culturais que não sejam diretamente valorados como religiosos. Não que uma tacanhez obscurantista a desprezar a cultura estivesse implicada no ideal de vida do puritanismo. O exato oposto é correto ao menos em relação à ciência – com exceção da execrada escolástica. E os grandes representantes do movimento puritano estavam ademais profundamente imbuídos na cultura da Renascença: as pregações da ala presbiteriana do movimento eram impregnadas de classicismos[257], e mesmo aqueles entre os radicais, embora sem dúvida se ofendessem justamente com isso, não desprezavam essa espécie de erudição na polêmica teológica. Nunca, talvez, um território foi tão rico em *graduates* como a Nova Inglaterra na primeira geração da sua existência. A sátira dos opositores, como, por exemplo, *Hudibras* de Butler, também recorre justamente à erudição alheada e à dialética adestrada dos puritanos; isso se deve em *parte* à valorização religiosa do saber que seguiu ao posicionamento quanto à *fides impli-*

cita católica. – O quadro já é outro tão logo se adentre o âmbito da literatura não científica[258] e ainda o das artes plásticas. Aqui a ascese certamente se assentou como uma geada sobre a vida da alegre Inglaterra de outrora. E não apenas as festividades mundanas foram afetadas por ela. O ódio iracundo dos puritanos contra tudo que cheirasse a *superstition*, contra todas reminiscências a concessões mágicas ou hierúrgicas da graça, perseguia tanto o festejo cristão do Natal quanto a Festa da Árvore de Maio[259] e a prática artística neutra na Igreja. O fato de ter havido espaço na Holanda para o desenvolvimento de uma grande arte, não raro cruamente realista[260], prova apenas o pouco que a regulamentação local dos costumes, autoritariamente implementada por essas correntes, logrou atuar de maneira exclusiva diante da influência da corte e do estamento regente (uma camada de *rentistas*), mas também diante do prazer de viver de pequeno-burgueses enriquecidos, depois que a breve dominação da teocracia calvinista se diluiu em uma sóbria eclesialidade estatal e depois de o calvinismo, com isso, perder visivelmente em apelo ascético[261]. O teatro era condenável para o puritano[262], e, na literatura como na arte, a concepção mais radical não se limitou à estrita eliminação do erótico e das nudezas da esfera do possível. Os conceitos de "*idle talk*", "*superfluities*"[263], "*vain ostentation*" ["conversa ociosa", "superfluidades", "ostentação vã"] – todas designações de uma conduta irracional, sem objetivo, por isso não ascética, e ademais a servir não à glória de Deus senão ao homem – foram logo usados para enaltecer resolutamente a sóbria funcionalidade, contra qualquer utilização de motivos artísticos. Isso se aplicava sobretudo quando se tratava do ornamento direto da pessoa, por exemplo do traje[264]. Essa forte tendência à uniformização do estilo de vida, que hoje acompanha o interesse capitalista pela *standardization* da produção[265], tinha seu fundamento ideal na rejeição da "divinização da criatura"[266]. Certamente, não se deve esquecer nesse contexto que o puritanismo encerrava em si um mundo de contrastes, que o senso instintivo para a grandeza atemporal na arte era seguramente mais elevado entre seus líderes do que no ambiente de vida dos "cavaleiros"[267], e que um gênio de espécie singular como Rembrandt, embora sua "conduta" não tivesse absolutamente encontrado graça aos olhos do Deus puritano, foi influenciado de modo bem essencial pelo seu meio sectário no direcionamento do seu criar[268]. Mas no quadro geral isso não altera nada, uma vez que a forte internalização de personalidade que o desenvolvimento subsequente do ambiente de vida puritano logrou trazer consigo – e de fato codeterminou – favoreceu principalmente a literatura, e, mesmo aqui, apenas as gerações posteriores.

Sem poder adentrar mais profundamente aqui a discussão das influências do puritanismo em todas essas direções, recordemos apenas que a licitude da alegria proporcionada por bens culturais que servissem puramente à fruição estética e no *sport* encontra sempre ao menos *uma* restrição característica: eles *não podem custar nada*. O ser humano, afinal, é apenas intendente dos bens que lhe foram ofertados por graça de Deus; como o servo da Bíblia, ele deve prestar contas de cada centavo que lhe foi confiado[269], e é no mínimo questionável despender algo dos mesmos para uma finalidade atinente não à glória de Deus senão à fruição própria[270]. Quem que tenha os olhos abertos não haveria de se deparar, até na presente época, com representantes dessa concepção?[271] A ideia do *dever* do ser humano com relação à sua posse confiada, à qual ele está subordinado enquanto intendente prestimoso ou mesmo como "máquina aquisitiva", assenta-se com sua arrefecedora severidade sobre a vida. Quanto maior a posse, mais intenso será – *se* a índole ascética de vida resistir à prova – o sentimento de responsabilidade para que ela seja integralmente conservada e ampliada mediante trabalho sem descanso, voltado à glória de Deus. Como tantos elementos do espírito capitalista moderno, também a gênese desse estilo de vida remonta, em raízes particulares, à Idade Média[272], mas somente na ética do protestantismo ascético ele encontrou seu fundamento ético consequente. Seu significado para o desenvolvimento do capitalismo é manifesto[273].

A ascese protestante intramundana – assim podemos resumir bem o que foi dito até aqui – atuava portanto, com todo ímpeto, contra a *fruição* desimpedida das posses; ela cerceava o *consumo*, em especial o consumo de luxuosidades. Em turno, no efeito psicológico, ela *alijou* a *aquisição de bens* dos entraves da ética tradicionalista; ela desgrilhoou a ambição de ganho, não apenas ao legalizá-la senão ao considerá-la como diretamente acordante à vontade de Deus (no sentido exposto). A luta contra a concupiscência carnal e contra o apego aos bens extrínsecos, como atesta expressamente, além dos puritanos, o grande apologista do quakerismo (Barclay), era uma luta *não* contra a *aquisição* racional senão contra o uso irracional da posse. Este, porém, consistia sobretudo na valorização das formas *ostensivas* da luxuosidade, condenadas como divinização da criatura[274] – tão naturais ao senso feudal –, no lugar do uso racional e utilitário, acordante à vontade divina, em prol da finalidade de vida do indivíduo e da coletividade. A ascese pretendia impingir ao homem de posses *não mortificação*[275] senão o emprego da mesma para coisas necessárias e *úteis na prática*. O conceito de "*comfort*" abrange, de maneira característica, o conjunto dos fins utilitários eticamente lícitos, e naturalmente não é nenhum acaso que o desenvolvimento do estilo de vida vinculado a esse conceito tenha se observado mais claramente e pela primeira vez justamente entre os representantes mais consequentes de toda essa concepção de vida: os *quakers*. Ao brilho e ao lentejoular da pompa cavalheiresca, que, assentada em base econômica instável, prefere a avara elegância da sóbria simplicidade, eles contrapõem como ideal a comodidade asseada e sólida do *home* burguês[276].

Do *lado da produção* de riqueza no âmbito da economia privada, a ascese combatia tanto a improbidade como a cobiça puramente *pulsional* – pois era isso o que ela condenava como *covetousness* [cupidez], como "mamonismo" etc.: ambicionar riqueza com o fim último de *ser* rico. Pois a posse, enquanto tal, era tentação. Mas aqui a ascese era agora a força "que sempre quer o bem e sempre cria o mal" – o mal no seu entendimento: a posse e suas tentações. Pois com base no Antigo Testamento, de fato, e em plena analogia com a valoração ética das "boas obras", ela não apenas via na ambição de riqueza enquanto *finalidade* o cúmulo do condenável; e, na obtenção de riqueza enquanto *fruto* do trabalho profissional, a bênção de Deus. Antes, o que era ainda mais importante: a valoração religiosa do trabalho profissional mundano diligente, pertinaz, sistemático, enquanto meio ascético simplesmente mais elevado e ao mesmo tempo como comprovação mais certa e visível do ser humano regenerado e da sua autenticidade de fé, há de ter sido a alavanca mais forte que se pode conceber para a expansão daquela concepção de vida que chamamos aqui de "espírito" do capitalismo[277]. E se tomamos agora aquele cerceamento do consumo *em conjunto* com esse desgrilhoar da ambição aquisitiva, o resultado manifesto é claro: *acumulação de capital* mediante *coação ascética à formação de poupança*[278]. Os entraves que eram colocados contra o gasto consumptivo do adquirido tinham afinal de favorecer seu uso produtivo: como capital de *investimento*. Naturalmente, a intensidade desse efeito se furta a qualquer determinação exata em cifras. Na Nova Inglaterra, a relação surge de modo tão patente que já não escapou ao olhar de um historiador tão excepcional como Doyle[279]. Mas também na Holanda, dominada efetivamente pelo calvinismo estrito apenas por 7 anos, a maior simplicidade de vida em casos de enormes riquezas, prevalecente nos círculos mais austeros em termos religiosos, levou a uma excessiva compulsividade voltada à acumulação de capital[280]. É ademais evidente que a tendência ao "nobrecimento" de fortunas burguesas, existente em todas as épocas e por toda parte, fortemente atuante também hoje aqui [na Alemanha], há de ter sido sensivelmente entravada pela antipatia do puritanismo a formas de vida feudais. Escritores mercantilistas ingleses do século XVII remontaram a superioridade da potência capitalista holandesa em comparação com a Inglaterra à circunstância de que ali, ao contrário de aqui, em regra não se buscava nobilitação de patrimônios recém-adquiridos mediante investimento em terras – pois é isso que interessa, não só a compra de terras – nem pela transição a hábitos de vida feudais, e assim eles teriam sido furtados à valorização capitalista[281]. A apreciação – não faltante também entre os puritanos – da *agricultura* como um ramo particularmente importante da atividade aquisitiva, especialmente conveniente também à devoção religiosa, tinha como referência (p. ex. em Baxter) não o *landlord* senão o *yeoman* e o *farmer*, e, no século XVIII, não o *Junker* senão o *agricultor* "racional"[282]. A partir do século XVII, a sociedade inglesa da época é atravessada por um conflito entre a "*squirearchy*", representante da "alegre Inglaterra de outrora", e os círculos puritanos, fortemente instáveis em seu poder social[283]. Ainda hoje ambos os traços são encontrados lado a lado na imagem do "caráter nacional" inglês: por um lado uma cândida alegria de vida, inabalada, e, por outro, um domínio de si reservado e rigorosamente regrado, junto a um vínculo ético convencional[284]. E do mesmo modo atravessa a história mais antiga da colonização norte-americana o agudo antagonismo entre o *adventurer* [aventureiro] – que pretendia instalar plantações com a força de trabalho de *indentured servants* [servos por contrato] e viver de modo senhorial – e a disposição especificamente burguesa dos puritanos[285].

Até onde alcançou a força da concepção puritana de vida, esta veio ao encontro, sob todas as circunstâncias, da tendência à conduta de vida burguesa, economicamente *racional* – e isso, naturalmente, é bem mais importante do que o mero favorecimento da acumulação de capital; ela foi sua zeladora mais essencial e, sobretudo, a única consequente. Ela foi precursora do "homem econômico" moderno. Certamente, esses ideais de vida puritanos falharam em uma duríssima prova de resistência imposta pelas "tentações" da riqueza, estas muito bem conhecidas pelos próprios puritanos. Encontramos com grande regularidade os adeptos mais genuínos do espírito puritano nas alas das camadas de pequeno-burgueses e de agricultores em vias de ascensão[286] e vemos os *beati possidentes* [abençoados proprietários] prontos à renegação dos antigos ideais – isso com bastante frequência, mesmo entre os *quakers*[287]. Foi este a rigor o mesmo destino ao qual a ascese monástica da Idade Média, precursora da ascese intramundana, esteve sempre a sucumbir: aqui, namorada de uma vida rigorosamente regrada e de consumo contido, quando a gestão econômica racional desenvolvia plenamente sua eficácia, a posse ganha ficava entregue diretamente ao nobrecimento – como no período anterior ao cisma –, ou então a disciplina monástica ameaçava de fato se esvaecer e uma das inúmeras "reformas" precisava intervir. Em certo sentido, toda a história das regras de ordem [monásticas] é um lidar sempre renovado com o problema do efeito secularizante das posses. O mesmo vale também, em grandiosa escala, para a ascese intramundana do puritanismo. O vigoroso *revival* do metodismo que precede o florescer da indústria inglesa perto do final do século XVIII pode muito bem ser comparado a uma dessas reformas monásticas. Aqui cabe uma passagem do próprio John Wesley[288], que seria bem-apropriada como divisa em relação a tudo que foi dito até agora. Porque ela mostra como os chefes mesmos das correntes ascéticas tinham plena clareza a respeito dos contextos aqui apresentados – aparentemente tão paradoxais –, e isso no sentido aqui desenvolvido[289]. Ele escreve:

> Eu temo que, onde quer que riqueza tenha aumentado, a essência da religião decresceu na mesma proporção. Por isso não vejo como seja possível, na natureza das coisas, que qualquer reavivamento da verdadeira religião tenha longa duração. Pois religião *deve necessariamente* produzir ambas diligência (*industry*) e frugalidade (*frugality*), e estas não logram produzir outra coisa senão riqueza. Mas na medida em que riqueza aumenta, o mesmo ocorre a orgulho, rancor e ao amor do mundo, em todas as suas derivações. Como é possível então que o metodismo, isto é, uma religião do coração, por mais que agora esteja a florescer como um loureiro, continue nesse estado? Pois os metodistas, em todo lugar, crescem diligentes e frugais; consequentemente, eles crescem em bens. Por isso eles crescem proporcionalmente em orgulho, em rancor, no desejo da carne, no desejo dos olhos e no orgulho de vida. Assim, embora a forma da religião permaneça, o espírito está desaparecendo rapidamente. Não há maneira de impedi-lo – esse contínuo declínio da religião pura? Não devemos impedir as pessoas de serem diligentes e frugais; *devemos exortar todos os cristãos a ganhar tudo que possam, e a guardar tudo que possam*; isto é, em efeito, a enriquecer.

(Segue-se a exortação segundo a qual aqueles que ganham e guardam tudo que podem também devem dar tudo que possam, para que assim cresçam na graça e juntem um tesouro no céu.) – Este é, nota-se, até em todos os pormenores, o contexto aqui elucidado[290].

Aqueles vigorosos movimentos religiosos, cujo significado para o desenvolvimento econômico residia em primeira linha nos seus efeitos ascéticos *educativos*, em regra só alcançaram plena efetivação *econômica*, exatamente como Wesley diz aqui, depois que o ápice do entusiasmo *puramente* religioso já tinha sido ultrapassado, depois que o espasmo da busca pelo Reino de Deus começou a se diluir gradualmente em sóbria virtude profissional, depois que a raiz religiosa lentamente desmedrou e deu lugar à intramundanidade utilitária – quando, para falar com Dowden na popular fantasia *Robinson Crusoé*, o *homem econômico isolado* que paralelamente realiza trabalho missionário[291] assumiu o lugar do "peregrino" bunyano, que passa apressadamente pela "feira das vaidades" em solitário aspirar interior ao Reino dos Céus. Ademais, quando o princípio *"to make the best of both worlds"* ["fazer o melhor de ambos os mundos"] então se tornou dominante, a consciência limpa – como Dowden também já notou – teve por fim de ser incluída no rol dos meios para se levar uma vida burguesa confortável, como belamente expresso também no ditado alemão da "almofada macia". Acima de tudo, porém, o que essa época religiosamente pulsante do século XVII legou à sua herdeira utilitária foi a rigor uma consciência imensamente limpa – digamos, sem receios: *farisaicamente* limpa – em relação à aquisição pecuniária, desde que esta se efetuasse apenas em formas legais. Desaparecera todo resquício de *"Deo placere vix potest"*[292]. Surgira um *ethos profissional* especificamente *burguês*. Com a consciência de se encontrar em plena graça de Deus e de ser visivelmente abençoado pelo mesmo, o empresário burguês poderia seguir seus interesses aquisitivos – e *devia* fazê-lo – caso se mantivesse dentro dos limites da correção formal, caso sua conduta moral fosse irrepreensível e se o uso que fizesse da sua riqueza não tivesse nada de ofensivo.

Ademais, o poder da ascese religiosa lhe colocava à disposição trabalhadores sóbrios, conscienciosos, excepcionalmente capazes e atidos ao trabalho enquanto finalidade de vida acordante à vontade de Deus[293]. Além disso ele lhe dava a reconfortante garantia de que a distribuição desigual dos bens deste mundo seria obra toda especial da Providência de Deus, o qual, com essas diferenças bem como com a graça apenas particular, buscaria alcançar seus objetivos secretos, desconhecidos por nós[294]. Calvino já fizera a observação, frequentemente citada, de que o "povo", isto é, a massa dos trabalhadores e artesãos de ofício, só permaneceria obediente a Deus se fosse mantido pobre[295]. Os neerlandeses (Pieter de la Court e outros) "secularizaram" essa afirmação, no sentido de que a massa dos homens só *trabalharia* se a necessidade os impelisse a isso, e essa formulação de um *Leitmotiv* da economia capitalista desembocou mais tarde no caudal da teoria da "produtividade" dos baixos salários. Também aqui, com o desmedrar da sua raiz religiosa, a inflexão utilitária se incutiu na ideia de forma inapercebida, em total conformidade com o esquema de desenvolvimento que sempre estivemos a observar. A ética medieval não apenas havia tolerado a mendicância senão até a glorificado, nas ordens mendicantes. Em ocasiões, mesmo os pedintes leigos, visto que eles proporcionavam aos homens de posses a oportunidade de realizar boas obras dando-lhes esmolas, foram até caracterizados e valorados como "estamento". Ainda, a ética social anglicana dos Stuart era intrinsecamente bem próxima a essa postura. Foi reservado à ascese puritana colaborar naquela dura legislação inglesa voltada aos pobres, que nisso, fundamentalmente, trouxe mudanças. E ela o logrou, porque as seitas protestantes e as comunidades estritamente puritanas em geral de fato *não conheciam* a mendicância em seu próprio meio[296].

Em turno, pois, considerado desde o outro lado, daquele dos trabalhadores, a variante zinzendorfiana do pietismo glorificava, por exemplo, o trabalhador fiel à profissão que não aspirasse aquisição, que vivesse conforme o exemplo dos apóstolos e, portanto, fosse dotado do carisma dos discípulos[297]. Ainda mais radicais eram concepções similares difundidas inicialmente entre os anabatistas. Em todo caso, toda a literatura ascética de quase *todas* as confissões está naturalmente impregnada pelo ponto de vista de que trabalho leal por parte daquele a quem a vida não concedeu nenhuma outra oportunidade, também por salários mais baixos, seria algo altamente aprazente a Deus. *Nisso* a ascese protestante não trazia, em si, nenhuma inovação. Mas ela não apenas intensificou ao máximo esse ponto de vista senão que de fato produziu, relativamente a essa norma, a *única coisa a importar* para sua eficácia: o *estímulo* psicológico – mediante o entendimento desse trabalho como *vocação*, como meio principal, em última instância não raro como meio *exclusivo* para estar certo do estado de graça[298]. E por outro lado, ao interpretar também a aquisição pecuniária do empresário como "vocação profissional", ela legalizou a exploração dessa inclinação voluntária específica ao trabalho[299]. É manifesto quão fortemente o *exclusivo* aspirar ao Reino de Deus mediante cumprimento do dever laboral enquanto vocação e por meio da rigorosa ascese que a disciplina eclesiástica naturalmente impunha, em particular às classes desprovidas, houve de fomentar a "produtividade" do trabalho no sentido capitalista da palavra. O tratamento do trabalho como "vocação" se tornou tão característico para o trabalhador moderno como a concepção correspondente de atividade aquisitiva para o empresário. Quando um observador anglicano tão arguto como Sir William Petty remontou o poderio econômico holandês do século XVII a que os *dissenters* (calvinistas e batistas), particularmente em grande número ali, seriam gente que via "*trabalho e diligência no ofício como seu dever perante Deus*", isso foi um reflexo desse estado de coisas, então novo. À constituição social "orgânica", naquela inflexão fiscalista-monopolista que ela assumiu no anglicanismo sob os Stuarts, em particular nas concepções de Laud (i. é, a essa aliança de Estado e Igreja com os "monopolistas" sobre um fundamento social--cristão), contrapôs o puritanismo – cujos representantes pertenceram sem exceção aos opositores mais fervorosos *dessa* espécie do capitalismo privilegiado pelo Estado (o capitalismo colonial, de comerciantes e de empresários do sistema doméstico) – os *estímulos* individualistas da atividade aquisitiva racional legal levada a cabo por competência e iniciativa próprias, os quais contribuíram de forma decisiva – enquanto todas as indústrias monopolistas privilegiadas pelo Estado logo tornavam a desaparecer – para o erguimento das indústrias, cujo surgir se deu sem participação das autoridades oficiais, em parte apesar delas e contra as mesmas[300]. Os puritanos (Prynne, Parker) rejeitavam qualquer relação com os "cortesãos e projetistas" formados no grande capitalismo – enquanto classe eticamente suspeita –, no orgulho relativo à sua própria moral comercial burguesa superior, a qual constituiria o verdadeiro motivo das perseguições a que eles estariam submetidos por aqueles círculos. Defoe ainda sugeriu ganhar a luta contra o dissenso mediante boicote a letras de câmbio e fazendo saque de depósitos. Em bem larga medida, o antagonismo entre ambas as espécies de conduta capitalista caminhava de mãos dadas com os contrastes religiosos. Os opositores dos não conformistas, também no século XVIII, estavam sempre a escarnecer dos mesmos como detentores do *spirit of shopkeepers* [espírito de vendeiros] e a persegui--los como degenerescência dos antigos ideais ingleses. *Aqui* também estava ancorado o contraste entre o *ethos* econômico puritano e o do judeu, e os contemporâneos (Prynne) já sabiam que o primeiro, não o último, era o *ethos* econômico *burguês*[301].

Um dos elementos constitutivos do espírito capitalista moderno – e não apenas deste senão da cultura moderna –, a conduta racional de vida fundada na *ideia de vocação profissional* nasceu do espírito da *ascese cristã* – isso estas exposições pretenderam demonstrar. Basta consultar agora mais uma vez o tratado de Franklin citado no início deste estudo para ver que os elementos essenciais da disposição caracterizada ali como "espírito do capitalismo" são os mesmos que constatamos como conteúdo da ascese profissional puritana[302], apenas sem a fundamentação religiosa, que em Franklin, a rigor, já estava extinta. – A ideia de que o trabalho profissional moderno carregaria um cunho *ascético* também não é nova. Nos *Anos de peregrinação de Wilhelm Meister* e no desfecho de vida que deu ao seu *Fausto*[303], Goethe quis também nos instruir, do auge da sua sabedoria de vida, este motivo ascético fundamental do estilo de vida burguês – caso pretenda de fato ser estilo e não a falta do mesmo: que a restrição ao trabalho especializado, com a renúncia ao universalismo fáustico do ser humano por ela determinada, é pressuposto da atividade comercial profícua em geral no mundo de hoje; que "ato" e "renunciação", portanto, hoje se implicam de forma inevitável. Para Goethe, esse reconhecimento significava um adeus renunciante a um tempo de plena e bela humanidade que, assim como o período de apogeu de Atenas na Antiguidade, não haverá de se repetir no curso do nosso desenvolvimento cultural. O puritano *queria* ser profissional, nós *temos* de sê-lo. Pois ao ser transposta das celas dos mosteiros para a vida profissional e começar a dominar a moralidade intramundana, a ascese contribuiu com sua parte para erigir este poderoso cosmos da ordem econômica moderna – vinculada aos pressupostos econômicos e técnicos da produção mecânico-maquinal –, o qual hoje, com pressão avassaladora, determina o estilo de vida de todos os indivíduos nascidos no interior dessa engrenagem – *não* apenas o dos que exercem diretamente atividade econômica aquisitiva –, e talvez haverá de determiná-lo até que se queime por completo o último quintal de carburante fóssil. Na visão de Baxter, as preocupações que envolvessem bens extrínsecos haveriam de pesar sobre os ombros dos seus santos apenas como "um tênue manto, que se pudesse despojar a qualquer momento"[304]. Mas do manto o destino fez um envoltório rijo como aço. Na medida em que a ascese se punha a remodelar o mundo e a se efetivar no mesmo, os bens extrínsecos deste mundo ganhavam sobre o ser humano um poder crescente e por fim inexorável, como nunca na história. Hoje seu espírito – quem sabe se definitivamente? – evadiu-se desse envoltório. O triunfante capitalismo, em todo caso, desde quando ele passou a se assentar em base mecânica, não necessita mais desse esteio. Também a índole otimista do seu sorridente herdeiro – o iluminismo – aparenta definitivamente se desvanecer, e a ideia do "dever profissional" ronda em nossa vida como um espectro de conteúdos de fé religiosos de outrora. Hoje, na maioria das vezes, onde quer que o "desempenho da profissão" não logre ser diretamente relacionado aos valores espirituais mais elevados da cultura – ou, inversamente, onde quer que ele também não tenha de ser percebido pelo sujeito simplesmente como coação econômica –, o indivíduo renuncia em geral a investi-lo de sentido. Nos Estados Unidos, local do seu mais elevado desgrilhoar, a ambição aquisitiva, despojada do seu sentido ético-religioso, tende hoje a se associar a paixões puramente agonais que não raro lhe imprimem até o caráter de *sport*[305]. Ninguém sabe ainda quem habitará futuramente aquele envoltório, nem se no término desse imenso desenvolvimento se encontrarão profetas totalmente novos ou um vigoroso renascimento de ideias e ideais antigos, *ou* então – no caso de nenhum dos dois – petrificação mecanizada debruada com uma espécie espasmódica de vanglória. Nesse caso, em relação aos "últimos homens" desse desenvolvimento cultural, bem que poderia se tornar verdade a sentença: "Especialistas sem espírito, hedonistas sem coração: este Nada imagina ter chegado a um nível de humanidade nunca alcançado".

Mas com isso adentramos o âmbito dos juízos de valor e de fé, os quais não devem comprometer esta exposição puramente histórica. Antes, a tarefa seria: apontar o significado do racionalismo ascético – a rigor apenas aludido no delineamento precedente – também para o conteúdo da ética *político-social*, portanto para a espécie de organização e de funções das comunidades sociais, desde o conventículo até o Estado. Em seguida teria de ser analisada sua relação com o racionalismo humanista[306] e com seus ideais de vida e influências culturais, ademais com o desenvolvimento do empirismo filosófico e científico, com o desenvolvimento técnico e com os bens espirituais da cultura. Por fim, seu devir histórico – desde os primeiros indícios de uma ascese intramundana na Idade Média – e sua redução ao puro utilitarismo haveriam então de ser examinados *historicamente* e em cada território de difusão da religiosidade ascética. Somente a partir disso seria possível inferir a *medida* do significado cultural do protestantismo ascético na relação com outros elementos plásticos da cultura moderna. Aqui se buscou a rigor remontar a seus motivos – em um ponto todavia importante – somente fato e *espécie* da sua influência. Ademais seria necessário revelar também a maneira como a ascese protestante, por seu lado, foi influenciada em seu devir e em sua particularidade pelo conjunto das condições sociais da cultura, em especial também pelo conjunto das condições *econômicas*[307]. Pois embora o homem moderno, mesmo com a melhor das vontades, em geral não costume estar em condições de conceber *quão* grande efetivamente foi o significado que conteúdos de consciência religiosos tiveram para a conduta de vida, para a cultura e para o caráter nacional, naturalmente não pode ser a intenção substituir uma interpretação causal unilateralmente "materialista" da cultura e da história por uma espiritualista que seja unilateral na mesma medida. *Ambas* são *igualmente possíveis*[308] mas igualmente de pouco préstimo à verdade histórica caso pretendam ser não tarefa preliminar senão conclusão da investigação[309].

Notas do autor

Parte I – O problema

[1] Publicado no periódico *Archiv für Sozialwissenschaft und Sozialpolitik* de Edgar Jaffé (J.C.B. Mohr, Tübingen), vols. XX e XXI (1904 e 1905). Da extensa literatura sobre o tema, destaco apenas as críticas mais minuciosas: RACHFAHL, F. Kalvinismus und Kapitalismus [Calvinismo e capitalismo]. *Internationale Wochenschrift für Wissenschaft, Kunst und Technik*, 1909, n. 39-43. Sobre esta, cf. WEBER, M. Antikritisches zum "Geist" des Kapitalismus [Algo de anticrítico sobre o "espírito" do capitalismo]. *Archiv für Sozialwissenschaft und Sozialpolitik*, vol. XXX, 1910. Contra este, cf. novamente RACHFAHL, F. Nochmals Kalvinismus und Kapitalismus [Novamente calvinismo e capitalismo]. *Internationale Wochenschrift für Wissenschaft, Kunst und Technik*, 1910, n. 22-25; e, além disso, WEBER, M. Antikritisches Schlusswort" [Palavra final anticrítica]. *Archiv für Sozialwissenschaft und Sozialpolitik*, vol. XXXI (na crítica a ser citada logo abaixo, Brentano aparentemente não conhecia essas últimas exposições, visto que o mesmo não as inclui nas citações). Da polêmica inevitavelmente bastante improdutiva contra Rachfahl – um erudito senão admirado também por mim –, o qual adentrara aqui um campo que ele realmente não dominava, não incorporei nada nesta edição, senão apenas acrescentei as (bem poucas) citações complementares da minha anticrítica e busquei eliminar, para o porvir, com as notas e sentenças aditadas, todos os mal-entendidos concebíveis. – Ademais, cf. W. Sombart em seu livro *Der Bourgeois* [O burguês] (Munique/Leipzig, 1913), ao qual retorno em notas abaixo. Finalmente, cf. Lujo Bentrano, no segundo excurso encontrado no apêndice ao seu discurso solene proferido em Munique (na Academia das Ciências, 1913), intitulado "Die Anfänge des modernen Kapitalismus" ["Os primórdios do capitalismo moderno"] (Munique, 1916, publicado em separata e ampliado por excursos). Na ocasião dada também retorno a essa crítica em notas adicionais. – Convido qualquer um que tenha interesse nisso (contra as expectativas) a se convencer, mediante comparação, do seguinte: que não suprimi, nem

reinterpretei ou atenuei *nem uma única sentença* do meu estudo que contivesse alguma afirmação objetivamente essencial, tampouco acrescentei afirmações objetivamente *divergentes*. Não havia nenhuma razão para isso, e o andamento da exposição haverá de forçar aqueles ainda em dúvida a se convencerem definitivamente do mesmo. – Os dois últimos eruditos mencionados se encontram em controvérsia bem mais aguda entre si do que comigo. A crítica de Brentano à obra de W. Sombart, *Die Juden und das Wirtschaftsleben* [Os judeus e a vida econômica], considero fundada objetivamente em muitos aspectos, mas apesar disso a vejo como bem injustificada em vários elementos, sem falar também que em Brentano de fato não se constata o terminante do problema relativo aos judeus (a se tratar mais tarde [na terceira parte da *Ética econômica das religiões mundiais*]), que por ora é deixado totalmente em suspenso aqui. Por ocasião deste trabalho foram registradas inúmeras sugestões valiosas feitas por teólogos, e, no geral, sua recepção foi amistosa e bem objetiva, também nas visões divergentes no particular – o que para mim é ainda mais valioso, pois não teria me admirado certa antipatia referente à espécie de tratamento, aqui inevitável, dessas coisas. A rigor, como natural, aqui não se pode analisar de maneira justa aquilo que, para o teólogo que se atém à sua religião, é o *valioso* na mesma. Lidamos com aspectos da vida das religiões não raro bem manifestos e rudimentares – se *valorados* em termos religiosos –, mas que certamente *também* eram encontrados de fato e, justamente porque rudimentares e manifestos, frequentemente também aparentaram exercer a mais forte influência. – Ao invés de reiterada citação sobre todos os pontos particulares, façamos novamente referência, também aqui, não apenas enquanto um complemento e uma confirmação do seu outro rico conteúdo senão também como altamente bem-vinda para nosso problema, ao grande livro de E. Troeltsch, *Die Soziallehren der christlichen Kirchen und Gruppen* [*As doutrinas sociais dos grupos e Igrejas cristãos*] (Tübingen, 1912), que trata, a partir de pontos de vista próprios e bem abrangentes, a história universal da ética do cristianismo ocidental. É mais importante para o autor, naquele contexto, a *doutrina*; para mim, o *efeito* prático da religião.

[2] Os casos discrepantes se explicam – não sempre, mas com frequência – pelo fato de a confessionalidade do operariado de uma indústria estar atrelada, em *primeira* linha, como natural, à confissão própria à sua localidade

ou à região de recrutamento dos seus trabalhadores. Essa circunstância, à primeira vista, não raro deturpa a imagem que sugerem algumas estatísticas confessionais – como as da província da Renânia. Ademais, como natural, os números só são concludentes no caso de ampla especialização e da contagem total de cada uma das profissões. Do contrário, empresários bem grandes, sob circunstâncias, são subsumidos, junto com "mestres" que trabalhem autonomamente, à categoria "gerente de operações". Sobretudo, porém, o "capitalismo avançado" *hodierno* em geral, especificamente em relação à ampla camada inferior não especializada dos seus trabalhadores, tornou-se independente daquelas influências que a confissão *pode* ter tido no passado. Isso será tratado mais tarde.

[3] Cf., p. ex., SCHELL, H. *Der Katholizismus als Prinzip des Fortschritts* [O catolicismo como princípio do progresso]. Würzburg: Andreas Göbel, 1897, p. 31. • HERTLING, G.F. *Das Prinzip des Katholicismus und die Wissenschaft* [O princípio do catolicismo e a ciência]. Freiburgo: Herder, 1899, p. 58.

[4] Há certo tempo, um dos meus estudantes elaborou o material estatístico mais aprofundado que possuímos a respeito dessas coisas: a estatística confessional *de Baden* (cf. OFFENBACHER, M. "Konfession und soziale Schichtung – Eine Studie über die wirtschaftliche Lage der Katholiken und Protestanten in Baden" ["Confissão e estratificação social – Um estudo sobre a situação econômica dos católicos e protestantes em Baden"]. *Volkswirtschaftlichen Abhandlungen der badischen Hochschulen.* Vol. IV/5. Tübingen/Leipzig, 1901). Os fatos e números que são apresentados a seguir para ilustração provêm todos desse trabalho.

[5] Em Baden, no ano de 1895, p. ex., o capital tributário sobre *rendas de capital* foi de 954.060 marcos por mil evangélicos e de 589.000 marcos por mil católicos.

Os judeus, com mais de 4 milhões por mil, certamente ocupavam o topo da lista. (Os números foram extraídos de OFFENBACHER, M. "Konfession und soziale Schichtung". Op. cit., p. 21.)

[6] Compare-se a esse respeito todo o exposto no trabalho de Offenbacher.

[7] Tb. sobre isso, cf. exposições mais aprofundadas relativas a Baden nos dois primeiros capítulos do trabalho de Offenbacher.

[8] Da população de Baden em 1895, 37% eram protestantes, 61,3% eram católicos, 1,5% era de judeus. Entre 1885 e 1891, porém, a confessionalidade dos alunos de escolas para além das *Volksschulen* ["escolas primárias"] e que *não* fossem de frequência obrigatória estava distribuída da seguinte maneira (conforme OFFENBACHER, M. "Konfession und soziale Schichtung". Op. cit., p. 16):

	Protestantes (%)	Católicos (%)	Judeus (%)
Gymnasien	43	46	9,5
Realgymnasien	69	31	9
Oberrealschulen	52	41	7
Realschulen	49	40	11
höhere Bürgershculen	51	37	12
Média	48	42	7

Exatamente os mesmos fenômenos são verificados na Prússia, na Baviera, em Vurtemberga, na Alsácia-Lorena, na Hungria (cf. os números em OFFENBACHER, M. "Konfession und soziale Schichtung". Op. cit., p. 18-19).

[9] Cf. os números na nota anterior, segundo os quais a frequência geral de católicos nos estabelecimentos de ensino médio, esta inferior em um terço à parcela católica da população, é excedida em alguns pontos percentuais *somente* nos *Gymnasien* (essencialmente com a finalidade de preparação para o estudo teológico). Antecipando exposições subsequentes, destaque-se ainda como característico o fato de que, na Hungria, os *reformados* apresentam, em medida ainda mais elevada, os típicos fenômenos relativos à frequência dos protestantes no ensino médio (op. cit., p. 19, nota).

[10] Cf. as comprovações em OFFENBACHER, M. "Konfession und soziale Schichtung". Op. cit., p. 54; e as tabelas no fim do trabalho.

[11] Como se nota particularmente bem nas passagens dos escritos de Sir W. Petty que serão citadas várias vezes mais tarde.

[12] Pois a ocasional exemplificação feita por Petty referente à *Irlanda* tem a razão bem simples: que a camada protestante estava ali apenas como *landlords* absentistas.

Caso afirmasse mais do que isso, a exemplificação estaria (como se sabe) equivocada, como prova a posição dos *Scotch--Irish*. A típica relação entre capitalismo e protestantismo existiu na Irlanda do mesmo modo como em outras localidades (sobre os *Scotch-Irish* na Irlanda, cf. HANNA, C.A. *The Scotch--Irish*. 2 vols. Nova York: Putnam).

[13] Naturalmente, isso não exclui que também a última tivesse consequências extremamente importantes, e em particular não contradiz que, como será discutido mais tarde, tenha sido de significado decisivo para o desenvolvimento de toda a atmosfera de vida de algumas seitas protestantes – significado esse também a influenciar sua participação na vida econômica – o fato de terem representado uma minoria pequena e, por essa razão, homogênea, como foi caso, p. ex., junto aos calvinistas *estritos*, isso a rigor por toda parte fora de Genebra e da Nova Inglaterra, mesmo onde eles dominassem politicamente. – Foi um fenômeno absolutamente universal e não tem nenhuma relação com nosso problema o fato de *emigrantes* de todas as confissões da terra – indianos, árabes, chineses, sírios, fenícios, gregos, lombardos, "caorcinos" – terem chegado a outras localidades na condição de detentores de *instrução comercial* de territórios altamente desenvolvidos. (Brentano faz referência à sua própria família no estudo intitulado *Die Anfänge des modernen Kapitalismus* [*Os primórdios do capitalismo moderno*], que será citado com alguma frequência. Porém: em *todas* as épocas e em todos os países se nota a existência de *banqueiros* de proveniência estrangeira como principais detentores de experiência e contatos comerciais. Eles não são nada de específico ao capitalismo moderno e eram enxergados com suspeição ética pelos protestantes – cf. mais adiante. Diferente foi o caso das famílias protestantes de Locarno que migraram para Zurique, como os Muralt, Pestalozzi etc., que logo passaram a pertencer ali aos expoentes de um desenvolvimento capitalista – *industrial* – especificamente *moderno*.)

[14] OFFENBACHER, M. "Konfession und soziale Schichtung". Op. cit., p. 68.

[15] Observações extremamente apuradas sobre a particularidade característica das confissões na Alemanha e na França e sobre o cruzamento dessas oposições com os demais elementos culturais no conflito de nacionalidades na Alsácia podem ser encontradas no primoroso escrito de W. Wittich, "Deutsche und französische Kultur im Elsass" ["Cul-

turas alemã e francesa na Alsácia"] (in: *Illustrierte Elsäss. Rundschau*, 1900, tb. publicado em separata).

[16] *Nesse caso*, naturalmente, isso há de significar: se a *possibilidade* do desenvolvimento capitalista estivesse dada na respectiva região *em primeiro lugar*.

[17] Cf. a esse respeito, p. ex., DUPIN DE SAINT-ANDRE, A. L'ancienne Église réformée de Tours – Les membres de l'Église. In: *Bulletin de la Société de l'histoire du protestantisme*, IV, s.t. 10, 1856. Também aqui poderia ser novamente constatada, enquanto motivo motriz – e essa ideia há de ser evidente em especial aos críticos católicos –, a obsessão por *emancipação* ante o controle monástico ou eclesiástico em geral. Mas a isso se contrapõe não apenas o juízo também de contemporâneos opositores (inclusive [François] Rabelais), senão que as conscienciosas reservas dos primeiros sínodos nacionais dos huguenotes quanto a se um *banqueiro* poderia se tornar deão de uma Igreja (p. ex. Sínodo I, partic. C, q. 10, em AYMON, J. *Synodes nationaux de l'église réformée de France* [*Sínodos nacionais da Igreja reformada da França*], p. 10) e as manifestas na discussão, sempre recorrente nos sínodos nacionais apesar do posicionamento inequívoco de Calvino, sobre a permissibilidade de se cobrar juros – discussão iniciada à interpelação de membros da congregação receosos com relação a isso –, mostram de fato o forte envolvimento dos círculos interessados, mas *ao mesmo tempo* também: que o desejo de praticar a *usuraria pravitas* [pravidade usurária] sem controle confessional pode *não* ter sido determinante. (O mesmo – cf. adiante – é verificado na Holanda. A *proibição de juros* canônica, para dizê-lo de modo terminante, não desempenha absolutamente nenhum papel nas *presentes* investigações.)

[18] GOTHEIN, E. *Wirtschaftsgeschichte des Schwarzwalds* [*História econômica da Floresta Negra*]. Vol. I, p. 67.

[19] Em linha com essa ideia, cf. as breves observações de Sombart em *Der moderne Kapitalismus* [*O capitalismo moderno*], p. 380. Sombart, mais tarde, na a meu ver de longe mais fraca das suas grandes obras nesses particulares (*Der Bourgeois* [*O burguês*], Munique, 1913), lamentavelmente defendeu, sob a influência de um escrito de F. Keller ("Unternehmung und Mehrwert" ["Empreendimento e mais-valia"], *Schriften der Görresgesellschaft*, n. 12), este também de nível *inferior* ao de outros trabalhos católicos da apologética moderna apesar das várias boas observações (mas não novas

nesse aspecto), uma "tese" completamente equivocada, à qual se retornará oportunamente.

[20] Pois é absolutamente assente (cf. tb. a nota 13) que a simples circunstância de deixar o local de origem para o trabalho constitui um dos meios mais poderosos da intensificação. – A mesma jovem polonesa que, em sua terra natal, não lograva abandonar sua indolência tradicional por nenhuma oportunidade de ganho, por mais vantajosa que fosse, aparentemente cambia toda sua natureza e se torna capaz de desmedido rendimento quando trabalha como *Sachsengängerin*[NT4] no estrangeiro. Exatamente o mesmo fenômeno se notava entre os trabalhadores sazonais italianos. O fato de o determinante, aqui, não ser de modo nenhum apenas a influência educativa do ingresso em um "meio cultural" mais elevado – por mais que ele naturalmente colabore para isso – se nota nas circunstâncias de o mesmo fenômeno surgir também onde a *espécie* da ocupação – como na agricultura – é exatamente a mesma que na terra natal e de o alojamento em casernas de trabalhadores sazonais etc. condicionar até um rebaixamento temporário a um nível de condição de vida que nunca haveria de ser tolerado no local de origem. O simples fato de trabalhar em ambientes totalmente diferentes do habitual rompe aqui o tradicionalismo e é o "educativo". Não precisa nem ser lembrado o quanto o desenvolvimento econômico americano repousa em tais efeitos. Em relação à Antiguidade, o exílio na Babilônia teve, para os judeus, significado bem semelhante, pode-se dizer que substancial, e o mesmo procede em relação aos parses, p. ex. – Mas, para os protestantes, como mostra a inequívoca diferença na particularidade econômica das colônias puritanas na Nova Inglaterra em comparação com a católica Maryland, com o Sul episcopaliano e com a interconfessional Rhode Island, a influência da sua particularidade religiosa, de modo bem evidente, desempenha um papel enquanto fator *autônomo*, similar ao que se nota na Índia, p. ex., entre os jainistas.

[21] Como se sabe, ela é, na maioria das suas formas, um zwinglianismo ou calvinismo mais ou menos *temperado*.

[22] Na cidade de Hamburgo, quase puramente luterana, a *única* fortuna a remontar ao séc. XVII é aquela de uma conhecida família de *reformadores* (cordial indicação do Prof. A. Wahl).

[23] "Novo", portanto, é não que seja afirmada essa relação, já abordada por Lavaleye, Matthew Arnold,

entre outros[144], senão, inversamente, que ela seja posta em dúvida de modo totalmente infundado. Está em causa *explicá-la*.

[24] Naturalmente, isso não exclui que o pietismo oficial bem como também outras correntes religiosas se opusessem mais tarde, desde ambientes patriarcalistas, a certos "progressos" da constituição capitalista da economia – p. ex., à transição da indústria doméstica ao sistema fabril. A rigor, deve se distinguir claramente, como ainda veremos com frequência, entre aquilo que uma corrente religiosa *aspirava* como ideal e aquilo que sua influência factualmente *ocasionou* na conduta de vida dos seus adeptos. (A respeito da aptidão laboral específica da mão de obra pietista, exemplos extraídos de uma fábrica instalada na Vestfália foram reunidos por mim no artigo "Zur Psychophysik der gewerblichen Arbeit" ["Sobre a psicofísica do trabalho industrial"]. *Archiv für Sozialwissenschaft und Sozialpolitik*, vol. XXVIII, p. 263ss.)

[25] A passagem final foi extraída de "Necessary hints to those that would be rich" (escrito em 1736); o restante, de "Advice to a young tradesman" (1748), *Works* (ed. de Sparks, vol. II, p. 87).

[26] *Der Amerikamüde: Amerikanisches Kulturbild* [*O cansado da América: Retrato cultural dos americanos*] (Frankfurt, 1855), notoriamente uma paráfrase poética das impressões americanas de Lenau. O livro dificilmente seria apreciável hoje como obra de arte; antes, é simplesmente insuperável como documento dos contrastes (hoje há muito desvanecidos) entre o senso alemão e o americano, pode-se também dizer: daquela vida interior que, apesar de tudo, manteve-se *comum* a católicos e protestantes alemães desde a mística alemã da Idade Média, em oposição ao dinamismo puritano-capitalista. – A tradução um tanto livre feita por Kürnberger dos tratados de Franklin é corrigida aqui com base no original.

[27] Sombart utilizou essa citação como epígrafe à seção [de *O capitalismo moderno*] intitulada "Genesis des Kapitalismus" ["Gênese do capitalismo"] (*Der moderne Kapitalismus*. Vol. I, p. 193; cf. tb. p. 390).

[28] O que obviamente não significa nem que Jakob Fugger tenha sido um homem moralmente indiferente ou irreligioso, nem que a ética de Benjamin Franklin se esgotaria *de todo* naquelas sentenças. Certamente não seria necessário recorrer às citações de Brentano ("Die Anfänge

des modernen Kapitalismus" ["Os primórdios do capitalismo moderno"]. Munique, 1916, p. 150ss.) para proteger esse célebre filantropo da interpretação equívoca que Brentano parece atribuir a mim. O problema, pelo contrário, a rigor é justamente: como pode tal filantropo escrever *tais sentenças* (cuja formulação, particularmente característica, Brentano se absteve de reproduzir), no estilo de um *moralista*?

[29] Nisso se baseia o problema aqui colocado, distinto do levantado por Sombart. O significado prático da diferença, este bem considerável, será evidenciado mais tarde. Observe-se já aqui que esse aspecto ético do empresário capitalista não passou despercebido a Sombart, absolutamente. Só que ele aparece em seu contexto de ideias como aquilo ocasionado pelo capitalismo, enquanto aqui, para nossos fins, temos de considerar a hipótese inversa. Apenas na conclusão da investigação poderá ser tomada definitivamente uma posição. Sobre a concepção de Sombart, cf. op. cit., vol. I, p. 356, 380 etc. Aqui suas ordens de ideias se encontram em linha com as brilhantes imagens de *Filosofia do dinheiro*, de Simmel (último cap.). Mais adiante venho a falar da polêmica apresentada contra mim em sua obra *Der Bourgeois* [*O burguês*]. Por ora tem de ser posto de lado qualquer exame aprofundado.

[30] [Do texto de Franklin:] "Cresci convicto de que *verdade*, *sinceridade* e *integridade* na relação interpessoal seriam da maior importância para a felicidade de vida; e formei resoluções escritas que ainda se encontram no meu diário, para praticá-las enquanto eu viver. A revelação enquanto tal não teve de fato nenhum peso para mim; mas cultivei uma opinião de que, embora certas ações não podem ser *más porque* fossem proibidas por ela, ou boas *porque* ela as comandasse, aquelas ações provavelmente seriam proibidas *porque* eram *más* para nós, ou comandadas *porque* eram benéficas a nós em suas próprias naturezas, a considerar todas as circunstâncias."

[31] [Também do texto de Franklin:] "Portanto, eu me coloquei o mais que pude à discrição, e o especifiquei como um esquema de um *número de amigos* que teriam me pedido para que eu andasse por aí e o propusesse aos que eles consideravam amantes da leitura. Dessa maneira meu negócio se realizou com menos atritos, e depois disso pratiquei o mesmo [método] em ocasiões semelhantes; e, a considerar meus frequentes sucessos, posso recomendá-lo francamente. Mais tarde, o pequeno sacrifício momentâneo da sua vaidade

será amplamente recompensado. Caso permaneça incerto por um tempo a quem cabe o mérito, alguém mais vaidoso do que si mesmo será encorajado a reivindicá-lo, e então a inveja mesma estará inclinada a fazer-te justiça, tomando os louros usurpados e restituindo-os a seu justo dono."

[32] Brentano (op. cit., p. 125, 127, nota 1) toma essa observação como motivo para criticar as exposições feitas mais adiante sobre tais "racionalização e disciplinação" que a ascese intramundana teria operado nos indivíduos; esta seria, portanto, uma "racionalização" voltada a uma "conduta irracional de vida". De fato é isso mesmo. Algo de "irracional" o é nunca em si senão sempre desde um determinado *ponto de vista* "racional". Para o irreligioso, toda conduta religiosa de vida é "irracional". Para o hedônico, é "irracional" toda conduta ascética de vida, por mais que, mensurada em *seu* valor último, ela seja uma "racionalização". Caso este estudo possa contribuir a algo qualquer, então para desvelar, em sua polivalência, o conceito apenas aparentemente unívoco de "racional".

[33] Pr 22,29. Lutero o traduz por *"in seinem Geschäft"* ["em seu negócio"]; as traduções inglesas mais antigas da Bíblia, por *"business"*. Sobre isso, cf. nota 54, mais adiante.

[34] Diante da minuciosa mas algo imprecisa apologia feita por Brentano (op. cit., p. 150ss.) de Franklin, este supostamente incompreendido por mim em suas qualidades éticas, apenas indico este comentário, que a meu ver teria bastado para tornar aquela apologia desnecessária.

[35] Aproveito esta oportunidade para introduzir aqui, já de antemão, algumas considerações "anticríticas". – É uma afirmação insustentável quando Sombart assevera em ocasiões (*Der Bourgeois* [O burguês]. Munique/Leipzig, 1913) que essa "ética" de Franklin seria repetição "literal" de comentários do grande gênio universal da Renascença Leon Battista Alberti, que além de escritos teóricos sobre matemática, escultura, pintura, (sobretudo:) arquitetura e sobre o amor (pessoalmente ele era misógino), também compôs um escrito em quatro livros (*Della famiglia*) sobre economia doméstica (do qual, no momento desta redação, tenho à disposição, infelizmente, não a edição de Mancini, senão apenas a mais antiga, de Bonucci). – Pois bem, a passagem de Franklin está textualmente reproduzida acima – ora, onde se encontram então as passagens correspondentes das obras de Alberti,

em particular a máxima "tempo é *dinheiro*", posta logo no início, e as admoestações subsequentes? Pelo que sei, a única passagem a lembrá-la, ainda que da mais longa distância, é encontrada perto da conclusão do Livro I de *Della famiglia* (ed. Bonucci, vol. II, p. 353), onde se faz referência bem geral a dinheiro como *nervus rerum* ["nervo das coisas", "o mais importante"] da economia doméstica, o qual, por essa razão, deveria ser muito bem administrado – exatamente como já em *De re rustica,* de Catão. É completamente equivocado tratar Alberti, que põe toda ênfase em descender de uma das mais nobres famílias de cavaleiros de Florença ("*nobilissimi cavalieri*". In: *Della famiglia*, p. 213, 228 e 247, na edição de Bonucci), como um homem de "sangue bastardo", como um burguês cheio de ressentimento com as famílias porque excluído das linhagens dos *signori* – devido à sua geração extramatrimonial (que não o desclassificava nem minimamente). Característico de Alberti é certamente seu aconselhamento a gerir *grandes* negócios, os quais seriam dignos apenas a uma "*nobile e onesta famiglia*" ["família nobre e honesta"] e a um "*libero e nobile animo*" ["espírito livre e nobre"] (ibid., p. 209), e que custam menos trabalho (cf. *Del governo della famiglia*, IV, p. 55, assim como na redação relativa aos Pandolfini, p. 116: *por isso* melhores negociadores de lã e seda!), ademais sua recomendação referente a uma economia doméstica ordenada e rigorosa, isto é, ao cálculo dos gastos considerando as receitas. Portanto, "*santa masserizia*", cuja defesa é posta [por Alberti] à boca de Gianozzo, é primariamente um princípio da gestão da *economia doméstica*, não, porém: da *atividade aquisitiva* (como Sombart, em especial, teria podido muito bem constatar) – exatamente como a discussão sobre a essência do dinheiro (op. cit.) trata primariamente do investimento de *patrimônio* (dinheiro ou *possessioni*), não da valorização de *capital*. É recomendado – como autoproteção contra as incertezas da "*fortuna*" – que se habitue logo cedo à atividade permanente "*in cose magnifiche e ampie*" (p. 192), esta aliás também a única a proporcionar saúde duradoura (*Della famiglia*, p. 73-74), e que se evite a ociosidade, sempre riscosa para o mantenimento da própria condição, por isso também que se aprenda, por precaução, um ofício condizente à posição social, para o caso de vicissitudes (porém: nenhuma *opera mercenaria* ["trabalho mercenário"] o é, cf. *Della famiglia*, livro I, I, p. 209). Seu ideal da "*tranquillità dell'animo*" ["tranquilidade do espírito"] e sua forte inclinação ao epicurista λάθε βιώσας [*lathé biôsas*, "viva oculto"] ("*vivere a sè stesso*" – ibid., p. 262), em particular a aversão a todo cargo oficial enquanto fonte de inquietude, inimizade, de envolvimento em sórdidos negócios – ibid., p. 258 –, o ideal de viver na *villa* campestre, sua nutrição do orgulho próprio pela memória dos antepassados, e o tratamento da *honra da família* (que por isso haveria também de preservar seu patrimônio à maneira florentina, não de dividi-lo) como objetivo e critério determinante – tudo isso teria sido uma pecaminosa "divinização da criatura" aos olhos de qualquer puritano, mas, aos de Benjamin Franklin, uma patética aristocrática desconhecida pelo mesmo. Considere-se ainda o alto apreço às letras (pois a *industria* está voltada sobretudo ao trabalho literário-científico, ela é aquilo de propriamente digno no ser humano, e a defesa da *masserizia* – no sentido da "economia doméstica racional" como o meio para viver sem depender de outros e para não cair na miséria – como algo de igual valor é posta à boca essencialmente apenas do iletrado Gianozzo, e, ao mesmo tempo, a origem do conceito, proveniente da ética monástica – cf. abaixo –, é atribuída a um antigo padre, p. 249). Para mensurar a profundidade da diferença, compare-se tudo isso com a ética e a conduta de vida de Benjamin Franklin e sobretudo de seus antepassados puritanos; comparem-se os escritos dos literatos da Renascença voltados ao patriciado humanista com os escritos de Franklin dirigidos às massas da classe média burguesa – nomeadamente: aos empregados do comércio – e com os tratados e sermões dos puritanos. O racionalismo econômico de Alberti, por toda parte a se apoiar em citações de escritores da Antiguidade, é substancialmente mais similar ao tratamento dado à matéria econômica nos escritos de Xenofonte (que ele não conheceu), Catão, Varrão e Columela (que ele cita) – só que em Catão e Varrão, em particular, a *aquisição* enquanto tal se encontra em primeiro plano, em completa oposição ao que se nota em Alberti. De resto, as exposições de Alberti – certamente apenas bem esporádicas – sobre o emprego dos *fattori*, sua divisão do trabalho e disciplina, sobre os camponeses não inspirarem confiança etc., de fato dão a impressão de efetuar uma transposição da prudência do viver catoniana desde o âmbito do trabalho escravo para o do trabalho livre na indústria doméstica e na parceria agrícola. Quando Sombart (cuja referência à ética dos estoicos é decididamente equivocada) encontra o racionalismo econômico "desenvolvido até a mais manifesta consequência" já em Catão, a afirmação não está, entendida corretamente, de todo inexata. Pode-se de fato subsumir à mesma categoria um *diligens pater familias* [pai de família diligente] dos romanos junto com o ideal do *massaio* [caseiro, gestor doméstico] em Alberti. Característico em Catão é sobretudo: que a propriedade rural é valorada e avaliada como objeto de um "*investimento*" patrimonial. Entretanto, em virtude da influência cristã, o conceito da "*industria*" é de matiz distinto. E nisso, precisamente, revela-se a diferença. Na concepção de "*industria*" proveniente da ascese monástica e desenvolvida por monges escritores tem-se o germe de um *ethos* que (cf. mais adiante!) foi plenamente desenvolvido na "ascese" protestante exclusivamente *intra*mundana (*daí*, como ainda será frequentemente enfatizado, a afinidade de ambas, que é aliás *menor* com a doutrina oficial eclesiástica do tomismo do que com os moralistas mendicantes florentinos e sienenses). Em Catão e também nas próprias exposições de Alberti falta esse *ethos*; em ambos se trata não de ética senão de uma doutrina da *prudência* do viver. Em Franklin também se trata de utilitarismo. Mas a patética ética da pregação aos jovens comerciantes é bastante inequívoca e – aquilo que importa – o característico. Para ele, falta de desvelo com o dinheiro significa – por assim dizer – "assassinar" embriões de capital, e, por essa razão, ela também é um defeito *ético*.

Nesse contexto, uma afinidade intrínseca entre ambos (Alberti e Franklin) existe efetivamente apenas na medida em que, em Franklin, concepções religiosas *não são mais* postas em relação com a recomendação de "economia"; em Alberti, elas ainda não o são – Sombart chama este último de "devoto", mas, em verdade, embora tivesse se ordenado e recebido uma sinecura romana como tantos humanistas, Alberti, por seu lado, *não* utiliza, *em nenhuma ocasião*, motivos religiosos como ponto de orientação para a conduta de vida recomendada por ele (à exceção de duas passagens totalmente inexpressivas). Tanto em um como no outro, ao menos formalmente, o único a ter voz nesse campo é o utilitarismo – também o utilitarismo social mercantilista, na recomendação de Alberti referente ao empreendimento negociador de lã e seda (para que "muitos homens sejam postos a trabalhar", op. cit., p. 292). As exposições de Alberti referentes a isso são um paradigma bem apropriado para aquela espécie de "racionalismo" econômico imanente – por assim dizer –, como de fato encontrada enquanto "reflexo" de condições econômicas, por toda parte e a qualquer época, junto a escritores interessados puramente "na coisa em si", não menos no classicismo chinês e na Antiguidade do que na Renascença e no tempo do Iluminismo. Certo é que tanto na Antiguidade – em Catão, Varrão e Columela – como aqui em Alberti e seus pares, especialmente na doutrina da *industria*, a *ratio* econômica se encontra amplamente desenvolvida. Mas como se há de se crer que tal *doutrina* de literatos pudesse desenvolver um poder transformador de vidas da espécie de uma fé religiosa que instituísse *prêmios de salvação* em troca de uma determinada conduta de vida (nesse caso: metódico-racional)? Em contrapartida, o modo como há de aparentar uma "racionalização" orientada por aspectos *religiosos* efetuada na conduta de vida (e com ela eventualmente também: na gerência econômica) pode ser enxergado – além de em puritanos de todas as denominações – nos exemplos dos jainistas, dos judeus, de certas seitas ascéticas da Idade Média, nos exemplos de Wyclif, dos irmãos morávios (uma reminiscência do movimento hussita), dos *skoptsy* e *shtundisty* na Rússia e em inúmeras ordens monásticas, em sentido altamente distinto entre eles. O determinante da diferença é (para antecipá-lo): que uma ética ancorada na religião institui, em troca do comportamento por ela suscitado, *prêmios psicológicos* (*não* de caráter econômico) bem determinados e altamente eficazes enquanto a fé religiosa permanecer viva, dos quais uma simples doutrina da arte do viver como a de Alberti, a rigor, *não* dispõe. Somente enquanto esses prêmios forem eficazes, e – sobretudo – naquela *direção* em que eles operam, esta não raro (eis o determinante) bem divergente da *doutrina* dos teólogos (a qual, por seu lado, é mesmo apenas uma "doutrina"), ela logrará exercer uma influência autônoma sobre a conduta de vida e, com ela, sobre a economia – para dizê-lo claramente, este é, a rigor, o ponto de toda esta investigação, o qual eu não tinha esperado ver passar tão despercebido como na maneira em que isso se deu. Em outro lugar torno a falar dos moralistas teológicos relativamente "simpáticos ao capital" da Baixa Idade Média (Antonino de Florença e Bernardino de Sena), certamente também muito malcompreendidos por Sombart. Em todo caso, L.B. Alberti não pertenceu, em absoluto, a esse círculo. Apenas o conceito da *industria* ele apropriou de ordens de ideias monásticas, seja lá por quais intermédios. Alberti, Pandolfini e seus pares são representantes daquela disposição já intrinsecamente emancipada da eclesialidade tradicional – apesar de toda obediência oficial – e amplamente orientada a um "paganismo" antigo, não obstante todos os vínculos com a ética cristã vigente; disposição a qual, como diz Brentano, eu teria "ignorado" em seu significado para o desenvolvimento da doutrina moderna da economia (e também: da política econômica moderna). Ora, o fato de eu não abordar *essa* cadeia causal *aqui* está totalmente correto; em um trabalho sobre a "*ética protestante* e o espírito do capitalismo" ela não encontra, a rigor, nenhum lugar. Muito longe de negar seu significado, porém – como decerto haverá de se revelar em outra oportunidade –, sem dúvida fui e sou, por boas razões, da opinião: que seus esfera e sentido de atuação eram inteiramente *outros* em comparação com a ética protestante (cujos precursores, de modo nenhum completamente desimportantes em termos práticos, foram as seitas e a ética wyclifista-hussita). Influenciou-a *não* a *conduta de vida* (da burguesia nascente) mas: a política dos estadistas e príncipes. E ambas essas cadeias causais, convergentes em parte mas de modo nenhum em todos os aspectos, requerem primeiro ser distinguidas com asseamento uma da outra. No que diz respeito a Benjamin Franklin, seus tratados sobre economia privada – à sua época utilizados como leitura escolar na América – de fato pertencem, *neste* ponto, à categoria que exerceu influência sobre a *práxis* de vida, ao contrário das abrangentes obras de Alberti, que pouco se tornaram conhecidas fora dos círculos de eruditos. Mas aqui ele é expressamente citado por mim como um homem que já se encontrava para além da regulamentação puritana do viver – desvanecida nesse meio-tempo –, assim como o "iluminismo" inglês em geral, cujas relações com o puritanismo foram expostas em diversas oportunidades.

[36] Infelizmente, Brentano (op. cit.) de início também não fez distinção entre as espécies do ambicionar aquisições (sem importar se por conflitos bélicos ou pela via pacífica), e depois apontou apenas o direcionamento ao *dinheiro* (ao invés de à terra) como caráter específico da ambição aquisitiva "capitalista" (em oposição, p. ex., à feudal), mas não apenas rejeitou qualquer outra diferenciação – somente mediante a qual poderia se chegar a conceitos claros em geral – senão também (p. 131), em referência ao conceito de "espírito" do capitalismo (moderno!) elaborado aqui para os fins da presente investigação, fez a afirmação, para mim

incompreensível: de que essa concepção já adota em seus pressupostos aquilo que há de ser demonstrado.

[37] Cf. as observações, procedentes em todos os aspectos, em SOMBART, W. *Die deutsche Volkswirtschaft im neunzehnten Jahrhundert* [*A economia nacional alemã no século XIX*], p. 123. Embora os estudos a seguir, em todos os seus aspectos determinantes, remontem a trabalhos bem mais antigos, de fato não preciso enfatizar em particular o quanto eles são devedores, em sua formulação, ao simples fato da existência dos grandes trabalhos de Sombart, com suas argutas formulações, também – *e justamente* – onde eles enveredam por outros caminhos. Mesmo quem sempre se sente instigado pelas opiniões de Sombart ao mais resoluto protesto e rejeita diretamente algumas teses tem o dever de estar consciente disso.

[38] Aqui, naturalmente, não abordaremos a questão sobre *onde* se situam estes limites, tampouco algum posicionamento quanto à conhecida teoria da relação entre salário alto e produtividade elevada, apresentada pela primeira vez por Brassey, formulada e defendida no âmbito teórico por Brentano, no âmbito histórico e ao mesmo tempo construtivamente por Schulze-Gävernitz. A discussão foi reaberta por pertinentes estudos de Hasbach (publicados no periódico *Schmollers Jahrbuch*, 1903, p. 385-391 e 417ss.) e não está definitivamente resolvida. Para nós basta aqui o fato, não posto em dúvida por ninguém, e em todo caso tampouco contestável, de que salário baixo e lucro elevado, salário baixo e oportunidades favoráveis de desenvolvimento industrial não são simplesmente coincidentes – de que operações financeiras meramente mecânicas não levam de modo nenhum à "instrução" na cultura do capitalismo, e com isso tampouco condicionam a possibilidade da economia capitalista. Todos os exemplos escolhidos são puramente ilustrativos.

[39] Por essa razão, não raro o estabelecimento *também de negócios capitalistas* não veio a ser possível sem amplos movimentos migratórios a partir de regiões de cultura mais antiga. Por mais corretas que sejam as observações de Sombart sobre o contraste dos segredos de ofício do artesão e das "competências" vinculadas à pessoa com a técnica moderna cientificamente objetivada, a diferença mal se fazia existente no período de surgimento do capitalismo – a rigor, as qualidades éticas (por assim dizer) do trabalhador capitalista (e em certo âmbito também: do empresário) conservavam um

"valor de raridade" frequentemente mais elevado do que as competências do artesão, cristalizadas ao longo de séculos de tradicionalismo. E mesmo a indústria de hoje, na escolha de suas sedes, ainda não é simplesmente independente da existência de tais propriedades entre a população, adquiridas por longa tradição e mediante educação voltada ao trabalho intensivo. O conjunto geral de representações científico hodierno acorda que, onde quer que se observe essa dependência, ela seja atribuída antes a qualidades hereditárias raciais do que à tradição e à educação, juízo a meu ver muito contestável.

[40] Cf. o trabalho citado na nota 24.

[41] As observações precedentes poderiam ser malcompreendidas. A inclinação, própria a um conhecido tipo de gente de negócios, para tirar proveito, à sua maneira, da sentença "a religião há de ser garantida ao povo", e a inclinação outrora não rara, própria em especial a amplos círculos da clerezia luterana por conta de uma simpatia geral pelo autoritarismo, para se colocar à disposição daqueles, na forma de uma "polícia negra", onde quer que se pretendesse estigmatizar a greve como pecado e as associações sindicais como fomentadoras da "cobiça" etc. – estas são coisas com as quais os fenômenos tratados aqui não têm nenhuma relação. Os fatores abordados nos textos constituem fatos não isolados senão bastante frequentes e, como veremos, recorrentes de modo típico.

[42] *Der moderne Kapitalismus* [*O capitalismo moderno*]. Vol. I, p. 62.

[43] Op. cit., p. 195.

[44] Naturalmente, trata-se do espírito do *empreendimento* racional *moderno* específico ao Ocidente, não do próprio ao capitalismo de usurários, financiadores de guerras, arrendatários de cargos públicos e encargos fiscais, de grandes empresários do comércio e magnatas das finanças, difundido no mundo há três milênios, até a presente época, na China, Índia, Babilônia, Hélas [Grécia], em Roma e Florença. Cf. a introdução.

[45] *A priori*, de fato – só isso há de ser destacado aqui –, não é imperiosa, em absoluto, a suposição de que a técnica da empresa capitalista, por um lado, por outro o espírito do "trabalho profissional", o qual trata de conferir ao capitalismo sua energia expansiva, tivessem encontrado seu substrato *original* nas mesmas camadas sociais. Algo correspondente se dá com as relações sociais de conteúdos de consciência religiosos. Historicamente, o calvinismo foi um

dos zeladores da instrução no "espírito capitalista". Mas justamente os grandes proprietários de pecúnia, p. ex., nos Países Baixos, por razões que deverão ser discutidas mais tarde, foram na maioria não adeptos do calvinismo de observância mais rigorosa, senão arminianos. Aqui e em outras localidades, a *pequena* burguesia e a *média* burguesia ascendentes ao empresariado foram "típicos" expoentes da ética capitalista e da eclesialidade calvinista. Mas isso, em especial, acorda muito bem com o que foi exposto aqui: em todas as épocas existiram grandes comerciantes e proprietários de pecúnia. Contudo, somente o desenvolvimento que começa na Idade Média até chegar à Época Moderna conheceu uma organização capitalista racional do trabalho industrial burguês.

[46] Cf. a esse respeito a boa tese de doutorado de J. Maliniak (1913) defendida em Zurique.

[47] O retrato a seguir é compilado de modo "típico-ideal" a partir de condições próprias a diferentes ramos em diferentes localidades; para o fim ilustrativo ao qual ele serve aqui, é naturalmente irrelevante que em nenhum dos exemplos pensados o processo tenha se dado exatamente na maneira descrita.

[48] Também por essa razão não é nenhum acaso que esse primeiro período de incipiente racionalismo, do primeiro adejo da indústria alemã, p. ex., seja acompanhado por uma absoluta decadência de estilo dos artigos de consumo da vida cotidiana.

[49] Assim, a oscilação das reservas de metais preciosos não deve ser caracterizada como irrelevante em termos econômicos.

[50] Pelo termo se compreende apenas: aquele tipo de empresário que *nós* tornamos objeto das nossas considerações aqui, não uma média empírica qualquer (sobre o conceito "tipo ideal", cf. meu artigo ["A objetividade do conhecimento nas ciências sociais e na política social"] publicado em *Archiv für Sozialwissenschaft und Sozialpolitik*, vol. XIX, n. 1).

[51] Aqui talvez seja o lugar apropriado para examinar bem brevemente os comentários encontrados no escrito já citado de F. Keller (n. 12 de *Schriften der Görres-Gesellschaft*) e as observações, na mesma linha, de Sombart (em *Der Bourgeois* [*O burguês*]), na medida em que cabem aqui. É mesmo demais que um escritor critique um estudo no qual a proibição canônica de juros *não é nem mencionada* (fora em *um*

comentário casual e sem *nenhuma* relação com a argumentação no todo) sob o pressuposto de que seria justamente essa proibição de juros – a qual de fato encontra paralelos em quase todas as éticas religiosas da terra! – aquilo a que aqui se recorreu como marca distintiva da ética católica perante a ética da Reforma – a rigor deve-se criticar trabalhos que efetivamente se leu ou cujas exposições, caso as tenha lido, ainda não foram novamente esquecidas. A luta contra a *usuraria pravitas* atravessa toda a história da Igreja do século XVI, tanto huguenote como neerlandesa. "Lombardos", portanto banqueiros, frequentemente eram excluídos, enquanto tais, da Ceia do Senhor (cf. nota 13). A concepção de Calvino, esta mais liberal (que aliás não impediu que no primeiro esboço das *Ordenanças* ainda fossem previstas determinações referentes à usura), triunfou apenas por intermédio de [Claudius] Salmasius. Não era *aqui*, portanto, que residia o contraste; pelo contrário. – Mas ainda piores são as próprias argumentações do autor encontradas aqui, que embaraçosamente saltam aos olhos por sua superficialidade se comparadas com os escritos de Funck e outros eruditos católicos (por sinal, a meu ver, também não devidamente citados por ele) e com as investigações de Endemann, hoje antiquadas nos pormenores mas ainda fundamentais. É bem verdade que Keller se manteve livre de excessos como os dos comentários de Sombart (op. cit., p. 321): de que haveria mesmo de se notar nos "homens devotos" (os referidos são essencialmente Bernardino de Sena e Antonino de Florença) "o modo como eles pretenderam estimular, de todas as maneiras, o espírito empreendedor" – a saber, bem similar ao que sucedeu em todo o mundo com as proibições de juros, na medida em que os mesmos interpretaram a proibição de usura de um modo que manteve incólume o investimento "produtivo" (em nossa terminologia) do capital. (O fato de em Sombart, por um lado, os romanos serem contados aos "povos heroicos", por outro lado – uma oposição aliás irreconciliável em seu trabalho – a ideia de que o racionalismo econômico já estivesse supostamente desenvolvido em Catão "até a mais manifesta consequência" – p. 267 –, são, note-se de passagem, apenas sintoma de que: ali se trata mesmo de um "livro de teses", no mau sentido da palavra.) Mas ele também deturpou completamente o significado (que aqui não há de ser explicitado nos pormenores, outrora não raro sobrevalorizado de início, depois fortemente subestimado, agora, na

era também de multimilionários católicos, até invertido –
com fins apologéticos) da proibição de juros (a qual, como
se sabe – apesar da fundamentação bíblica! – foi revogada somente no século passado, por instrução da Congregação do
Santo Ofício, e por sinal apenas *temporum ratione habita* ["por
conta das circunstâncias"] e *indiretamente*, a saber: mediante
proibição de importunar futuramente os confessandos com
inquirições voltadas a identificar *usuraria pravitas* quando
fosse possível contar com sua obediência *também no caso* de
reentrada em vigor). Pois em vista das infinitas controvérsias,
p. ex., em torno da permissibilidade do aforamento, do desconto na compra de letras de crédito e dos outros contratos
mais distintos (em vista sobretudo do fato de que a resolução
acima mencionada da Congregação do Santo Ofício foi pro-
mulgada por ocasião do empréstimo a uma *cidade*), alguém
que tenha feito qualquer estudo aprofundado sobre a história
da doutrina da Igreja referente à usura, altamente complexa,
não pode afirmar (p. 24) que a proibição de empréstimo a
juros fosse relativa apenas ao crédito emergencial, que ela
tivesse a finalidade de "proteção do capital", nem mesmo
que tivesse sido "profícua ao empreendimento capitalista" (p. 25).
A verdade é que só bem tarde a Igreja reviu a proibição de
juros; que, quando isso ocorreu, as formas habituais de investimento puramente comerciais do capital eram *não* empréstimos concedidos a juros fixos, senão (e *tinham* de sê-lo,
a considerar o caráter do juro do empréstimo empresarial)
foenus nauticum, commenda, societas maris e o *dare ad proficuum
de mari* (empréstimos tarifados no valor da participação nos
ganhos e no prejuízo, a depender da classe de risco), as quais
não foram afetadas (ou então apenas para alguns canonistas
rigorosos), mas que depois, quando investimentos de capital
a juros fixos se tornaram possíveis e comuns também na forma de recompra de letras com desconto da taxa de interesse
antes do vencimento, impuseram-se a elas (tb. mais tarde) dificuldades bem notáveis devido à proibição de juros, as quais
levaram a toda sorte de medidas severas por parte das guildas de comerciantes (listas negras!); a verdade é que ao mesmo tempo, porém, o tratamento da proibição de juros pelos
canonistas era normalmente de *puro* caráter jurístico-formal,
em todo caso sem absolutamente nada da tendência "proteto-
ra de capital" que Keller lhes atribui; que, finalmente, *sempre*
que se pode verificar quaisquer posicionamentos com relação
ao capitalismo como tal, a influência determinante
foi, por um lado, então percebida mais vagamente na

maioria das vezes, aversão tradicionalista ao alastrante poder *impessoal* – por isso dificilmente suscetível à eticização – do capital (como afinal se reflete ainda na declaração de Lutero sobre os Fugger e sobre os negócios financeiros), por outro lado a necessidade de acomodação. – De fato não cabe aqui abordar esses aspectos, pois, como dito: a proibição de juro e seu fado têm para nós no máximo significado sintomático, e também apenas de modo limitado. A ética econômica dos teólogos escotistas e em particular de certos teólogos mendicantes quatrocentistas, sobretudo de Bernardino de Sena e de Antonino de Florença, portanto de monges escritores voltados especificamente à *ascética* racional, merece sem dúvida um tratamento à parte e não há como ser abordada de passagem no nosso contexto. Senão eu precisaria antecipar aqui, em uma anticrítica, aquilo que tenho a dizer apenas quando da exposição da ética econômica católica em sua relação *positiva* com o capitalismo. Esses escritores se esforçam – e nisso são precursores de alguns jesuítas – no sentido de justificar eticamente como *lícito* (obviamente, Keller também não pode afirmar mais do que isso) o lucro empresarial do *comerciante* enquanto remuneração por sua *industria*.

Evidentemente, são derivados *em última instância* da ascese monástica o conceito e o apreço da *industria*, decerto também o conceito de *masserizia* no uso de Alberti, este apropriado do conceito clerical, segundo testemunho próprio posto à boca de Gianozzo. Sobre a ética monástica enquanto precursora das denominações ascéticas do protestantismo em âmbito intramundano será falado de modo mais aprofundado somente mais tarde (rudimentos de concepções semelhantes são encontrados na Antiguidade entre os cínicos, nas inscrições tumulares do helenismo tardio e – por condições totalmente distintas – no Egito). *Falta por completo* (assim como em Alberti) justamente aquilo de determinante para nós: a concepção, característica para o protestantismo ascético, como veremos mais tarde, da *comprovação* da própria salvação, da *certitudo salutis* [certeza da salvação], na vocação profissional – portanto os *prêmios* psíquicos que essa religiosidade oferecia em retribuição à *industria* e que tiveram necessariamente de faltar ao catolicismo, visto que seus meios de salvação, a rigor, eram outros. Com efeito, trata-se, no caso desses escritores, de *doutrinas* éticas, não de estímulos individuais práticos condicionados por interesses de salvação, e além disso (como é bem fácil de ver) de *acomodação*, não, como na ascese intramundana, de argumentações a partir de posições religiosas centrais. (Por sinal, Antonino e Bernardino há muito já receberam abordagens melhores do que a de F. Keller.) E mesmo essas acomodações permanecem controversas até na atualidade. Apesar disso, o significado dessas concepções éticas monásticas não deve, de modo nenhum, ser avaliado como nulo em termos *sintomáticos*. Mas os verdadeiros "rudimentos" de uma ética religiosa a confluir no conceito *moderno* de *profissão* são encontrados nas seitas e na heterodoxia, sobretudo em Wyclif, ainda que seu significado seja de fato bem fortemente superestimado por Brodnitz (em *Englische Wirtschaftsgeschichte* [*História econômica inglesa*]), que afirma: sua influência teria sido tão intensamente atuante que o puritanismo não haveria encontrado mais nada a fazer. Nada disso pode (nem deve) ser aprofundado aqui. Pois aqui não há como discutir à parte se ou até que ponto a ética cristã da Idade Média *efetivamente* já colaborou na criação das precondições do espírito capitalista.

[52] As palavras μηδὲν ἀπελπίζοντες [*medèn apelpízontes*] (Lc 6,35) e a tradução da Vulgata *"nihil inde sperantes"* ["sem esperar nada em troca"] são, presume-se (segundo A. Merx), uma corruptela de μηδένα ἀπελπίζοντες [*medéna apelpízontes*] (= *neminem desperantes* ["sem desesperar a ninguém"]), portanto autorizavam a concessão de empréstimo a *todos*, também aos pobres, irmãos, sem nem falar em juros. À sentença *"Deo placere vix potest"* é atribuída agora origem ariana (o que, para nós, é objetivamente sem importância).

[53] Sobre o modo como se compensava a proibição de usura, o livro I (c. 65) do estatuto da *Arte di Calimala* instrui, p. ex. (no momento me é disponível apenas a redação italiana encontrada em EMILIANI-GIUDICI, P. *Storia dei Comuni Italiani.* Vol. III, p. 246): "Procurem os cônsules, com *aqueles frades que lhes aprouverem*, que, e de modo que se possa fazer o melhor, pelo amor de cada um, conceda-se o perdão do donativo, valor [*merito*] ou galardão, ou seja, juro [*interesse*] pelo presente ano, e segundo o que foi feito da outra vez". Trata-se portanto de uma espécie de concessão de indulto por parte da corporação aos seus membros, por razões ligadas ao cargo ocupado e pelas vias da submissão. Altamente características do caráter extramoral do ganho de capital são também as instruções subsequentes, bem como, p. ex., o mandamento imediatamente anterior (c. 63) de contabilizar todos os juros e lucros como "donativos". Às atuais listas

negras das bolsas de valores, como proteção contra aqueles que levantavam objeção de diferença, correspondia frequentemente a difamação daqueles que apresentavam uma *exceptio usurariae pravitatis* ["objeção de usurário", "exceção à pravidade usurária"] diante do tribunal eclesiástico.

[54] Das línguas antigas, *somente* a *hebraica* tem expressões de matiz similar. Acima de tudo na palavra מלאכה [*melakah*, "ocupação"]: ela é utilizada em referência a funções *sacerdotais* (Ex 35,21; Ne 11,22; 1Cr 9,13; 23,4; 26,30), a negócios a serviço do rei (esp. 1Sm 8,16; 1Cr 4,23; 29,26), em referência ao serviço de um funcionário *real* (Est 3,9; 9,3), de um *capataz* (2Rs 12,12), de um escravo (Gn 39,11), em referência ao trabalho na *lavoura* (1Cr 27,26), de *artesãos* (Ex 31,5; 35,21; 1Rs 7,14), comerciantes (Sl 107,23) e, na passagem do Sirácida a ser discutida (Sir 11,20), em referência a todo "trabalho profissional". A palavra é derivada da raiz לאך [*lak*] (= enviar, mandar), portanto significava originalmente "missão". A considerar as citações acima, parece evidente sua proveniência do mundo conceitual burocrático de liturgos e corveias próprio ao Estado servilista egípcio e salomônico, este organizado segundo padrões do primeiro. Na Antiguidade, como me instruiu A. Merx à sua época, esse radical já havia esvaecido por completo no aspecto conceitual; a palavra passou a ser utilizada em referência a qualquer "trabalho" e de fato se tornara tão neutra quanto nosso "*Beruf*", com o qual também compartilhou o destino de ser primariamente empregada em relação a funções clericais. A expressão חק [*choq*] (= aquilo de "determinado", "designado", o "*pensum*"), que aparece também no Sirácida (Sir 11,20) e dali é traduzido na Septuaginta por διαθήκη [*diathéke*, "compromisso estabelecido", "pacto"], provém da linguagem da burocracia de corveia, assim como דבר-יום [*debar-yom*, "tarefa de um dia"] (Ex 5,13, cf. Ex 5,14, onde a Septuaginta também usa διαθήκη [*diathéke*] para "*pensum*"; em Sir 43,10, o termo é traduzido na Septuaginta por κρίμα [*kríma*, "julgamento", "sentença"]). Em Sir 11,20, a expressão é claramente usada em referência ao cumprimento dos mandamentos de *Deus* – portanto também uma afinidade com o nosso "*Beruf*". A respeito da passagem do Sirácida, remetemos aqui, para esses versículos, ao conhecido livro de Smend sobre Ben Sirá (Berlim, 1907), e, a respeito das palavras διαθήκη [*diathéke*], ἔργον [*érgon*, "trabalho", "afazer"] e πόνος [*pónos*, "trabalho árduo"], ao seu índice. (Como se sabe, o texto hebraico do Sirácida se perdeu mas foi redescoberto

por Schechter, e hoje é complementado por citações talmúdicas. A Lutero ele não estava disponível, e *nenhum* dos dois conceitos hebraicos chegou a exercer influência sobre *seu* uso vocabular; a respeito de Pr 22,29, cf. adiante.) – No grego falta qualquer designação correspondente à palavra alemã no matiz ético. Onde Lutero traduz no Sirácida (Sir 11,20-21) *"bleibe in deinem Beruf"*, já em total correspondência ao nosso emprego atual da palavra [enquanto "profissão"] (cf. abaixo), consta na Septuaginta ora ἔργον [*érgon*], ora πόνος [*pónos*], no entanto em uma passagem aparentemente toda deturpada (no original hebraico se fala do resplendor do auxílio divino!); de resto, na Antiguidade é utilizada, no sentido geral de "deveres", a expressão τὰ προςήκοντα [*tá prosékonta*]. Na linguagem dos estoicos, ἅματος [*kámatos*, "arduidade", "labuta"] carrega ocasionalmente um matiz conceitual semelhante, apesar da proveniência linguisticamente indiferente (à sua época, A. Dieterich me chamou a atenção para isso). Nenhuma das outras expressões (como τάξις [*táksis*, "ordem"] etc.) tem matiz ético. -- No latim se expressa isso que traduzimos [em alemão] por *"Beruf"* – a atividade permanente de um indivíduo resultante da divisão do trabalho, que ao mesmo tempo é para ele (normalmente) fonte de renda e, com isso, fundamento econômico permanente de existência –, além de com o termo neutro *"opus"* (tb. de um matiz no mínimo afínico ao teor ético da palavra alemã), ou com *"officium"* (derivado de *"opificium"*, portanto expressão eticamente neutra originalmente, mais tarde equivalente a *"Beruf"*, como em especial em Sêneca, *De beneficiis*, IV, 18), ou com *"munus"* ["encargo", "múnus"] – derivado da designação das corveias das antigas comunas civis –, ou, finalmente, com *"professio"*, que nesse significado também haveria de derivar caracteristicamente de deveres ligados ao direito público, em particular das antigas declarações de impostos dos cidadãos, mais tarde usada especialmente em referência às "profissões liberais" no sentido moderno (como *"professio bene dicendi"* ["profissão da boa retórica"]) e que *nesse* âmbito mais estrito assume, em todos os aspectos, um significado geral bastante semelhante ao da nossa palavra *"Beruf"* (tb. no sentido mais intrínseco da palavra, como quando, em Cícero, diz-se de alguém *"non intelligit quid profiteatur"*, no sentido de: "ele não conhece sua verdadeira profissão"), só que pensado, naturalmente, como algo inteiramente deste mundo, sem nenhum matiz *religioso*.

Com maior razão, como natural, esse é o caso em *"ars"*, termo empregado no período imperial em referência a "ofício de artesão". – A Vulgata traduz as passagens acima do Sirácida fazendo uso ora de "*opus*", ora de "*locus*" (v. 21), o que nesse caso significaria algo como "posição social". De um *asceta* como Jerônimo vem o adendo "*mandaturam tuorum*" ["teus mandamentos"], algo que Brentano enfatiza com plena correção, sem notar ali – tampouco em outras oportunidades – que *justamente isso* é característico da proveniência *ascética* – extramundana antes da Reforma, a partir de então intramundana – do conceito. Ademais, não se sabe ao certo de qual texto foi feita a tradução de Jerônimo; uma influência do antigo significado do nome מלאכה [*melakah*, "ocupação"], ligado às tarefas públicas, não parece estar excluída. – Nas línguas românicas, apenas a espanhola "*vocación*", no sentido da "vocação" *intrínseca* para algo, transposto do ofício clerical, tem um matiz em parte correspondente ao sentido alemão da palavra, mas nunca se faz uso de "vocação" no sentido extrínseco. Nas traduções românicas da Bíblia, a "*vocación*" espanhola, as expressões italianas "*vocazione*" e "*chiamamento*" são utilizadas senão *apenas* para a tradução de κλῆσις [*klésis*] do Novo Testamento, em referência ao apelo do Evangelho à salvação eterna, onde na Vulgata consta "*vocatio*" – em um significado em parte correspondente ao do uso vocabular luterano e calvinista, a ser discutido dentro em pouco. (Estranhamente, Bentrano afirma que esses fatos, apresentados por mim para *sustentar* minha visão, argumentariam *a favor* da existência já anterior do conceito de "*Beruf*" em seu significado pós-Reforma. Mas a rigor não se trata disso; afinal, a expressão κλῆσις [*klésis*] *teve* de ser traduzida por "*vocatio*" – mas onde e quando o termo seria utilizado na Idade Média em nosso sentido de hoje? Justamente o fato de haver essa tradução, e de *inexistir*, *apesar* dela, o significado intramundano da palavra, é a comprovação.) A tradução italiana da Bíblia feita no séc. XV, p. ex., impressa em *Collezione di opere inedite e rare* (Bolonha, 1887), emprega "*chiamamento*", nesse gênero, junto com "*vocazione*", termo utilizado pelas traduções italianas modernas da Bíblia. Em contrapartida, como se conclui a partir do material lexical e de uma aprofundada explicação dada cordialmente por meu estimado amigo Prof. Baist (Universidade de Freiburg), as palavras usadas nas línguas românicas em referência a "*Beruf*" no sentido intramundano, *extrínseco*, de atividade aquisitiva regular, não carregam em si nenhum cunho religioso, por mais que tivessem originalmente um certo matiz ético, como as derivadas de "*ministerium*" ou "*officium*", ou mesmo que

desde o início carecessem por completo também desse cará-
ter, como as derivadas de "*ars*", "*professio*" e "*implicare*" ("*impie-
go*" ["emprego" em italiano]). Nas passagens inicialmente mencionadas do Sirácida onde Lutero usa "*Beruf*" se tem traduzido: em francês, "*office*" (v. 20), "*labeur*" (v. 21, tradução calvinista); em espanhol, "*obra*" (v. 20), "*lugar*" (v. 21, conforme a Vulgata) e "*posto*", em novas traduções (protestantes). Por serem
minoria, os protestantes dos países românicos não lograram
ou então nem mesmo tentaram exercer tal influência criadora
de linguagem como a exercida por Lutero sobre a língua oficial alemã, bem menos racionalizada academicamente.

[55] Em contrapartida, a *Confissão de Augsburgo* traz o conceito
apenas parcialmente desenvolvido e de forma implícita. Se o
Art. XVI (cf. a edição de Kolde, p. 43) instrui: "Pois o Evangelho [...] não revoga o regimento mundano, a polícia nem o
estatuto matrimonial, se não pretende que se conserve tudo
isso como ordem de Deus e que em tais estamentos se mani-
feste amor cristão e boas obras justas, cada um *segundo sua vocação* [*nach seinem Beruf*]" (em latim consta apenas "*et in talibus
ordinationibus exercere caritatem*" ["e em tais ordenações se pra-
tique caridade"]. Ibid., p. 42), a consequência daí resultante,
de que se teria de obedecer à autoridade, mostra que aqui, ao
menos em primeira linha, tem-se em mente "*Beruf*" enquanto
ordem *objetiva*, no sentido da passagem de 1Cor 7,20. E o Art.
XXVII (em Kolde, p. 83) fala de "*Beruf*" (em latim: "*in vocatione sua*") apenas em referência aos estamentos ordenados
por Deus – pastores, autoridades, estamentos de príncipes e
senhores, e coisas do gênero –, e em alemão isso é encontrado
também apenas na versão do *Livro da Concórdia*, enquanto na
primeira edição alemã falta a respectiva sentença.

Somente no art. XXVI (KOLDE, p. 81) a palavra é usada em
um sentido que ao menos *abrange* nosso conceito atual, na
expressão: "mortificação deve servir não para que seja obtida graça, senão para manter o corpo apto para que ele não
impeça cada qual de concretizar, segundo sua vocação [*nach
seinem Beruf*] (em latim: *juxta vocationem suam*), aquilo que lhe
é ordenado".

[56] Antes das traduções luteranas da Bíblia, como indicam os
léxicos e cordialmente me confirmam os senhores colegas
Braune e Hoops, a palavra "*Beruf*" – "*beroep*" em holandês,
"*calling*" em inglês, "*kald*" em dinamarquês, "*kallelse*"
em sueco –, em seu sentido hoje visado em âmbito

mundano, não é encontrada em *nenhuma* das línguas que agora a incluem. As palavras do alto-alemão médio, do baixo-alemão e holandês médios de *pronúncia* igual a "*Beruf*" *significam* todas elas "*Ruf*" em seu significado alemão atual [de "chamado"], inclusive também, *em particular* – no período da Baixa Idade Média –, a "*Berufung*" (= *Vokation*) de um candidato a uma *prebenda eclesiástica* pelos habilitados ao cargo – um caso especial que costuma ser destacado também nos dicionários das línguas escandinavas. Ocasionalmente, Lutero também emprega a palavra nesse último significado. Só que por mais que esse uso especial da palavra também possa ter favorecido sua mudança de significado, a criação do conceito moderno [alemão] de "*Beruf*" a rigor remonta, também nos aspectos linguísticos, às traduções da Bíblia, precisamente às *protestantes*, e apenas em Tauler (falecido em 1361) encontram-se rudimentos do mesmo, a serem mencionados mais tarde. *Todas* as línguas predominantemente influenciadas pelas traduções *protestantes* da Bíblia forjaram a palavra, algo que não ocorreu, ou não no significado de hoje, em *nenhuma* das línguas nas quais aquele não é o caso (como as românicas). Lutero traduz por "*Beruf*" dois conceitos a princípio totalmente distintos. *Ora* a paulina "κλῆσις [*klésis*], no sentido do chamamento à salvação eterna por meio de Deus. Como se nota em: 1Cor 1,26; Ef 1,18; 4,1-4; 2Ts 1,11; Hb 3,1; 2Pd 1,10. Em todos esses casos se trata do conceito *puramente* religioso daquele chamamento feito por Deus que sucede por intermédio do Evangelho anunciado pelo Apóstolo, e nas passagens o conceito não tem a mínima relação com "profissões" mundanas no entendimento de hoje. As bíblias alemãs anteriores a Lutero escrevem, nesse caso, "*ruffunge*" (como todos os incunábulos da Biblioteca de Heidelberg), mas usam também "*von Gott gefordert*" ["requerido por Deus"] ao invés de "*von Gott gerufftet*" ["chamado por Deus"]. – *Em segundo lugar*, porém, ele traduz – como já mencionado anteriormente – as palavras do Sirácida reproduzidas em nota anterior (ἐν τῷ ἔργῳ σου παλαιώθητι [*en tôo érgoo sou palaiótheti*, com emprego de "*érgon*"] e καὶ ἔμμενε τῷ πόνῳ σου [*kaì émmene tôi pónoi sou*, com emprego de "*pónos*"], na tradução da Septuaginta) por "*beharre in deinem* Beruf" e "*bleibe in deinem* Beruf" no lugar de "*bleibe bei deiner Arbeit*" ["permanece no teu trabalho"], e as traduções católicas (autorizadas) posteriores (p. ex. a de Fleischütz, publicada em Fulda em 1781) simplesmente o seguem (como nas passagens no Novo Testamento). A tradução luterana dessa passagem do Sirácida, até onde posso notar, é *o primeiro* caso no qual a palavra alemã *"Beruf"* é empregada exatamente em seu sentido puramente mundano de hoje. (A exortação prévia do versículo 20, στῆθι ἐν διαθήκῃ σου [*stêthi én diathékei sou*], ele traduz por *"bleibe in Gottes Wort"* ["permanece na palavra de Deus"], embora Sir 14,1 e Sir 43,10 mostrem – em conformidade com a expressão hebraica חֹק [*choq*, aquilo de "determinado", "designado"], a qual Ben Sirá teria usado, segundo citações do Talmude – que διαθήκη [*diathéke*] de fato tem algo de semelhante ao nosso *"Beruf"*, a saber, que haveria de significar o "destino" ou o "trabalho designado".) Antes disso, como mencionado acima, não existiu na língua alemã a palavra *"Beruf"* no sentido mais tardio e atual, tampouco – até onde posso notar – à boca dos tradutores da Bíblia ou de pregadores mais antigos. As bíblias alemãs anteriores a Lutero traduzem o termo, na passagem do Sirácida, por *"Werk"* ["obra"]. Bertoldo de Regensburgo utiliza em sermões a palavra *"Arbeit"* ["trabalho"] nos locais onde diríamos *"Beruf"*. O uso do vocábulo é aqui, portanto, o mesmo que aquele da Antiguidade. A primeira passagem até agora conhecida por mim onde se emprega não *"Beruf"* mas *"Ruf"* (como tradução de κλῆσις [*klésis*]) em referência a trabalho mundano é encontrada no belo sermão de Tauler sobre Ef 4 (edição da Basileia, f. 117v) a respeito dos camponeses "estercadores": eles não raro estão em um caminho melhor, "pois seguem mais facilmente seu chamado [*Ruf*] do que os padres que o negligenciam". Essa palavra não foi assimilada nesse sentido pela linguagem profana. E apesar de o emprego de Lutero oscilar inicialmente entre *"Ruf"* e *"Beruf"* (cf. *Werke*. Ed. Erlangen, 51, p. 51), não é nada certo ter havido influenciação direta por Tauler, embora se encontrem algumas reminiscências justamente a esse sermão do último, p. ex., em *Da liberdade cristã* de Lutero. Pois Lutero, de início (isso ao contrário do que afirma Denifle em *Luther*, p. 163), não usou a palavra no sentido puramente *mundano* de Tauler (loc. cit.). Na versão da Septuaginta, o conselho no Sirácida, tirando a exortação geral à confiança em Deus, claramente não contém nenhuma referência à *valoração* religiosa específica do trabalho "profissional" mundano (antes, a expressão πόνος [*pónos*], "trabalho árduo", na deturpada segunda passagem, seria o oposto de algo do tipo, caso ela não estivesse distorcida). Aquilo que Ben Sirá afirma corresponde simplesmente à exortação do salmista: "permanece na terra e *alimenta-te honestamente*" (Sl 37,3) – como também demonstra do modo mais claro a combinação com a exortação (v.

21) para não se deixar deslumbrar pelas obras dos ímpios, visto que é fácil para Deus tornar rico um pobre. Somente a exortação inicial para permanecer no חק [*choq*, aquilo de "determinado", "designado"] (v. 20) tem uma certa afinidade com a κλῆσις [*klésis*, "chamamento"] do Evangelho, mas aqui, precisamente, Lutero *não* utiliza (em referência à grega διαθήκη [*diathéke*]) a palavra "*Beruf*". A ponte entre esses dois usos da palavra "*Beruf*" em Lutero, ao que parece completamente heterogêneos, é construída na passagem da Primeira Epístola aos Coríntios e em sua tradução.

Em Lutero (nas edições modernas correntes), o contexto geral em que essa passagem se encontra diz o seguinte: "[...] proceda cada um no modo como o Senhor o chamou [*berufen hat* [...]]" (1Cor 7,17); "Se alguém circunciso for chamado [*berufen*], que ele não dissimule a falta do prepúcio. Se alguém com prepúcio for chamado [*berufen*], que ele não se faça circuncidar" (v. 18); "A circuncisão não é nada e o prepúcio não é nada; antes, o que há é a observância do mandamento de Deus" (v. 19); "Permaneça cada um na profissão [*Beruf*] em que é chamado [*berufen ist*]" (v. 20, [na Septuaginta:] ἐν τῇ κλήσει ᾗ ἐκλήθη [*én têe klései hêe ekléthe*] – um hebraísmo indubitável, como o conselheiro A. Merx me diz; na Vulgata: "*in qua vocatione vocatus est*"); "Se eras escravo quando chamado [*berufen*], não te preocupes; ainda que possas te tornar livre, procura mais tirar proveito disso" (v. 21); "Pois quem é escravo quando chamado [*berufen*] é um liberto do Senhor, assim como é um servo de Cristo quem é livre quando chamado [*berufen*]" (v. 22); "Vosso resgate foi caro, não vos torneis escravos dos homens" (v. 23). "Que cada um, querido irmão, permaneça, perante Deus, naquilo em que é chamado [*berufen ist*]" (v. 24). No versículo 29 segue então a advertência de que o tempo seria "curto", à qual seguem as conhecidas instruções, motivadas por expectativas escatológicas (v. 31), para que se viva o casamento como se não tivesse esposa, para que se compre como se não se possuísse o que foi comprado etc. Ainda em 1523, em sua exegese desse capítulo, Lutero havia traduzido κλῆσις [*klésis*, "chamamento"] por "*Ruf*", em linha com as traduções alemãs mais antigas, e interpretado o termo à época como "*Stand*" ["estado" em alemão] (cf. *Werke*. Ed. Erlangen, vol. 51, p. 51). É de fato manifesto que a palavra κλῆσις [*klésis*], nessa – e *apenas* nessa – passagem, corresponde bem precisamente à expressão latina "*status*" e ao nosso [termo alemão] "*Stand*" (estado civil, estado de servidão etc.). (Mas certamente que não no sentido de "*Beruf*" no entendimento de hoje, ao contrário de como supõe Brentano, op. cit., p. 137. Brentano dificilmente leu atentamente a passagem mesma, tampouco aquilo que digo sobre ela.) Em um significado que ao menos faz lembrar [o significado atual de "*Beruf*"], essa palavra – aparentada em raiz com ἐκκλησία [*ekklésia*], "assembleia convocada" – é encontrada, até onde alcança o material lexical, apenas uma vez na literatura grega, em uma passagem de Dionísio de Halicarnasso onde ela corresponde à latina "*classis*" (= o destacamento "*convocado*", recrutado, de cidadãos) – um empréstimo do grego. Teofilacto de Ocrida (séculos XI e XII) assim interpreta 1Cor 7,20: ἐν οἵῳ βίῳ καὶ ἐν οἵῳ τάγματι καὶ πολιτεύματι ὢν ἐπίστευσεν [*ev hoíoo bíoo kaì en hoíoi tágmati kaí politeúmati òon epísteusen*] (o sr. colega Deissmann chamou-me a atenção para esse trecho). – Em todo caso, κλῆσις [*klésis*, "chamamento"] *não* corresponde ao nosso "*Beruf*" de hoje, nem mesmo em nossa passagem. Mas Lutero, que havia traduzido κλῆσις [*klésis*] por "*Beruf*" na exortação para que cada um permanecesse em seu presente estado, exortação essa de motivação escatológica, mais tarde também traduziu πόνος [*pónos*, "trabalho árduo"] por "*Beruf*" quando da tradução posterior dos apócrifos, no conselho de Ben Sirá para que cada um permanecesse em sua ocupação, já devido à *semelhança objetiva* da recomendação, esta de motivação tradicionalista e anticremastística. (Isso é o decisivo e característico. A passagem 1Cor 7,17, como dito, *não* chega a empregar o termo κλῆσις [*klésis*] no sentido de "*Beruf*" enquanto campo delimitado de atividades.) Nesse ínterim (ou aproximadamente ao mesmo tempo) foi estabelecido na *Confissão de Augsburgo* em 1530 o dogma protestante sobre a inutilidade de suplantação católica da moralidade intramundana, e ali foi utilizada a expressão "*einem jeglichen nach seinem Beruf*" ["a cada qual segundo sua profissão"] (cf. a nota anterior). Na tradução de Lutero se destacam, aqui, isso e aquele apreço – substancialmente crescente em especial no início dos anos de 1530 – *da santidade* da ordem na qual o indivíduo está inserido, o qual era um resultado da sua fé – precisada de modo cada vez mais definido – no desígnio divino, este bem especial, também nos detalhes da vida. Mas ao mesmo tempo sobressai sua crescente inclinação à aceitação das ordens mundanas como pretendidas, em sua imutabilidade, por Deus. O termo "*vocatio*" era utilizado no latim tradicional justamente em referência ao chamamento divino a uma *vida* santa, em especial no mosteiro ou enquanto clérigo, e agora, sob a pressão daquele dogma, o trabalho "profissional" intramundano assumia, para Lutero, esse matiz. Pois se ele traduz agora em Ben Sirá πόνος [*pónos*, "trabalho árduo"] e ἔργον [*érgon*, "trabalho", "afazer"] por "*Beruf*", para cujo termo havia antes *apenas* a analogia (latina) proveniente da tradução *dos monges*, Lutero tinha traduzido ainda alguns anos antes, por "*Geschäft*" ["negócio"] (ἔργον [*érgon*] na Septuaginta, "*opus*" na Vulgata, "*business*" nas bíblias inglesas, e as traduções nórdicas e todas as demais que tenho à disposição também traduzem de forma correspondente), o termo hebraico מלאכה [*melakah*, "ocupação"] – em Pr 22,29 bem como em outras passagens (Gn 39,11) –, o qual fundamentou o ἔργον [*érgon*] do texto grego do Sirácida e que deriva sobretudo da "vocação" *clerical* – exatamente como o alemão "*Beruf*" e os nórdicos "*kald*", "*kallelse*". Consumada agora por ele, a criação da palavra "*Beruf*" em nosso sentido hodierno permaneceu de início inteiramente *luterana*. Para os calvinistas, os apócrifos eram acanônicos. Eles aceitaram o *conceito* luterano de *Beruf* somente à sequência daquele desenvolvimento que trouxe ao primeiro plano o interesse na "comprovação", e então o enfatizaram de forma veemente; nas primeiras traduções (românicas), porém, eles não dispunham de nenhuma *palavra* correspondente nem do poder de criá-la pelo uso ordinário da língua, já estereotipada.

Já no séc. XVI, então, o conceito "*Beruf*" é assimilado no sentido de hoje pela literatura extraeclesial. Os tradutores da Bíblia *anteriores* a Lutero haviam empregado a palavra "*Berufung*" para κλῆσις [*klésis*] (como, p. ex., nos incunábulos de Heidelberg de 1462/1466, 1485); a tradução de Eck publicada em Ingolstadt em 1537 diz: "no *Ruf* em que ele é chamado [*beruft ist*]". Em sua maioria, as traduções católicas posteriores seguem diretamente Lutero. Na Inglaterra, a tradução da Bíblia feita por Wyclif (1382) – enquanto primeira de todas – emprega aqui "*cleping*" (a palavra do inglês antigo que mais tarde foi substituída pelo estrangeirismo "*calling*") – portanto uma palavra já correspondente ao uso encontrado posteriormente na Reforma, o que é certamente caraterístico da ética dos lolardos, a considerar sua espécie; em contrapartida, a tradução de Tyndale de 1534, assim como a Bíblia de Genebra de 1557, utiliza a ideia no viés de "estado": "*in the same state wherein he was called*" ["no mesmo estado em que ele foi chamado"]. A tradução oficial cranmeriana, de 1539, substituiu "*state*" por "*calling*", enquanto a Bíblia de Reims (católica), de 1582, assim como as bíblias anglicanas da corte do período elisabetano, caracteristicamente retornam à *"vocation"*, tomando por base a Vulgata. Murray já demonstrou com razão (cf. abaixo) que a tradução da Bíblia feita por Cranmer é a origem do conceito puritano *"calling"* no sentido de *"Beruf"* = *"trade"*. Em meados do século XVI, o termo *"calling"* já é encontrado nesse sentido; em 1588 já se falava de *"unlawful callings"*, em 1603, de *"greater callings"*, no sentido de profissões "superiores" etc. (cf. Murray, op. cit.). (Muito estranha é a ideia de Brentano – op. cit., p. 139 – de que na Idade Média não se traduziu *"vocatio"* por *"Beruf"* e tampouco se conhecia esse conceito, porque apenas *homens livres* podiam exercer uma "profissão" e à época teria *faltado* gente livre – nas profissões burguesas. Visto que toda a estratificação social dos ofícios medievais, ao contrário do que se notava na Antiguidade, baseava-se em trabalho livre, e que os comerciantes, quase sem exceção, eram sobretudo homens livres, não compreendo direito essa afirmação.)

[57] Sobre o que se segue, cf. a instrutiva exposição de K. Eger, *Die Anschauung Luthers vom Beruf* [*A concepção de Beruf de Lutero*] (GIESSEN, 1900), cuja talvez única lacuna, como em quase todos os demais escritores teólogos, há de estar na análise do conceito de *"lex naturae"*, ainda não suficientemente clara (cf., a esse respeito, E. Troeltsch, na recensão da obra de R. Seeberg, *Dogmengeschichte* [*História dos dogmas*], no periódico *Göttingische Gelehrte Anzeigen*, 1902, e agora sobretudo nas respectivas seções das suas *Soziallehren* [*As doutrinas sociais dos grupos e Igrejas cristãos*] referentes às Igrejas cristãs).

[58] Pois quando Tomás de Aquino apresenta a estratificação estamental e profissional dos homens como obra da *Providência* divina, o referido com isso é o *cosmos* objetivo da sociedade. Porém, que o *indivíduo* se dedique a um *"Beruf"* concreto determinado (como diríamos nós [alemães]; Tomás diz: *"ministerium"* ou *"officium"*) tem seu fundamento em *"causae naturales"*. *Quaest. quodlibetal.* VII, art. 17 c: "Mas essa diversificação dos homens em diversos ofícios [*officiis*] acontece primeiramente por Providência divina [*ex divina providentia*], que *distribui* assim os *estados* [*status*] dos homens [...], em segundo lugar, ainda, por *causas naturais* [*ex causis naturalibus*], pelas quais *acontece* que em diversos homens haja diversas *inclinações para diversos ofícios* [*officia*]". Exatamente do mesmo modo, a avaliação de Pascal da "profissão", p. ex., parte do princípio de que seria o *acaso* que decidiria a respeito da escolha profissional (sobre Pascal, cf. KÖSTER,

A. *Die Ethik Pascals* [*A ética de Pascal*], 1907). Das éticas religiosas "orgânicas", é distinta nesse aspecto apenas a mais fechada de todas: a indiana. O contraste entre os conceitos de profissão tomista e protestante (tb. com o [*"Beruf"*] luterano tardio, senão bem afínico, em especial na ênfase do providencial) é tão claramente manifesto que por ora pode bastar a referência à citação acima, pois mais tarde se tornará à consideração do modo de ver católico. Sobre Tomás de Aquino, cf. MAURENBRECHER, W. *Th. v. Aquinos Stellung zum Wirtschaftsleben seiner Zeit* [*A posição de Tomás de Aquino quanto à vida econômica do seu tempo*]. Leipzig, 1898. Aliás, onde Lutero parece concordar com Tomás nos pormenores, a rigor foi a doutrina geral da escolástica em primeiro lugar, mais do que Tomás em especial, aquilo que o influenciou. Pois, de fato, conforme demonstrações de Denifle, ele parece ter conhecido Tomás apenas de modo insuficiente (cf. DENIFLE, H. *Luther und Luthertum* [*Lutero e luteranismo*], 1903, p. 501. • KÖHLER, W. *Ein Wort zu Denifles Luther* [*Uma palavra sobre o Lutero de Denifle*], 1904, p. 25ss.).

[59] Em *Da liberdade cristã* de Lutero, (1) a "dupla natureza" do indivíduo é utilizada de início na construção dos deveres intramundanos, no sentido da *lex naturae* (aqui = ordem natural do mundo), resultante da circunstância de o ser humano estar *factualmente* vinculado a seu corpo c à comunidade social (*Werke*. Ed. Erlangen, vol. 27, p. 188). – (2) Nessa situação, caso seja um cristão devoto – essa é uma *segunda* fundamentação, ligada à anterior –, ele tomará a decisão (p. 196) de *retribuir* com amor ao próximo a decisão de Deus de conceder a graça, tomada por puro amor. Com esse elo bem lasseado entre "fé" e "amor" cruza-se (3) a antiga fundamentação ascética de trabalho enquanto um meio para conferir ao indivíduo "íntimo" a dominação sobre o corpo (p. 190). – (4) O trabalhar, por essa razão – como prossegue o texto, em linha com essa concepção, e aqui surge novamente a ideia da *lex naturae* (aqui = moralidade natural), em outra inflexão –, teria sido uma *pulsão* própria já a Adão (antes da queda), nele implantada por Deus, a qual ele haveria de seguir "só para agradar a Deus". – Finalmente, (5) em linha com Mt 7,18-20, surge a ideia (p. 161 e 199) de que o trabalho competente na vocação seria, e teria de ser, consequência da nova vida operada pela fé, entretanto sem que se desenvolvesse daí a determinante ideia calvinista da "comprovação". – A forte índole que o escrito carrega explica o emprego de elementos conceituais heterogêneos.

[60] "Não é da benevolência do açougueiro, cervejeiro ou padeiro que esperamos nosso jantar, mas da sua consideração com seu próprio interesse. Nós apelamos não à sua humanidade mas ao seu amor-próprio, e não falamos aos mesmos nunca sobre as nossas próprias necessidades, mas das suas vantagens" (*Wealth of Nations*, I, 2).

[61] "Tudo, de fato, (Deus) vai por ti operar, por ti ordenhará a vaca e fará as mais servis obras quaisquer, e hão de lhe agradar igualmente as maiores e as menores" (na exegese do Gênesis, *Opera latina exegetica*, ed. Elsperger, VII, p. 213). Antes de Lutero, a ideia se encontra em Tauler, que por princípio equipara em valor o "chamado" [*Ruf*] espiritual e o mundano. A oposição ao tomismo é comum à mística alemã e a Lutero. Nas formulações ela se expressa no fato de Tomás de Aquino – especificamente para poder preservar o valor moral da contemplação, mas também desde o ponto de vista do frade mendicante – ter se visto forçado a interpretar a sentença paulina [de 2Ts 3,10] "quem não trabalha não há de comer" como se o trabalho, que afinal, *lege naturae* [por lei natural], é imprescindível, estivesse imposto ao homem enquanto espécie, mas não a cada indivíduo. A gradação na apreciação do trabalho, começando pelos *opera servilia* [trabalhos servis] do camponês, é algo de relacionado ao caráter específico da fradaria mendicante, esta vinculada por razões materiais à cidade enquanto domicílio e tão alheia aos místicos alemães como ao filho de camponeses Lutero, os quais, não obstante igual apreciação das profissões entre si, enfatizavam a estratificação estamental como acordante à vontade de Deus. – As passagens determinantes de Tomás são encontradas em Maurenbrecher (op. cit., p. 65ss.).

[62] Tão mais espantoso é o fato de alguns pesquisadores acreditarem: que tal inovação poderia ocorrer sem imprimir nada ao *agir* dos indivíduos. Confesso não compreender essa ideia.

[63] "A vaidade está tão profundamente enraizada no coração humano que um servo de séquito, um aprendiz de cozinheiro, um carregador se vangloriam e querem ter seus admiradores" (ed. Faugères, I, p. 208, cf. KÖSTER. Op. cit., p. 17 e 136ss.). Sobre o posicionamento fundamental de Port-Royal e do jansenismo com relação à "profissão", ao qual ainda retornaremos brevemente mais tarde, cf. agora o primoroso escrito do

Dr. Paul Honigsheim, *Die Staats- und Soziallehren der französischen Jansenisten im 17. Jahrhundert* [As doutri-

nas de Estado e sociais dos jansenistas franceses no século XVII] (tese de doutorado em História, Heidelberg, 1914, publicação em separata de uma obra mais abrangente intitulada *Vorgeschichte der französischen Aufklärung* [*Antecedentes históricos do iluminismo francês*], cf. em especial p. 138ss. da separata).

[64] Em relação a Fugger, ele diz: "não pode ser justo nem divino que riqueza tão grande e régia seja trazida a um cúmulo durante a vida de um ser humano". Essencialmente, portanto, isso é desconfiança de camponês com relação ao capital. Do mesmo modo, para ele o aforamento é moralmente grave por ser "uma coisa nova, inventada com destreza" ("Grande sermão sobre a usura", ed. Erlangen, 20, p. 109) – ou seja, porque lhe é economicamente *incompreensível*, como similar ao comércio a prazo para os clérigos modernos, p. ex.

[65] O antagonismo foi desenvolvido de modo preciso por H. Levy (em seu escrito *Die Grundlagen des ökonomischen Liberalismus in der Geschichte der englischen Volkswirtschaft* [*Os fundamentos do liberalismo econômico na história da economia nacional inglesa*]. Iena, 1912). Cf. tb., p. ex., a petição apresentada em 1653 pelos *levellers* encontrados no exército de Cromwell contra monopólios e companhias, em GARDINER, S.R. *Commonwealth*, II, p. 179. Em contraste, o regime de Laud aspirava uma organização econômica "social-cristã" gerida por rei e Igreja – da qual o rei esperava obter vantagens políticas e ligadas ao monopólio fiscal. Justamente contra isso se voltou a luta dos puritanos.

[66] O que se entende por isso pode ser elucidado a partir do exemplo do manifesto aos irlandeses, com o qual Cromwell iniciou a guerra de extermínio contra os últimos em janeiro de 1650 e que representou réplica aos manifestos de 4 e 13 de dezembro de 1649 apresentados pelo clero irlandês (católico) de Clonmacnoise. Segundo as passagens centrais: "Ingleses tinham boas heranças (especificamente na Irlanda), que muitos deles *adquiriram com seu dinheiro* [...] eles receberam de irlandeses bons contratos de aforamento, por longo tempo a vir, e, *por conseguinte*, *grandes estoques*, ergueram casas e plantações *às suas custas e por seu encargo*. [...] Vós rompestes a união [...] em um tempo em que a Irlanda estava em perfeita paz e quando, pelo *exemplo da diligência* [*industry*] *inglesa*, *por comércio e tráfico*, aquilo que estava nas mãos da nação lhes era melhor do que se toda a Irlanda estivesse em sua posse [...] *Está, estará Deus convosco?* Estou seguro que

não estará". Esse manifesto, a lembrar editoriais ingleses à época da guerra dos bôeres, é característico não porque aqui o "interesse" capitalista dos ingleses seja apresentado como fundamento jurídico da guerra – naturalmente, isso bem que poderia ter sido usado como argumento também em uma negociação entre Veneza e Gênova sobre a amplitude da sua esfera de interesses no Oriente, p. ex. (algo que Brentano, curiosamente – embora eu o tenha salientado aqui –, objeta contra mim em op. cit., p. 142). Antes, o específico do documento reside justamente no fato de Cromwell – com a mais profunda convicção subjetiva, como sabe qualquer um que conheça seu caráter – justificar perante os próprios irlandeses a legitimidade *moral* da sua subjugação sob invocação de *Deus*, em referência à circunstância de que capital inglês teria instruído os irlandeses ao *trabalho*. – (O manifesto é analisado e reproduzido em excertos em GARDINER, S.R. *History of the Commonwealth*, I, p. 163ss., além de em Carlyle, e pode ser encontrado em tradução alemã também em HÖNIG, F. *Oliver Cromwell*.)

[67] Aqui não é o lugar para examiná-lo mais detidamente. Cf. os escritores citados nas duas notas a seguir.

[68] Cf. as observações no belo livro de Jülicher intitulado *Gleichnisreden Jesu* [*Discursos alegóricos de Jesus*] (vol. II, p. 636, p. 108ss.).

[69] Sobre o que se segue, cf. novamente sobretudo a exposição em Eger (op. cit.). Aqui já pode ser feita referência também à bela obra de Schneckenburger, ainda atual, *Vergleichende Darstellung des lutherischen und reformierten Lehrbegriffes* [*Exposição comparativa das concepções doutrinais luterana e reformada*], editada por Güder (Stuttgart, 1885). (LUTHARDT, C.E. *Ethik Luthers* [*Ética de Lutero*], a p. 84 da primeira edição, única que tenho à disposição, não oferece nenhuma descrição efetiva do *desenvolvimento*.) Cf. ademais SEEBERG, R. *Dogmengeschichte* [*História dos dogmas*]. Vol. II, p. 262. – Desprovido de valor é o artigo "Beruf" publicado na *Realencyklopädie für protestantische Theologie und Kirche* [*Enciclopédia real de teologia e Igreja protestantes*], que, ao invés de uma análise científica do conceito e da sua gênese, contém toda sorte de observações bastante fúteis sobre todos os assuntos possíveis, sobre a questão da emancipação feminina e coisas do gênero. – Da literatura sobre Lutero produzida no campo das ciências econômicas, mencionem-se

aqui apenas os trabalhos de Schmoller (Geschichte der na-
tionalökonomischen Ansichten in Deutschland während
der Reformationszeit [História das concepções econômicas
na Alemanha durante o tempo da Reforma]. *Zeitschrift für
Staatswissenschaft*, XVI, 1860), o laureado escrito de Wisker-
mann (1861) e o trabalho de Frank G. Ward (Darstellung
und Würdigung von Luthers Ansichten vom Staat und sei-
nen wirtschaftlichen Aufgaben [Exposição e apreciação das
visões de Lutero sobre o Estado e suas tarefas econômicas].
Conrads Abhandlungen, XXI, Iena, 1898). Até onde posso enxergar, a literatura luterana produzida por ocasião do [quar-
to] centenário da Reforma, em parte excepcional, não trouxe
nada de terminantemente novo a respeito *desse* ponto em particular. Sobre a ética social de Lutero (e luterana), cf. naturalmente, antes de tudo, as respectivas seções das *Soziallehren*
de Troeltsch [*As doutrinas sociais dos grupos e Igrejas cristãos*].

[70] Cf. a interpretação do sétimo capítulo da Primeira Epístola aos Coríntios (ed. Erlangen, vol. 51, p. 1ss.). Aqui, Lutero
ainda emprega a ideia da liberdade "de toda profissão" perante Deus no sentido dessa passagem, de modo que, com
ela, (1) *estatutos humanos* (votos monásticos, proibição dos
casamentos mistos etc.) haveriam de ser revogados; (2) o
cumprimento (em si *indiferente* perante Deus) dos deveres intramundanos assumidos com relação ao semelhante haveria
de ser inculcado enquanto mandamento *do amor ao próximo*.
Em verdade, nas exposições características (p. 55-56, p. ex.)
decerto se trata do dualismo da *lex naturae* em oposição à
justiça perante Deus.

[71] Cf. a passagem de "Sobre ação de compra e usura" (1524)
posta com razão por Sombart como epígrafe da sua exposição sobre o "espírito do ofício de artesão" (= tradicionalismo): "Por isso deves cuidar para não buscar em tal negócio
nada senão teu sustento bastante, depois orçar e calcular
custo, esforço, trabalho e risco, e então, portanto, estabelecer, elevar ou reduzir o preço da mercadoria de modo que
tenhas recompensa por tal trabalho e esforço". O princípio
está todo ele formulado no sentido tomista.

[72] Na carta a H. von Sternberg, com a qual ele lhe dedica, em
1530, a exegese do Salmo 117, o "*Stand*" da (pequena) nobreza já é considerado, apesar da sua depravação moral, como
instituído por Deus (ed. Erlangen, vol. 40, p. 282). O
significado determinante que tiveram as revoltas de

Müntzer para o desenvolvimento dessa concepção é claramente manifesto na carta (loc. cit.). Cf. tb. Eger (op. cit., p. 150).

[73] Em 1530, também na interpretação do Sl 111,5-6 (ed. de Erlangen, 40, p. 215-216), parte-se da polêmica contra a suplantação da ordem moral por mosteiros etc. Mas agora a *lex naturae* (em oposição ao direito positivo, como o fabricam os imperadores e juristas) é diretamente *idêntica* à "justiça de Deus": ela é obra divina e abrange especialmente a estratificação *estamental* do povo (p. 215, parágrafo 2), embora seja dada forte ênfase apenas à igual valoração dos estamentos perante *Deus*.

[74] Como instruída em especial nos escritos *Dos concílios e da Igreja* (1539) e *Breve confissão sobre o Santo Sacramento* (1545).

[75] A passagem em *Dos concílios e da Igreja* (1539, ed. Erlangen, 25, p. 376) mostra o quanto a ideia especificamente da *comprovação* do cristão em seu trabalho profissional e na sua conduta de vida, tão importante para nós, dominante no calvinismo, permanece em segundo plano em Lutero: "Além desses sete sinais principais" (nos quais se reconhece a Igreja correta) "há todavia *sinais mais manifestos* pelos quais se reconhece a sagrada Igreja cristã [...] caso não formos impudicos e ébrios, orgulhosos, soberbos, faustosos; senão castos, pudicos, sóbrios". Segundo Lutero, esses sinais não são tão certos como "os lá de cima" (doutrina pura, prece etc.) "porque vários pagãos também parecem ter prática em tais obras e às vezes de fato ser mais santos do que os cristãos". – Como será discutido adiante, Calvino, pessoalmente, tinha uma posição pouco distinta dessa, ao contrário do puritanismo. Para Lutero, em todo caso, o cristão serve a Deus apenas "*in vocatione*", não "*per vocationem*" (EGER, p. 117ss.). – Em contraste, são encontrados entre os místicos alemães em particular ao menos rudimentos isolados da ideia da *comprovação* (entretanto mais em sua inflexão pietista do que no calvinista), ainda que em viés puramente psicológico (cf., p. ex., as passagens de [Heinrich von] Suso citadas em SEEBERG, R. *Dogmengeschichte* [*História dos dogmas*], p. 195, assim como as observações de Tauler citadas anteriormente).

[76] Seu ponto de vista definitivo é bem registrado mais tarde em algumas passagens da exegese do Gênesis (em *Opera latina exegética*. Ed. Elsperger, vol. IV): "Nem foi leve essa *provação* de estar atento à sua vocação [*vocationi*] e não ser curioso quanto à de outros [...]. São pouquíssimos os

que vivem contentes com sua sorte [...]. Ademais, cabe a nós *obedecer a Deus* quando do chamado [*vocanti*] [...]. Há, portanto, de ser seguida essa regra, de modo que cada um *se mantenha em sua vocação* [*vocatione*] *e viva contente com seu dom*, mas sem ficar curioso quanto ao de outros". Em *resultado*, isso corresponde inteiramente à formulação do tradicionalismo em Tomás de Aquino (*Summa theologica*, V, q. 118, art. 1c): "Daí é necessário que o bem do homem acerca dessas coisas seja consistente em certa medida, de modo que o homem [...] busque possuir riquezas [*habere*] exteriores na proporção em que são *necessárias à sua vida segundo sua condição* [*conditionem*]. E, por isso, no exceder dessa medida consiste o *pecado*, quando alguém simplesmente deseja adquiri-las ou então retê-las além da devida medida, o que constitui avareza [*avaritiam*]". Tomás de Aquino justifica pela *lex naturae*, tal como esta se manifestaria na *finalidade* (*ratio*) dos bens extrínsecos, o pecaminoso do sobejamento – na pulsão aquisitiva – da medida dada pela própria necessidade conforme posição estamental. Lutero o justifica pelo desígnio de Deus. Sobre a relação entre fé e "*Beruf*" em Lutero, cf. ainda vol. VII, p. 225: "[...] quando és crente [*fidelis*], então agradam a Deus mesmo as atividades físicas, carnais, animais, quer comas ou bebas, quer estejas acordado ou durmas, quer coisas que sejam meramente corporais e animais. *Tamanha coisa é a fé* [...]. É verdade mesmo que a Deus agradam a assiduidade e a diligência [*industriam*] no ofício [*officio*] (essa *atividade* na vida profissional é uma virtude *lege naturae*), até nos ímpios. [...] Mas incredulidade e vanglória impedem que suas obras [*opera*] possam ser revertidas à glória de Deus (a lembrar expressões calvinistas). [...] *Merecem* os seus prêmios, portanto, ao menos nesta vida, mesmo as boas obras dos ímpios (antítese a *vitia specie virtutum palliata* [vícios da espécie dos disfarçados de virtude] de Agostinho), mas não contam, não se colhem no além".

[77] Na *Postila eclesiástica* (ed. Erlangen, 10, p. 223, 235-236] se lê: "*Cada um* é chamado em algum *Beruf*!" Esse "*Beruf*" (na p. 236 se lê até "*Befehl*" ["ordem"]) ele há de preservar, e nele ele deve servir a Deus. Deus se apraz não com a produtividade senão com a *obediência* nela implicada.

[78] Tem-se algo correspondente quando às vezes é afirmado dos empresários modernos, p. ex. – em uma imagem *contrastante* com o que foi dito acima a respeito do

impacto do pietismo sobre a produtividade das trabalhadoras –, que industriais domésticos seguidores estritos da Igreja Luterana não raro pensariam *hoje* de maneira em alta medida tradicionalista – p. ex. na Vestfália –, que eles seriam avessos a mudanças na maneira de trabalhar apesar da expectativa de maior remuneração – mesmo sem transição ao sistema fabril –, e que para justificá-lo fariam referência ao além, onde tudo, afinal, haveria de se compensar. Nota-se que os simples fatos do *eclesiasticismo* e da fé ainda não têm nenhum significado essencial para a conduta de vida geral; o que desempenhou seu papel no tempo do surgimento do capitalismo, e que ainda desempenha – em medida mais limitada –, foi o efeito causado por intentos de vida religiosos muito mais concretos.

[79] Cf. Tauler, ed. da Basileia, p. 161ss.

[80] Cf. o sermão peculiarmente emotivo de Tauler (op. cit., e fol. 17-18, v. 20).

[81] Por ser essa, neste contexto, a única finalidade destas observações sobre Lutero, basta-lhes aqui um delineamento provisório, tão sumário que naturalmente não logra, de maneira nenhuma, ser satisfatório do ponto de vista de uma apreciação do mesmo.

[82] Certamente, quem partilhasse da construção histórica feita pelos *levellers*, em turno, estaria na feliz condição de reduzir a diferenças de raça também este fato: eles acreditavam, enquanto representantes dos anglo-saxões, defender seu "*birthright*" perante os descendentes de Guilherme, o Conquistador, e dos normandos. É bastante surpreendente que até hoje ninguém interpretou para nós os "*roundheads*" plebeus como "cabeças redondas" no sentido antropométrico!

[83] Em especial o orgulho nacional inglês, uma consequência da *Magna Charta* e das grandes guerras. A expressão "*she looks like an English girl*" ["ela parece uma moça inglesa"], hoje tão típica à vista de uma bela jovem estrangeira, é reportada também já desde o séc. XV.

[84] Naturalmente, essas diferenças permaneceram existentes também na Inglaterra. A "*squirearchy*", em particular, continuou sendo representante da "*Merry Old England*" até a presente época, e todo o período desde a Reforma pode ser concebido como uma luta entre ambos os tipos de inglesismo. Nesse ponto dou razão às observações de M.J. Bonn (no jornal *Frankfurter Zeitung*) a respeito

do belo escrito de Schulze-Gävernitz sobre o imperialismo britânico. Cf. artigo de H. Levy no periódico *Archiv für Sozialwissenschaft und Sozialpolitik* (vol. XLVI, 3).

[85] Curiosamente, fui acusado reiteradas vezes justamente disso – apesar destas observações e das que se seguem, mantidas sem alterações, a meu ver suficientemente claras.

Parte II – A ética profissional do protestantismo ascético

[1] Não tratamos o zwinglianismo em separado pois ele rapidamente perdeu em significado depois de alcançar grande posição de poder por um curto período. – O "arminianismo", cuja particularidade *dogmática* consistia na rejeição do dogma da predestinação em sua formulação mais rígida, e o qual rejeitava a "ascese intramundana", está constituído como seita apenas na Holanda (e nos Estados Unidos) e não nos interessa neste capítulo, ou então é somente de interesse negativo: por ele ter sido a confissão do patriciado comercial na Holanda (sobre isso, cf. mais adiante). Sua dogmática vigorava na Igreja Anglicana e na maioria das denominações metodistas. Mas sua postura "erastiana" (i. é, defensora da soberania do Estado também em assuntos eclesiásticos) era própria a *todas* as instâncias interessadas puramente na política; era a mesma postura do Longo Parlamento na Inglaterra bem como a de Elizabeth e dos estados gerais neerlandeses, sobretudo de Oldenbarnevelt.

[2] Sobre o desenvolvimento do conceito "puritanismo", cf. Sanford em *Studies and Reflections of the Great Rebellion* (p. 65ss.). Aqui utilizamos a expressão, onde quer que a empreguemos, sempre no sentido que ela assumira na linguagem popular do séc. XVII, para designar: os movimentos religiosos de direcionamento ascético na Holanda e na Inglaterra, sem distinção entre programas relativos à constituição eclesial nem entre dogmas, portanto com inclusão dos "independentes", congregacionalistas, batistas, menonitas e *quakers*.

[3] Isso foi gravemente ignorado nas discussões em torno dessas questões. Sombart, em particular, mas também Brentano sempre citam os escritores do campo da ética (na maioria das vezes aqueles de que tomaram conhecimento por minha parte) como [autores de] codificações de regras de vida, sem *nunca* se perguntarem a quais destas eram

dados afinal os únicos prêmios de *salvação* psicologicamente eficazes.

[4] Pouco preciso enfatizar em particular que este delineamento, enquanto se mantenha no âmbito puramente dos dogmas, baseia-se em formulações oriundas da literatura sobre história eclesial e dogmática, portanto da literatura "secundária", e não reivindica, nesse sentido, simplesmente nenhuma "originalidade". Obviamente busquei, na medida do possível, aprofundar-me nas fontes sobre a história da Reforma. Mas ao fazê-lo teria sido uma grave presunção querer ignorar o intensivo e apurado trabalho teológico de várias décadas ao invés de se deixar *guiar* pelo mesmo para a compreensão das fontes – como é totalmente inevitável. Espero que a concisão necessária do delineamento não tenha levado a formulações incorretas e que eu tenha evitado ao menos mal-entendidos objetivamente consideráveis. Seguramente, para todos os familiarizados com a literatura teológica mais importante, a exposição contém "algo de novo" apenas na medida em que tudo, como natural, toma como referência os pontos de vista importantes *para nós*, alguns dos quais, estes de relevância particularmente determinante – como, p. ex., *o caráter racional da ascese* e seu significado para o "estilo de vida" moderno –, estão naturalmente longe de interessar os expositores teólogos. Desde a publicação deste estudo, esse lado da coisa e o seu lado sociológico geral foram tratados sistematicamente na obra já citada acima de E. Troeltsch – cujo estudo *Vernunft und Offenbarung bei Johann Gerhard und Melanchthon* [1891; *Razão e revelação em Johann Gerhard e Melâncton*] e inúmeras resenhas publicadas no periódico *Göttingische Gelehrte Anzeigen* já contêm alguns elementos precursores do seu grande trabalho. – Por razões já de espaço é citado não tudo que foi usado senão sempre *apenas* aqueles trabalhos que a respectiva passagem do texto toma como referência ou ponto de partida. Estes são não raro justamente autores mais antigos, nos casos em que os pontos de vista interessantes aqui lhes fossem mais familiares. Os recursos financeiros totalmente insuficientes das bibliotecas alemãs fazem com que os trabalhos e fontes bibliográficas mais importantes estejam acessíveis na "província" somente por poucas semanas, emprestados de Berlim ou outras bibliotecas grandes – como, p. ex., as obras de Voet, Baxter, Tyerman, Wesley, de todos os escritores metodistas, batistas e *quakers*, e de muitos outros do primeiro período não incluídos

no *Corpus Reformatorum*. Para todo estudo *aprofundado*, a visita a bibliotecas inglesas, e em especial americanas, é muitas vezes imprescindível. Naturalmente, para o delineamento a seguir houve de (e também logrou) bastar no geral aquilo que se encontrava acessível na Alemanha. – Na América, a característica renegação intencional do próprio passado "sectarístico" pelas universidades faz com que as bibliotecas, já há algum tempo, adquiram pouca literatura sobre o gênero, ou frequentemente até nenhuma bibliografia nova sobre o tema – um traço singular daquela tendência geral à "secularização" da vida americana, que não em muito tempo há de ter dissolvido o caráter nacional legado historicamente e alterado, completa e definitivamente, o sentido de algumas instituições fundamentais do país. É preciso ir aos pequenos *colleges* de seitas ortodoxas no interior.

[5] A seguir, *em princípio*, não nos interessa em nenhum aspecto a proveniência, os antecedentes nem a história do desenvolvimento das correntes ascéticas; antes, tomamos seu ideário tal como era quando plenamente desenvolvido, enquanto grandeza dada.

[6] Além do trabalho fundamental de Kampschulte, instrui da maneira mais elucidativa a respeito de Calvino e sobre o calvinismo em geral a exposição de Erich Marcks (em seu livro *Gaspard von Coligny*). Não totalmente crítico nem isento é CAMPBELL, D. *The Puritans in Holland, England and America*, 2 vols. Um escrito partidário fortemente anticalvinista é PIERSON, A. *Studien over Johannes Kalvijn* [Estudos sobre João Calvino]. Em relação ao desenvolvimento holandês, cf., além de Motley, os clássicos neerlandeses, esp. de Groen van Prinsterer: *Handboek der geschiedenis van het vaderland* [*Manual sobre a história da pátria*]; *La Hollande et l'influence de Calvin* (1864) [*A Holanda e a influência de Calvino*]; em relação à Holanda *moderna*: *Le parti antirévolutionnaire et confessionnel dans l'église de Pays-Bas* (1860) [*O partido antirrevolucionário e confessional na Igreja dos Países Baixos*]; ademais, sobretudo FRUIN, R.J. *Tien jaren uit den Tachtigjarigen Oorlog* [*Dez anos da Guerra dos Oitenta Anos*]; e esp. NABER, J.-C. *Calvinist of Libertijnsch* [*Calvinista ou libertário*]; além de NUYEN, W.J.F. *Geschiedenis der kerkelijke en politieke geschillen in de Republiek der Vereenigde Provincien* [*História dos conflitos políticos e eclesiásticos na República das Províncias Unidas*]. Amsterdã, 1886. Em relação ao séc. XIX, cf. KÖHLER, A. *Die niederlandische reformierte Kirche* [*A Igreja reformada dos Países*

Baixos]. Erlangen, 1856. Em relação à França, cf., além de Polenz, agora BAIRD, H.M. *History of the Rise of the Huguenots of France*. Em relação à Inglaterra, cf., além de Carlyle, Macaulay, Masson e – "*last not least*" – Ranke, agora sobretudo os diversos trabalhos de Gardiner e Firth, a serem citados mais tarde, p. ex., tb. TAYLOR, J.J. *A Retrospect of the Religious Life in England* (1854), e o primoroso livro de Weingarten intitulado *Die Revolutionskirchen Englands* [*As Igrejas revolucionárias da Inglaterra*], fora o artigo sobre os moralistas ingleses de E. Troeltsch na *Realencyklopädie für protestantische Theologie und Kirche*, 3. ed. [*Enciclopédia real de teologia e Igreja protestantes*], além de – naturalmente – *Die Soziallehren der christlichen Kirchen und Gruppen* [*As doutrinas sociais dos grupos e Igrejas cristãos*] e o excepcional ensaio de E. Bernstein publicado em *Geschichte des Sozialismus* [*História do socialismo*] (Vol. I. Stuttgart, 1895, p. 506ss.). A melhor listagem bibliográfica (mais de 7 mil obras) é encontrada em DEXTER, H.M. *Congregationalism of the Last 300 Years* (decerto que sobre questões principalmente – mas em todo caso não exclusivamente – relativas à *constituição* eclesial). Em aspecto bastante essencial, o livro é superior às exposições de Price em *History of Nonconformism*, às de Skeats e de outros. Em relação à Escócia, cf., p. ex., SACK, K.H. *Die Kirche von Schottland* [*A Igreja da Escócia*], 1844, e a literatura sobre John Knox. Em relação às colônias americanas, destaca-se da farta literatura especializada a obra de Doyle *The English Colonies in America*. Ademais: HOWE, D.W. *The Puritan Republic*. Indianápolis: The Bowen-Merrill-City. • BROWN, J. *The Pilgrim Fathers of New England and their Puritan Successors* (3. ed. de Revell). Outras citações serão feitas oportunamente. Em relação às diferenças de *doutrina*, a exposição a seguir é devedora bem particular do ciclo de preleções de Schneckenburger, já citado anteriormente. – A obra fundamental de Ritschl, *Die christliche Lehre von der Rechtfertigung und Versöhnung* [*A doutrina cristã da justificação e da reconciliação*] (3 vols., citada aqui conforme a 3. ed.), mostra na forte mescla entre exposição histórica e juízos de valor a pronunciada particularidade do autor, a qual nem sempre dá ao leitor a plena certeza de "objetividade", não obstante toda a grandiosidade da acuidade conceitual. Onde quer que ele rejeite a exposição de Schneckenburger, p. ex., a sua razão de fazê-lo frequentemente me parece contestável, embora aliás eu pouco me atreva a formar um juízo próprio. Ademais, aquilo que ele considera doutrina "luterana", entre a grande diversidade das ideias e índoles religiosas encontradas já no próprio Lutero, p. ex., frequentemente parece ser estabelecido por juízos de valor: ela é aquilo que, para Ritschl, apresenta *indelével valor* dentro do luteranismo; é luteranismo tal como ele (segundo Ritschl) *deveria* ter sido, nem sempre tal como ele *foi*. Provavelmente prescinde de menção especial que as obras de Karl Müller, Seeberg e outros sejam utilizadas ao longo de *todo* o estudo. – Se a seguir imponho ao leitor bem *como a mim mesmo* a penitência de um terrível intumescimento de notas de rodapé, determinante para isso foi justamente a necessidade de possibilitar, em especial ao leitor não teólogo, uma examinação ao menos provisória das ideias deste delineamento, também mediante alusão a alguns pontos de vista ligados a elas.

[7] Sobre o que é delineado a seguir deve ser expressamente indicado de antemão que aqui consideramos *não* as visões pessoais de Calvino senão o *calvinismo*, e este também *naquela forma* que ele assumiu em seu desenvolvimento no final do séc. XVI e no séc. XVII nos grandes territórios de predominante influência sua, que eram, ao mesmo tempo, detentores de cultura capitalista. De início a Alemanha permanece *totalmente à parte*, visto que o calvinismo puro não *dominou* grandes regiões aqui, em parte nenhuma. "Reformado", naturalmente, não é de modo nenhum idêntico a "calvinista".

[8] Já a declaração do artigo XVII da confissão anglicana, acordada entre a Universidade de Cambridge e o arcebispo de Canterbury – os assim denominados "Artigos de Lambeth" de 1595, que instruíam expressamente (ao contrário da versão oficial) também a predestinação à morte –, não foi ratificada pela rainha. À expressa predestinação à morte (não apenas: à "admissão" da condenação, como queria a doutrina mais moderada) davam peso decisivo justamente os radicais (como a *Confession* de Hanserd Knollys).

[9] O conteúdo dos símbolos calvinistas citados aqui e doravante pode ser visto em MÜLLER, K. *Die Bekenntnisschriften der reformierten Kirche* [*Os escritos confessionais da Igreja reformada*]. Leipzig, 1903. Outras citações serão feitas oportunamente.

[10] Cf. a *Declaração de Savoy* e a *Declaração* (americana) de Hanserd Knollys; sobre o predestinacionismo dos huguenotes, cf. Polenz (I, p. 545ss.), entre outros.

[11] Sobre a teologia de Milton, cf. o estudo de Eibach no periódico *Theologische Studien und Kritiken*, 1879 (superficial a respeito do tema é o ensaio de Macaulay por

ocasião da tradução por Sumner da *Doctrina Christiana*, re-
descoberta em 1823 com ed. de Tauchnitz em 1885, p. 1ss.);
para todos os pormenores, cf., como natural, os seis volumes
da principal obra inglesa de Masson, estruturada de modo
talvez esquemático demais, e, nela baseada, a biografia alemã de Milton por Stern – Milton começou cedo a ir além da
doutrina da predestinação na forma do duplo decreto, até
alcançar, por fim, a Cristandade absolutamente livre da sua
velhice. Em seu desvencilhamento ante todo vínculo com o
próprio tempo, ele pode ser comparado, em certo sentido, a
Sebastian Franck. Só que Milton era uma natureza individual
prático-positiva; Franck, uma natureza individual essencialmente crítica. Milton é "puritano" apenas naquele sentido
mais amplo da orientação *racional* da vida dentro do mundo
pela vontade divina – orientação que constituiu a herança definitiva do calvinismo para a posteridade. Em sentido bastante similar seria possível chamar Franck de "puritano". Para
nós, ambos permanecem, nos pormenores, enquanto "figuras isoladas", fora do âmbito de consideração.

[12] "Este é o grau mais sublime da fé: crer que Deus seja cle-
mente, quando tão poucos salva – justo, quando sua vontade
nos faz condenáveis" – diz a célebre passagem no escrito *De
servo arbitrio*.

[13] Ambos, Lutero e Calvino – cf. os comentários de Ritschl
em *Geschichte des Pietismus* [*História do pietismo*] e de Köstlin
no artigo "Gott" ["Deus"] da *Realencyklopädie für protestantische Theologie und Kirche*, 3. ed. –, a rigor conheciam, no fundo,
um Deus duplo: o pai revelado misericordioso e bondoso do
Novo Testamento – pois este domina os primeiros livros das
Institutas – e, do outro lado, o *Deus absconditus* [Deus abscôn-
dito, Deus escondido], enquanto déspota a reger de forma
arbitrária. Em Lutero prevalece o Deus do Novo Testamento
porque ele evitou cada vez mais a *reflexão* sobre o metafísico,
vista como inútil e perigosa; em Calvino, a ideia da divindade
transcendente ganhou poder sobre a vida. No desenvolvimento popular do calvinismo, a última certamente não logrou se
firmar, mas então assumiu seu lugar não o Pai Celestial do
Novo Testamento senão o Jeová veterotestamentário.

[14] Sobre o que se segue, cf. SCHEIBE, M. *Calvins Prädestina-
tionslehre* [*A doutrina da predestinação de Calvino*]. Halle, 1897.
Sobre a teologia calvinista em geral: HEPPE, H.L. *Dogmatik
der evangelisch-reformierten Kirche* [*Dogmática da Igreja
evangélica reformada*]. Elberfeld, 1861.

[15] *Corpus Reformatorum*, vol. 77, p. 186ss.

[16] Pode-se encontrar a exposição antecedente sobre a concepção doutrinal calvinista, exatamente na forma dada aqui, p. ex., em Hoornbeek, no capítulo "*De praedestinatione*" de sua *Theologiae Practicae* (Utrecht, 1663), L. II, c. 1 – como característico, o capítulo se encontra *diretamente* depois do intitulado "*De Deo*". Em Hoornbeek, base bibliográfica é principalmente Ef 1. – Aqui não temos necessariamente de analisar as diversas tentativas inconsequentes de combinar a responsabilidade do indivíduo com a predestinação e a Providência de Deus e de salvar a "liberdade" empírica própria à vontade – como iniciadas já em Agostinho, na primeira ampliação da doutrina.

[17] Em seu belo livro *Puritan and Anglican*, Dowden formula o ponto decisivo (p. 234): "A mais profunda comunhão (com Deus) é encontrada não em instituições ou corporações ou Igrejas, mas nos segredos de um coração solitário". Essa profunda solitude interior do indivíduo também apareceu, exatamente do mesmo modo, entre os jansenistas de Port-Royal, que eram predestinacionistas.

[18] "Do contrário, aqueles que desprezam uma assembleia como esta (a saber, uma Igreja na qual há doutrina pura, sacramentos e disciplina eclesiástica) [...] não podem estar certos da sua salvação; e aquele que persevera nesse desprezo não é um eleito" (OLEVIAN, K. *De substantia foederis gratuiti inter Deum et electos*, p. 222).

[19] "Decerto diz-se que Deus enviou seu filho para redimir o gênero humano – mas essa não foi sua finalidade, ele queria apenas livrar alguns da queda [...], e vos digo que Deus morreu apenas pelos escolhidos [...]" (sermão proferido em 1609 na localidade de Broek, encontrado em Rogge, *Johannes Wtenbogaert*, vol. II, p. 9; cf. NUYENS, W.T.F. Op. cit., vol. II, p. 232). Complicada é também a fundamentação da mediação de Cristo na *Confession* de Hanserd Knollys. A rigor, por toda parte é pressuposto que Deus não teria necessitado propriamente desse intermédio.

[20] Sobre esse processo, cf. os estudos reunidos sob o título *Ética econômica das religiões mundiais*. A singular posição da ética israelita antiga perante a egípcia e a babilônica, estas de conteúdo bem afínico à mesma, e seu desenvolvimento desde o tempo dos profetas tiveram totalmente por

base, como há de se mostrar ali, essa circunstância fundamental: a da rejeição da magia sacramental como via de salvação.

[21] Do mesmo modo, segundo a visão mais consequente, o batismo era obrigatório apenas em virtude de prescrição positiva, mas nada de necessário à salvação. *Por isso* os independentes escoceses e ingleses, puritanos estritos, lograram estabelecer o princípio: de que filhos de *réprobos* manifestos (filhos de alcoolômanos, p. ex.) não haveriam de ser batizados. O Sínodo de Edam de 1586 (art. 32, I) recomendava que um adulto que desejasse o batismo mas ainda não estivesse "amadurado" para a Ceia do Senhor só se batizasse caso sua conduta fosse irrepreensível e ele manifestasse o desejo *"zonder superstitie"* ["sem superstição"].

[22] Essa relação negativa com a "cultura dos sentidos", como Dowden (op. cit.) expôs belamente, é até um elemento constitutivo do puritanismo.

[23] A expressão "individualismo" abrange as maiores heterogeneidades concebíveis. Aquilo que *aqui* é compreendido pela mesma ficará claro, espera-se, pelas alusões logo a seguir. Chamou-se o luteranismo de "individualista" – em um outro sentido da palavra – porque ele *não* conhece nenhuma regulamentação ascética do viver. Em turno, Dietrich Schäfer, p. ex., usa a palavra em um sentido totalmente diferente quando, em seu escrito "Zur Beurteilung des Wormser Konkordats" ["Para a apreciação do Concordato de Worms"] (*Abhandlungen der Berliner Akademie,* 1905), chama a *Idade Média* de período de "pronunciada individualidade", porque fatores irracionais teriam sido à época de um significado que hoje não mais possuem em relação aos acontecimentos *relevantes* para o historiador. Ele tem razão, mas aqueles que o mesmo confronta com suas observações talvez também a tenham, pois ambos os lados referem-se a coisas totalmente distintas quando falam de "individualidade" e "individualismo". – Hoje, as geniais formulações de Jakob Burckhardt estão em parte superadas, e uma análise conceitual pormenorizada, de orientação histórica, seria, em turno, de alto valor científico, especialmente agora. Naturalmente, tem-se o exato oposto disso quando a pulsão lúdica leva certos historiadores a "definir" o conceito em estilo propagandístico, apenas para poder vincular o mesmo, como rótulo, a uma época histórica.

[24] E igualmente em contraste – naturalmente menos acentuado – com a doutrina católica mais tardia. Em

contrapartida, o profundo pessimismo de Pascal, também baseado na doutrina da predestinação, é de proveniência jansenista, e seu individualismo daí resultante, caracterizado pela fuga do mundo, não condiz de modo nenhum com o posicionamento oficial católico. Sobre isso, cf. o escrito de Honigsheim sobre os jansenistas franceses citado na nota 62 da parte I.

[25] Exatamente o mesmo se aplica em relação aos jansenistas.

[26] BAILEY, R. *Praxis pietatis* (ed. alemã: Leipzig, 1724), p. 187. Tb. P.J. Spener, em sua obra *Theologische Bedenken* [*Ponderações teológicas*], citada aqui conforme a 3. ed. (Halle, 1712), assume ponto de vista semelhante: o amigo dá seu conselho raramente com vistas à honra de Deus, senão mais com intenções profanas (não necessariamente egoístas). – "Ele" – o "*knowing man*" – "não é cego em nenhuma causa alheia, mas enxerga melhor na sua. Ele se limita ao conjunto das coisas que lhe concernem e não põe a mão no fogo por ninguém sem necessidade [...] Ele vê a falsidade disso (do mundo), e assim aprende a confiar sempre em si mesmo; nos outros, apenas até o ponto em que não seja atingido por sua decepção", filosofa T. Adams (*Works of the Puritan Divines*, p. LI). – Bailey (*Praxis pietatis*. Op. cit., p. 176) recomenda ademais que toda manhã, antes de sair para junto das gentes, o indivíduo se imagine adentrando uma floresta virgem cheia de perigos e rogando a Deus pelo "manto da *cautela* e da justiça". – O sentimento atravessa simplesmente todas as denominações ascéticas e, em alguns pietistas, levou diretamente a uma espécie de vida de eremita dentro do mundo. Mesmo Spangenberg, no escrito (composto em Herrnhut) *Idea fidei fratrum* (p. 382), remete expressamente a Jr 17,5, onde se lê: "Maldito o homem que se fia no homem". – A fim de mensurar a peculiar misantropia dessa concepção de vida, considere-se tb., p. ex., os comentários de Hoornbeek (*Theologiae Practicae*, vol. I, p. 882) sobre o dever do *amor ao inimigo*: "Por fim, nós nos vingamos tanto mais quanto mais *entregamos ao Deus vingador* o próximo do qual não nos vingamos [...]. Quanto mais alguém se vinga, menos Deus o faz pelo próprio" (trata-se da mesma "transferência de vingança" encontrada nas partes pós-exílicas do Antigo Testamento: uma refinada intensificação e internalização do sentimento de vingança em comparação com o antigo "olho por olho"). Sobre o amor ao próximo, cf. tb. a nota 35, mais adiante.

[27] Certamente, o confessionário não teve, em absoluto, *apenas* esse efeito; as formulações de Muthmann, p. ex. (publicadas no periódico *Zeitschrift für Religionspsychologie*, vol. I, n. 2, p. 65), são demasiado simples diante do problema psicológico da confissão, extremamente complicado.

[28] *Essa* combinação em especial é bem importante para a avaliação dos fundamentos psicológicos das *organizações* sociais calvinistas. Elas *todas* têm por base motivos intrinsecamente "individualistas", "racionais com respeito a fins" ou "racionais com relação a valores". O indivíduo nunca ingressa nelas pela via do *sentimento*. "Glória de Deus" e a *própria salvação* permanecem sempre *acima* do "limiar da consciência". Ainda hoje isso imprime determinados traços característicos à particularidade da organização social em populações com passado puritano.

[29] O traço fundamental *antiautoritário* da doutrina, que em base desvalorizava como vã toda e qualquer assistência ética e voltada à salvação da alma vinda da Igreja e estatal, levou reiteradamente à sua proibição, como pelos estados gerais neerlandeses em particular. A consequência era sempre: formação de conventículos (como depois de 1614).

[30] Sobre Bunyan, cf. a biografia por Froude no compilado de Morley, *English Men of Letters*, além do esboço (superficial) de Macaulay (publicado em *Critical and Miscellaneous Essays*, vol. II, p. 227). – Bunyan é indiferente às distinções denominacionais dentro do calvinismo, embora seja, por seu lado, um batista calvinista estrito.

[31] É manifesta a referência à importância indubitavelmente grande – para o caráter *social* do cristianismo reformado – da ideia calvinista da necessidade de ser admitido em uma *comunidade* acordante às prescrições divinas para se chegar à salvação, necessidade resultante da exigência da "incorporação no corpo de Cristo" (CALVINO. *Instit.*, vol. III, 11, 10). Para *nossos* pontos de vista especiais, porém, o centro do problema situa-se em um âmbito distinto. Essa ideia dogmática teria logrado se desenvolver também no caso de um caráter puramente institucional da Igreja, e, como se sabe, isso assim se deu. Por si, ela não tem a força psicológica de despertar *iniciativas* à formação de comunidades nem de lhe conferir de todo uma força tal como a que o calvinismo possuía. Essa sua tendência à formação de comunidades atuava em particular também no "mundo", *fora* dos esquemas

congregacionais eclesiais prescritos por Deus. Decisiva aqui é justamente a crença: de que o cristão comprovaria seu estado de graça mediante o *atuar* "*in majorem Dei gloriam*" ["para maior glória de *Deus*"] (cf. adiante), e, de forma inapercebida, a veemente execração da divinização da criatura e de todo apego a relações *pessoais* com indivíduos houve de conduzir essa energia às vias do atuar objetivo (impessoal). O cristão interessado na comprovação do seu estado de graça atua em vista dos fins estabelecidos *por Deus*, e estes podem ser apenas *im*pessoais. A rigor, na ética puritana, como em toda ética ascética, qualquer relação *pessoal* entre indivíduos que seja puramente da ordem do sentimental – portanto: não condicionada racionalmente – cai muito facilmente na suspeita de ser divinização da criatura. Em relação à *amizade*, p. ex., a seguinte advertência – além do que já foi dito anteriormente – demonstra isso com bastante clareza: "Ela é um ato irracional e não cabe a uma criatura racional amar qualquer um além do que a razão há de nos permitir [...]. Com muita frequência ela preenche as mentes dos homens de modo a obstar seu *amor por Deus*" (BAXTER, R. *Christian Directory*, IV, p. 253). Vamos sempre nos deparar com tais argumentos. Aos calvinistas fascina a ideia: de que Deus, na criação do mundo, também na ordenação social, haveria de visar, como meio de enaltecimento da sua glória, aquilo de *objetivamente finalístico* – não a criatura por si própria mas a *ordenação*, sob vontade divina, de tudo que pertence ao reino da mesma. Por essa razão, o ímpeto de iniciativa dos santos, desencadeado pela doutrina da predestinação, converge totalmente ao aspirar à racionalização do mundo. Em relação ao puritanismo em particular, também a ideia de que o proveito "*público*", ou mesmo "*the good of the many*" ["o bem da maioria"], como formula Baxter totalmente no sentido do racionalismo liberal mais tardio (Ibid., p. 262, com a citação algo forçosa de Rm 9,3), haveria de ser anteposto a todo bem "pessoal" ou "privado" – por mais que ela não fosse nova em si – era consequência da rejeição da divinização da criatura. – Em todo caso, a tradicional aversão americana à prestação de *serviço* pessoal está decerto ligada (de maneira indireta) também a essa tradição, além de a outras vultosas razões em decorrência dos sentimentos "democráticos". Mas o mesmo pode ser dito sobre a *relativamente* grande imunidade ao cesarismo própria aos povos de passado puritano, e principalmente – em comparação com algumas coisas que vivenciamos de positivo e negativo a esse respeito a partir de 1878 na

Alemanha – sobre a postura dos ingleses em relação a seus grandes estadistas, no fundo mais liberal, por um lado mais inclinada a "aceitar o arbítrio" dos grandes, mas por outro lado a reprovar todo enamorar-se histérico dos mesmos e a ingênua ideia de que seria possível prestar obediência política a alguém por "gratidão". – Sobre a pecaminosidade da fé na autoridade – que a rigor é permitida apenas se *im*pessoal, dirigida ao conteúdo da Escritura –, assim como sobre a pecaminosidade do apreço desmedido mesmo aos indivíduos mais santos e distintos – porque com ele a obediência a *Deus* estaria eventualmente comprometida –, cf. BAXTER, R. *Christian Directory* (2. ed., 1678), I, p. 56. – Não pertence ao nosso contexto o significado político da rejeição da "divinização da criatura" nem o do princípio segundo o qual apenas Deus haveria de "reger" – primeiro na Igreja mas em última instância na vida em geral.

[32] Sobre a relação entre as "consequências" dogmáticas e as do âmbito da psicologia prática ainda será falado com frequência. É escusada a observação de que não são idênticas.

[33] "Social" naturalmente sem nenhuma reminiscência ao sentido moderno da palavra; apenas no sentido de atividade dentro das organizações políticas, eclesiais e outras comunitárias.

[34] Boas obras realizadas com *qualquer* outro fim que não o da honra de *Deus* são *pecaminosas* (Hanserd Knollys, *Confession*, cap. XVI).

[35] No próprio âmbito da vida comunitária religiosa, o significado de tal "impessoalidade" do "amor ao próximo", "condicionada" pela exclusiva referenciação do viver a Deus, pode ser muito bem ilustrada na conduta da China Inland Mission e da International Missionaries Alliance (sobre isso, cf. WARNECK, G. *Geschichte der protestantischen Mission* [*História da missão protestante*]. 5. ed., p. 99, 111). A custos gigantescos foram providos enormes agrupamentos de missionários – cerca de mil apenas para a China, p. ex. – para, em sentido estritamente literal, "ofertar" o Evangelho a todos os pagãos mediante pregação itinerante, porque Cristo o ordenou e fez disso condição do seu regresso. Se aqueles aos quais a pregação era assim dirigida são granjeados pelo cristianismo e portanto a tomar parte na bem-aventurança, ou então se eles propriamente *compreendem* a linguagem do missionário, mesmo que apenas gramaticalmente – isso é em

princípio totalmente secundário e assunto de Deus, único a dispor a esse respeito. Hudson Taylor afirma (cf. WARNECK, G. Op. cit.) que a China teria cerca de 50 milhões de famílias. Mil missionários poderiam "alcançar" 50 famílias por dia (!), e assim o Evangelho estaria "ofertado" a todos os chineses em mil dias ou em menos de 3 anos. – Esse é exatamente o esquema conforme o qual o calvinismo, p. ex., operava sua disciplina eclesiástica: a finalidade era a ampliação da glória de Deus, e *não* a salvação da alma dos censurados – a qual era assunto tão somente de Deus (e *in praxi*: próprio aos mesmos) e a rigor não podia ser influenciada, de maneira nenhuma, por meios disciplinatórios da Igreja. – Responsável por essas obras missionárias modernas não era o calvinismo enquanto tal, pois elas são de base interdenominacional (o próprio Calvino rejeita o dever da missão entre os pagãos, visto que a expansão posterior da Igreja seria *"unius Dei opus"* ["obra única de Deus"]). Sem dúvida, porém, elas são claramente provenientes daquele conjunto de representações – a permear toda a ética puritana – segundo o qual o amor ao próximo é praticado a contento quando mandamentos de *Deus* são cumpridos em prol da sua glória. Assim dá-se também ao próximo aquilo que lhe é devido, e o resto, então, é assunto próprio de Deus. – A "humanidade" das relações com o "próximo" está, por assim dizer, esmorecida. Isso se manifesta nas mais diversas circunstâncias. Como se nota, p. ex. – para indicar mais um rudimento desse ambiente de vida –, no âmbito da *charitas* reformada [calvinista], esta afamada em certos aspectos, com justiça: os órfãos de Amsterdã, vestidos com seus saiotes e calças divididos verticalmente, ainda no séc. XX, em metades pretas e vermelhas, ou então vermelhas e verdes – uma espécie de traje truanesco – e conduzidos à Igreja em cortejo, eram seguramente um espetáculo altamente edificante para a percepção dessa época passada, e serviam à glória de Deus no exato grau em que toda percepção pessoalmente "humana" teria de se sentir ofendida com aquilo. E o mesmo era encontrado – ainda veremos – até em todas as minúcias da atividade profissional privada. – Naturalmente, tudo isso caracteriza apenas uma *tendência*, e mais tarde haveremos propriamente de fazer determinadas reservas. *Enquanto* uma tendência dessa religiosidade ascética – e por sinal muito importante – foi preciso, porém, identificá-la aqui.

[36] Em todos esses aspectos, a ética de Port-Royal, esta de determinação predestinacionista, é totalmente

distinta, em virtude da sua orientação mística e *extra*munda-na, portanto, nesse sentido: católica (cf. HONIGSHEIM, P. Op. cit.).

[37] Em *Beiträge zur Kirchenverfassungsgeschichte und Kirchenpolitik* [*Contribuições sobre a história da constituição eclesial e política eclesiástica*] (1864, I, p. 37), Hundeshagen sustenta o ponto de vista – desde então frequentemente reiterado – de que o dogma da predestinação seria doutrina de teólogos, não doutrina popular. No entanto, isso estará correto apenas caso se identifique o conceito "povo" com a *massa* das camadas inferiores sem instrução. E, mesmo nesse caso, isso se aplicará somente com grandes restrições. Nos anos 40 do séc. XIX, Köhler (op. cit.) enxergou as "massas" em particular (referida é a pequena burguesia na Holanda) como tomadas por uma mentalidade estritamente predestinacionista: para elas, qualquer um que negasse o duplo decreto era um herege e réprobo. Ele mesmo foi questionado acerca da *data* da sua regeneração (entendido em termos predestinacionistas). Da Costa e a dissidência de De Cock foram influenciados também por essa concepção. Não apenas Cromwell – o qual Zeller (em *Das theologische System Zwinglis* [*O sistema teológico de Zwingli*], p. 17) já tomara como exemplo de um paradigma da eficácia do dogma – senão também seus santos sabiam todos muito bem do que se tratava, e os *canones* dos sínodos de Dordrecht e Westminster sobre a doutrina eram, em grande estilo, assuntos de interesse nacional. Os *triers* e *ejectors* de Cromwell admitiam apenas predestinacionistas, e Baxter (*Reliquiae Baxterianae*, I, p. 72), embora opositor quanto ao resto, julga considerável seu efeito sobre a qualidade do clero. Está totalmente fora de questão que os pietistas reformados, partícipes dos conventículos ingleses e holandeses, não tivessem uma ideia clara a respeito da doutrina; afinal, era *ela*, precisamente, aquilo que os unia na busca pela *certitudo salutis*. Tudo que a predestinação significava ou não significava naquilo em que fosse doutrina de *teólogos* pode ser indicado pelo catolicismo correto em termos eclesiais, ao qual ela, enquanto doutrina esotérica e em forma variante, a rigor não permaneceu, de modo nenhum, estranha. (Nesse contexto, o determinante era que sempre se condenou a concepção: de que o *indivíduo* teria de se *considerar* e de se comprovar como eleito). Cf., p. ex., a doutrina católica encontrada em VAN WYCK, A. *Tractatio de praedestinatione*. Colônia, 1708. Não há de ser investigado aqui até que ponto

a fé de Pascal na predestinação foi correta. – Hundeshagen, que é antipático à doutrina, claramente extrai a maior parte das suas impressões de circunstâncias encontradas na Alemanha. Essa sua antipatia tem seu fundamento na opinião, assumida de modo puramente dedutivo, de que ela haveria de conduzir ao fatalismo moral e ao antinomismo. Essa opinião já foi refutada por Zeller (op. cit.). Por outro lado, não se pode negar que tal inflexão fosse *possível*; tanto Melâncton como Wesley se referem a ela; mas é característico que em ambos os casos se tratasse de uma combinação com a religiosidade "de fé" da ordem do *sentimental*. Para esta, à qual faltava a ideia racional da *comprovação*, essa consequência de fato residia na essência da coisa. No *islã* incidiram essas consequências fatalistas. Mas por qual razão? Porque a predestinação islâmica se referia – de modo *predeterminista*, não predestinacionista – aos fados *neste mundo*, não à salvação no *além*; porque, em consequência disso, o decisivo em termos éticos – a "comprovação" como predestinado – não desempenhou nenhum papel no islã, ou seja, porque logrou resultar disso apenas o destemor *guerreiro* (como no caso da "moira"), mas não consequências do âmbito da *metódica* de vida, para as quais faltava, afinal, o "prêmio" religioso. Cf. a tese de doutorado em teologia (defendida em Heidelberg, 1912) de F. Ullrich. *Die Vorherbestimmungslehre im Islam und Christentum* [*A doutrina da predeterminação no islã e no cristianismo*]. – As moderações na doutrina trazidas pela práxis – p. ex., por Baxter – permaneceram distantes de alcançar sua essência enquanto se manteve incólume a ideia da eletividade divina relativa ao indivíduo *particular concreto*, e a de sua *provação*. – Por fim, contudo, todas as grandes figuras do puritanismo (no sentido mais amplo da palavra), tanto Milton como Baxter – este em medida certamente cada vez mais moderada – e ainda Franklin, o último a refletir de forma bem livre mais tarde, de fato partiram sobretudo dessa doutrina, cuja sombria austeridade influenciou seus primeiros passos. Sua ulterior emancipação perante a interpretação estrita da mesma acorda plenamente, no particular, com o desenvolvimento por que passou, na mesma direção, também o movimento religioso como um todo. Mas *todos* os grandes *revivals* da Igreja, ao menos na Holanda, e também a maioria deles na Inglaterra, sempre tiveram como referência justamente essa doutrina.

[38] Como se nota de maneira tão imponente na constituição da índole fundamental de *O peregrino*, de Bunyan.

[39] Ao luterano do tempo dos epígonos, essa *questão* já era menos relevante do que ao calvinista, mesmo deixando de lado o dogma da predestinação, não porque ele teria menos interesse na salvação da sua alma senão porque o caráter de *instituição salvífica* da Igreja assumiu o primeiro plano no desenvolvimento tomado pela eclesialidade luterana; o indivíduo, portanto, sentia-se como objeto da sua atividade e protegido dentro dela. Somente o pietismo – como característico – suscitou o problema, também no luteranismo. Mas a questão *mesma* da *certitudo salutis* foi simplesmente central para qualquer religião de salvação não sacramental – budismo, jainismo ou o que quer que fosse; isso não se pode ignorar. *Aqui* têm origem todos os estímulos psicológicos de caráter puramente *religioso*.

[40] Como expresso na correspondência com Bucer (*Corpus Reformatorum*, 29, p. 883ss.). Sobre isso, cf. novamente SCHEIBE, M. Op. cit., p. 30.

[41] A *Confissão de Westminster* (XVIII, 2) também promete aos eleitos a "*certeza infalível*" da graça, embora, com todo nosso afazer, permaneçamos servos inúteis (XVI, 2) e a luta contra o mal perdure por toda vida (XVIII, 3). Só que o eleito frequentemente também tem de lutar por longo tempo para obter a *certitudo*, que lhe é conferida pela consciência do cumprimento do dever, da qual o crente nunca haverá de ser completamente privado.

[42] Cf., p. ex., OLEVIAN, K. *De substantia foederis gratuiti inter Deum et electos*, 1585, p. 257. • HEIDEGGER, J.H. *Corpus Theologiae*, XXIV, p. 87ss. E outras passagens em HEPPE, H.L. *Dogmatik der evangelisch-reformierten Kirche* [*Dogmática da Igreja evangélica reformada*], 1861, p. 425.

[43] A doutrina calvinista genuína referia-se à *fé* e à consciência da comunhão com Deus nos sacramentos e mencionava apenas de passagem os "outros frutos do espírito". Cf. os trechos em HEPPE, H.L. *Dogmatik der evangelisch-reformierten Kirche* [*Dogmática da Igreja evangélica reformada*], p. 425. O próprio Calvino rejeitava com grande veemência que as obras, embora frutos da fé – tanto para ele como para os luteranos –, fossem *sinais* da reverência a Deus (*Instit.*, III, 2, 37-38). A inflexão prática no sentido da comprovação da fé nas obras, a qual justamente caracteriza a *ascese*, corre paralelamente à paulatina transformação da doutrina de Calvino, segundo a qual (como em Lutero) caracterizam a verdadeira

Igreja, em *primeira* linha, os sacramentos e a doutrina pura, no sentido da equiparação da "*disciplina*" com os dois últimos enquanto marca característica. Esse desenvolvimento pode ser verificado nas passagens encontradas em Heppe, p. ex. (op. cit., p. 194-195), igualmente também na maneira como era adquirida nos Países Baixos, já no final do séc. XVI, a admissão como membro em uma congregação (expressa sujeição convencional à *disciplina* enquanto condição central).

[44] Cf. sobre isso os comentários de Schneckenburger (op. cit., p. 48), entre outros.

[45] Assim ressurge em Baxter, p. ex. – bem à maneira católica –, a distinção entre pecado "mortal" e "venial". O primeiro é sinal de estado de graça ausente ou não atual, e apenas uma *conversion* do ser humano integral logra então dar garantia da sua posse. O último não é incompatível com o estado de graça.

[46] Como se nota – em múltiplas nuanças – em Baxter, Bailey, Sedgwick e Hoornbeek. Cf. ademais os exemplos encontrados em Schneckenburger (op. cit., p. 262).

[47] A concepção do "estado de graça" como uma espécie de qualidade *estamental* (um pouco como a do estamento dos ascetas na Igreja antiga) ainda é encontrada com frequência, entre outros, em Schortinghuis (*Het innige Christendom* [*O cristianismo íntimo*], 1740 – escrito *proibido* pelos estados gerais!).

[48] Isso é encontrado – como haverá de ser discutido mais tarde – em inúmeras passagens do *Christian Directory* de Baxter e em seu epílogo. – Essa recomendação de trabalho profissional para afugentamento do medo quanto à própria inferioridade moral lembra a interpretação psicológica feita por Pascal da pulsão de ganho pecuniário e da ascese profissional como meios inventados com vistas à dissimulação, para si mesmo, da própria nulidade moral. Em Pascal, a crença na predestinação em particular, junto com a convicção referente à nulidade – remontada ao pecado original – de tudo de pertencente ao reino da criatura, é posta totalmente a serviço da renúncia ao mundo e da recomendação da contemplação enquanto o único meio do alívio da pressão relativa ao pecar e para a obtenção da certeza de salvação. – Em sua tese de doutorado já citada (parte de um trabalho maior, espera-se que continuado), Dr. Paul Honigsheim fez comentários pertinentes sobre a cunhagem jansenista e corretamente católica do conceito de vocação. No caso dos jansenistas

falta qualquer vestígio de alguma vinculação da certeza de salvação ao *agir* intramundano. Sua concepção de "vocação", mais ainda do que a luterana e mesmo do que a genuinamente católica, tem inteiramente o sentido de um destinar-se à situação de vida dada, imposta não apenas, como no catolicismo, pela ordem social, senão pela própria voz da consciência (HONIGSHEIM, P. Op. cit., p. 139ss.).

[49] Em linha com seus pontos de vista está também o esboço feito por Lobstein, escrito de modo bem elucidativo, publicado na coletânea em homenagem a H. Holzmann, que também deve ser consultada para entendimento do que vem a seguir. Ele foi criticado pela ênfase demasiado acentuada do *Leitmotiv* da *certitudo salutis*. Só que aqui, a rigor, a teologia de Calvino deve ser distinguida do *calvinismo*, e, o sistema teológico, das demandas da cura de almas. *Todos* os movimentos religiosos que abrangiam camadas mais amplas tiveram como ponto de partida a questão: "como posso me tornar *certo* da minha bem-aventurança?" Como dito, ela desempenha um papel central não apenas nesse caso senão na história das religiões em geral, p. ex., mesmo na indiana. E também, como poderia ser de outro modo?

[50] Entretanto, de fato não há como negar que o *pleno* desenvolvimento desse *conceito* só se deu no período *tardio* do luteranismo (Praetorius, Nicolai, Meisner). (Ele está *presente* também em Johannes Gerhard, e bem no sentido aqui discutido.) No quarto livro da sua obra *Geschichte des Pietismus* [*História do pietismo*]. Vol. II, p. 3ss., Ritschl, por essa razão, toma a introdução desse conceito na religiosidade luterana como reavivamento ou assimilação de devoção católica. Ele não contesta (p. 10) que o problema da certeza individual da salvação fosse idêntico em Lutero e nos místicos católicos, mas acredita que as soluções a que ambos os lados chegaram eram absolutamente opostas. Eu decerto não posso me permitir arriscar nenhum juízo próprio sobre o assunto. Qualquer um percebe naturalmente que os ares de *Da liberdade cristã* são outros se comparados, por um lado, ao trato adocicado com o "querido menino Jesus" na literatura mais tardia e, por outro, também à índole religiosa de Tauler. E, do mesmo modo, a conservação do elemento místico-mágico na doutrina luterana da Ceia do Senhor tem certamente motivos religiosos distintos em comparação com aquela piedade "bernardina" – com a "índole do Cântico dos Cânticos" – à qual Ritschl está sempre a recorrer como fonte do

cultivo da relação "conjugal" com Cristo. Apesar disso, porém, será que essa doutrina da Ceia do Senhor, entre outras coisas, também não haveria de ter *colaborado* para o redespertar da religiosidade mística emotiva? – Ademais, para registrá-lo logo aqui, não é de modo nenhum procedente que a liberdade do místico tivesse consistido tão só no *retirar-se* do mundo (op. cit., p. 11). Tauler, em especial, em seus *Predigten* [*Sermões*] (f. 318), em exposições bem interessantes do ponto de vista da psicologia da religião, enxergou como efeito *prático* dessas contemplações noturnas que ele recomenda no caso de insônia, entre outros casos, a *ordem* que é estabelecida deste modo também nos pensamentos voltados ao trabalho profissional mundano: "Apenas por esse intermédio (mediante a união mística com Deus à noite, antes do sono) a *razão é purificada, e, o cérebro, assim vigorado*, e o homem, por todo o dia, é serenado pelo exercício interior com tanta paz e divinização que ele verdadeiramente se uniu a Deus: todas as suas obras são, então, *postas em ordem*. E, por isso, se o homem portanto se precaveu (= preparou), dedicou então sua obra e si mesmo à *virtude* – se ele alcança então a efetividade –, as obras hão de se tornar *virtuosas e divinas*". Em todo caso, e ainda retornaremos a esse ponto, nota-se que: em si, contemplação mística e concepção racional de vocação profissional *não se excluem*. O contrário se dá apenas quando a religiosidade assume caráter diretamente histérico, o que não foi o caso em todos os místicos, nem em todos os pietistas.

[51] Sobre isso, cf. os estudos a seguir em *Ética econômica das religiões mundiais*, "Introdução".

[52] Nesse pressuposto o calvinismo tem relação com o catolicismo oficial. Mas para os católicos a consequência disso foi a necessidade do Sacramento da Penitência [confissão]; para os reformados, a da *comprovação* prática mediante o atuar dentro do mundo.

[53] Cf., p. ex., já Beza (*De praedestinationis doctrina et vero usu tractatio absolutissima, ex T. Bezae praelectionibus in nonum Epistolae ad Romanos caput, a Raphaele Eglino*, 1584, p. 133): "Assim como ascendemos ao dom da santificação a partir de obras verdadeiramente boas, ascendemos [...] à fé a partir da santificação: assim coligimos, daqueles efeitos seguros, não uma vocação qualquer mas aquela eficaz, e, dessa vocação, a eleição, e, da eleição, o dom da predestinação em Cristo, tão firmemente quanto é imóvel o trono de

Deus, por certíssima conexão de efeitos e causas". Apenas com relação aos sinais da *condenação* se teria de ser cauteloso, visto que o importante seria o estado *final*. (Nisso, somente o puritanismo pensava de forma distinta.) – A esse respeito, cf. ademais as discussões detalhadas de Schneckenburger (op. cit.), que, certamente, cita apenas uma categoria determinada de literatura. Esse traço é recorrente em toda a literatura puritana. Bunyan diz: "Não será dito: vós acreditastes? – mas: fostes fazedores [*Doers*], ou apenas faladores [*Talkers*]?" Segundo Baxter (*O descanso eterno dos santos*, cap. XII), que doutrina a forma mais moderada da predestinação, a fé é a subordinação a Cristo, de coração e *com o ato*. À objeção de que o arbítrio não seria livre e que somente Deus deteria a capacidade de conferir a santificação, ele respondeu: "Primeiro faz aquilo de que sejas capaz, e depois reclama de Deus por negar-te graça, se *tiveres causa*" (*Works of the Puritan Divines*, IV, p. 155). A examinação de Fuller (o historiador da Igreja) se limitou à única questão sobre a comprovação prática e sobre os autotestemunhos do seu estado de graça na conduta. Na passagem já citada em outra ocasião, Howe não afirma nada de distinto. Qualquer exame aprofundado do *Works of the Puritan Divines* fornece provas disso. Não raro eram escritos ascéticos diretamente *católicos* que acabavam passando por uma "conversão" ao *puritanismo* – como um tratado jesuíta em Baxter. – Em comparação com a própria doutrina de Calvino, essas concepções não eram, de todo, nenhuma inovação (cf. *Instit.*, c. I, ed. orig. 1536, p. 97 e 112). Só que a certeza da graça, em Calvino, não logra ser obtida com segurança nem mesmo por essa via (p. 147). Normalmente remetia-se a 1Jo 3,5 e a passagens semelhantes. No sentido estrito – para antecipar aqui esse aspecto –, a exigência da *fides efficax* não está limitada aos calvinistas. No artigo sobre a predestinação, confissões de fé *batistas* tratam os frutos da fé exatamente do mesmo modo ("e que sua" – da *regeneration* – "evidência própria apareça nos frutos sagrados do arrependimento [*repentance*] e da fé e da *novidade* [*newness*] *da vida*" – art. 7 da profissão reproduzida em *The Baptist Church Manual* de J.N. Brown, (Filadélfia: American Baptist Publication Society). O tratado da *Confissão do Ramo de Oliveira*, de influência menonita, que o Sínodo de Harlem aceitou em 1649, começa com o mesmo teor, com a questão (p. 1) referente à forma como *reconhecer* os filhos de Deus, e responde (p. 10): "Mas tal fé *fecunda* é, sozinha, o sinal seguro fundamental [...] para *assegurar* a consciência dos crentes na nova Aliança da graça de Deus".

[54] Sobre o significado *desta* para o conteúdo material da ética social já foram feitas algumas alusões acima. Aqui nos interessa não o *conteúdo* senão o *estímulo* ao agir moral.

[55] É evidente que essa ideia houve de favorecer o incutir do espírito judaico veterotestamentário no puritanismo.

[56] Eis o que diz a *Declaração de Savoy* sobre os *members* da *ecclesia pura*: eles seriam "santos por chamamento *eficaz* [*effectual calling*], *manifestado visivelmente* por suas profissão *e conduta* [*profession and walking*]".

[57] "A principle of goodness", Charnock em *Works of the Puritan Divines* (p. 175).

[58] A conversão, como Sedgwick exprime em ocasiões, é uma "cópia idêntica do decreto da predestinação". – E: aquele que é eleito também é chamado *e apto* à obediência, instrui Bailey. – *Apenas* aqueles que *Deus* chamou à fé (a se expressar na conduta) são crentes verdadeiros, não meros "*temporary believers*", como instrui a *Confession* (batista) de Hanserd Knollys.

[59] Compare-se, p. ex., a conclusão do *Christian Directory* de Baxter.

[60] Como em Charnock, p. ex. ("Self-examination", *Works of the English Puritan Divines*, p. 183), para a refutação da doutrina católica da "*dubitatio*".

[61] Essa argumentação é sempre recorrente em J. Hoornbeek, p. ex. (*Theologiae Practicae*, p. ex. II, p. 70, 72, 182; I, p. 160).

[62] P. ex., diz a *Confessio Helvetica*, 16: "e impropriamente se *atribui a salvação* [*salus adtribuitur*] a elas (às obras)".

[63] Sobre todo o precedente, cf. Schneckenburger (op. cit., p. 80ss.).

[64] Agostinho supostamente já teria dito: "Se não és predestinado [*praedestinatus*], faz-te predestinado".

[65] Isso faz lembrar a passagem de Goethe, de igual significado na essência: "Como se pode conhecer a si mesmo? Nunca por contemplação, mas decerto pelo agir [*Handeln*]. Tenta cumprir teu dever [*Pflicht*] e logo sabes a que vens. – Mas qual é o teu dever? A demanda do dia [*Die Forderung des Tages*]".

[66] Pois para o próprio Calvino é de fato assente que a "santidade" também tem de se tornar *manifestação* (*Instit.*, IV, 1, § 2, 7, 9), mas a fronteira entre santos e não santos permanece imperscrutável ao saber humano. Temos de crer que onde quer que a palavra de Deus seja anunciada em pureza, em uma Igreja administrada e organizada conforme sua Lei, eleitos também estarão presentes – ainda que não possamos identificá-los.

[67] A piedade calvinista é um dos muitos exemplos encontrados na história das religiões para a relação entre consequências *lógicas* e *psicológicas* do *comportar*-se prático-religioso resultantes de determinadas *ideias* religiosas. Como natural, o fatalismo seria *logicamente* deduzível como consequência da predestinação. Mas em virtude da interposição da ideia da "comprovação", o *efeito psicológico* foi exatamente oposto. (Por razões a princípio idênticas, os adeptos de Nietzsche, como se sabe, reclamam um significado ético positivo para a ideia do eterno retorno. Só que aqui se trata da responsabilidade por uma vida futura não relacionada ao agente por nenhuma espécie de continuidade de consciência – ao passo que o puritano diria: *tua res agitur* ["trata-se de coisa tua"].) Hoornbeek (*Theologiae Practicae*. Vol. I, p. 159) já elucida belamente – na linguagem da época – a relação entre predestinação e agir: os *electi*, em virtude da sua eleição, a rigor não são alcançados pelo fatalismo; na sua *recusa* das consequências fatalísticas, eles *comprovam-se* justamente como "*aqueles que a eleição mesma* [*ipsa electio*] *torna solícitos e diligentes em ofício* [*diligentes officiorum*]". O entrelace *prático* de interesses talha as consequências fatalísticas *logicamente* inferíveis (as quais, por sinal, tb. incorrem factualmente *em ocasiões*, apesar de tudo). – Por outro lado, porém, o *ideário* de uma religião – como mostra em especial o calvinismo – é de significado *de longe* maior do que William James, p. ex., está inclinado a admitir (em *The Varieties of Religious Experience*, 1902, p. 444ss.). Justamente o significado do racional na metafísica religiosa revela-se de maneira clássica nos grandiosos efeitos que a estrutura *conceitual* da concepção calvinista de Deus trouxe especialmente ao viver. Se o Deus dos puritanos atuou na história como apenas poucos antes ou depois dele, tornaram-no capaz disso principalmente aqueles atributos que o poder de *idear* lhe tinha conferido. (Por sinal, a valoração "pragmática", por James, do significado das ideias religiosas segundo a medida da sua comprovação no viver é ela mesma descen-

dente legítima do mundo de ideias próprio à pátria puritana desse eminente erudito.) Obviamente, como *toda* vivência, a vivência religiosa, enquanto tal, é irracional. Em sua forma mais elevada, mística, ela é até *a* vivência κατ᾽ ἐξοχὴν [*kat' exokhèn*, "por excelência"] e – como James tratou muito bem de expor – marcada por sua incomunicabilidade absoluta: ela tem caráter *específico* e surge como *conhecimento*, mas não se permite reproduzir adequadamente com os meios do nosso aparato linguístico e conceitual. E, além disso, é certo que: quando da tentativa de formulação *racional*, toda vivência religiosa perde imediatamente em substância, e tanto mais conforme avança a formulação conceitual. Nisso reside a razão dos trágicos conflitos enfrentados por todas as teologias racionais, como sabiam as seitas anabatistas já no séc. XVII. – Mas essa irracionalidade – que aliás é própria não *apenas* à "vivência" *religiosa*, isso *de modo nenhum*, senão (em medida e *sentido* distintos) a *toda* vivência – não impede que, justamente em termos práticos, seja da maior importância a *espécie* do sistema de *ideias* que, por assim dizer, confisca então para si e conduz à sua vereda aquilo que é "vivenciado" de maneira imediatamente religiosa; pois em tempos de intensiva influenciação do viver pela Igreja e de forte desenvolvimento de interesses dogmáticos na última, é *conforme esse sistema* que se desenvolve a maioria daquelas diferenças – tão importantes em termos práticos – nas consequências éticas, como existentes entre as distintas religiões da terra. Qualquer um que conheça as fontes históricas sabe o quanto incrivelmente intensivo – mensurado com padrão atual – era o interesse dogmático também do leigo na era das grandes lutas religiosas. Isso só logra encontrar paralelo na ideia – no fundo também supersticiosa – que o proletariado de hoje tem a respeito do que "a ciência" poderia realizar e provar.

[68] Em *O descanso eterno dos santos* (cap. I, 6), Baxter responde à questão: "Se fazer da salvação nossa finalidade não seria mercenário ou legal? – Isso é propriamente mercenário quando a esperamos como *recompensa* por obra feita [...]. Caso contrário isso é apenas um mercenarismo tal como comanda Cristo [...] e se buscar Cristo é mercenário eu desejo ser tal mercenário". Aliás, em alguns calvinistas considerados ortodoxos também não falta o colapsar em uma santificação pelas obras bastante crassa. Segundo Bailey (*Praxis pietatis*, p. 262), esmolas são um meio para a evitação de punições *temporais*. Outros teólogos recomendavam aos *réprobos* a realização de

boas obras, com a motivação de que assim o condenamento talvez se tornasse mesmo mais suportável; aos *eleitos*, porém, eles a recomendavam porque assim Deus os amaria não apenas incondicionalmente senão *ob causam* ["com causa"], o que já haveria de encontrar sua recompensação de algum modo. Mesmo a apologia havia feito também certas concessões tácitas ao significado das boas obras para o grau da bem-aventurança (SCHNECKENBURGER. Op. cit., p. 101).

[69] Também aqui, para destacar de início as diferenças características, *deve* necessariamente ser falado em uma linguagem conceitual "típico-ideal", a qual, em certo sentido, faz violência à realidade histórica – mas sem isso seria a princípio impossível uma formulação clara, em virtude dos vários gravames. Teria de ser discutido à parte até que ponto os antagonismos, delineados aqui com a maior nitidez possível, são apenas relativos. Compreende-se por si mesmo o fato de a *doutrina* oficial católica, também de sua parte, ter sustentado o ideal da santificação sistemática de *todo o viver* já na Idade Média. Mas igualmente indubitável é que (1) a práxis eclesiástica cotidiana, justamente por seu meio disciplinatório mais eficaz – a confissão –, *favoreceu* a conduta "assistemática" de vida abordada no texto, ademais que (2) o teor emotivo fundamental rigoristicamente frio e a introversa isolação dos calvinistas tiveram definitivamente de faltar ao catolicismo de leigos na Idade Média.

[70] O significado absolutamente central *deste* fator [o desencantamento do mundo], como já mencionado uma vez, será evidenciado de forma paulatina, somente nos estudos reunidos em *Ética econômica das religiões mundiais.*

[71] E em certa medida *também* ao luterano. Lutero não *quis* eliminar esse último resquício de magia sacramental.

[72] Cf., p. ex., SEDGWICK, O. *Buss- und Gnadenlehre* [*Doutrina da graça e da penitência*] (ed. alemã de Röscher, 1689): o penitente tem *"uma regra estabelecida"* à qual ele estritamente se atém e pela qual o mesmo dá arranjo e rumo a todo o seu viver (p. 591). Ele vive – prudente, atento e cauteloso – conforme a Lei (p. 596). Logra efetivá-lo *apenas* uma transformação definitiva do ser humano *integral*, porque consequência da predestinação (p. 852). Verdadeira penitência se manifesta sempre na conduta (p. 361). – Como explica Hoornbeek, p. ex. (op. cit., 1, IX, c. 2), a diferença entre as boas obras apenas "morais" e as *opera spiritualia* reside jus-

tamente em que as últimas são consequências de uma *vida* regenerada, que (op. cit., vol. I, p. 160) nisso é perceptível um progresso contínuo como passível de ser alcançado somente por meio da influência supranatural da graça de Deus (op. cit., p. 150). A santidade é modificação do indivíduo *integral* pela graça de Deus (ibid., p. 190ss.). – Trata-se de concepções comuns a todo o protestantismo – naturalmente também encontradas, do mesmo modo, nos ideais mais elevados do catolicismo – *mas* que a rigor lograram revelar suas consequências ao mundo apenas nas correntes puritanas restritas à ascese *intramundana*, e que, acima de tudo, somente nelas foram psicologicamente *premiadas* de modo suficientemente forte.

[73] Na Holanda, entretanto, o último nome deriva em especial (como em Voet) da vida dos "finos", conduzida precisamente conforme as prescrições da Bíblia. – Aliás, no séc. XVII o nome "metodistas" também aparece ocasionalmente em referência aos puritanos.

[74] Pois – como destacam os pregadores puritanos (p. ex. Bunyan em "The Pharisee and the Publican", *Works of Puritan Divines*, p. 126) – *cada* pecado particular aniquila *tudo* que poderia ser acumulado no curso de toda uma vida em termos de "mérito" mediante "boas obras", caso o indivíduo fosse a princípio capaz por si mesmo de realizar algo que Deus lhe houvesse de *creditar* como mérito – o que é inconcebível – ou mesmo pudesse viver em permanente perfeição. Ao contrário do que ocorre no catolicismo, não se tem nenhuma espécie de conta corrente com balanço de saldo – uma imagem que era familiar já à Antiguidade; antes, para *toda a vida* vigora o duro dualismo: estado de graça ou condenação. – Cf. as reminiscências referentes a essa concepção da conta corrente na nota 103 abaixo.

[75] Nisso reside a diferença com relação à mera "legalidade" e à "civilidade", que em Bunyan habitam a cidade denominada "moralidade" enquanto camaradas do "Sr. Sábio-Mundano".

[76] Para Charnock, em "Self-examination" (*Works of the Puritan Divines*, p. 172): "*Reflexão* e conhecimento de si [*self*] são uma prerrogativa de uma natureza *racional*". Ademais a nota de rodapé: "*Cogito, ergo sum* é o primeiro princípio da nova filosofia".

[77] Aqui ainda não é o lugar de discutir a afinidade da teologia de Duns Scotus – nunca tornada dominante,

sempre apenas tolerada, às vezes considerada somente heresia – com certas ordens de ideias do protestantismo ascético. Como Lutero, também Calvino, em consciente oposição ao catolicismo, compartilhava – em sentido um pouco distinto – a aversão tardia específica dos pietistas à filosofia aristotélica (cf. *Instit.*, II, c. 2, p. 4, IV, c. 17, p. 24). O "primado da vontade" – como Kahl o denominou – é comum a todas essas correntes.

[78] É exatamente assim que o artigo "Ascese", do *Kirchenlexikon* católico [*Léxico eclesiástico*], define seu sentido, plenamente em concordância com suas mais elevadas formas de manifestação históricas – bem como o artigo de Seeberg publicado na *Realencyklopädie für protestantische Theologie und Kirche*. Para os fins deste trabalho, deve ser permitido utilizar o conceito tal como empregado aqui. O fato de ser possível e costume concebê-lo na maioria das vezes de modo diferente – tanto mais amplamente como em sentido estrito – é bem conhecido por mim.

[79] Em *Hudibras* (Canto I, 18-19) os puritanos foram comparados aos frades descalços. Um relato do enviado genovês Fieschi chama o exército de Cromwell de um ajuntamento de "monges".

[80] Em vista dessa continuidade intrínseca entre ascese monástica extramundana e ascese profissional intramundana, afirmada por mim de modo tão eloquente, surpreende-me encontrar a ascese laboral dos *monges* e sua recomendação sendo apresentadas por Brentano (op. cit., p. 134 e em outras passagens) *contra* mim! Todo seu "excurso" contra mim culmina nisso. Porém, como qualquer um pode ver, justamente essa continuidade é um pressuposto fundamental de toda a minha colocação: a Reforma trouxe a metódica do viver e a ascese cristã racional para fora dos mosteiros e as inseriu na vida profissional mundana. Cf. as exposições a seguir, mantidas inalteradas.

[81] Como nos vários relatos sobre os interrogatórios dos heréticos puritanos reproduzidos em *History of the Puritans*, de Neal, e em *English Baptists*, de Crosby.

[82] Sanford (op. cit.) e vários outros (tanto antes como depois dele) já derivavam do puritanismo o surgimento do ideal da "*reserve*". Sobre esse ideal, cf. tb., p. ex., os comentários de James Bryce sobre o *college* americano no vol. II de sua obra *American Commonwealth*. – O princípio ascé-

tico do "domínio de si" fez do puritanismo também um dos pais da *disciplina militar* moderna. (Sobre Maurício de Orange como criador das instituições militares modernas, cf. o artigo de Roloff no periódico *Preussische Jahrbücher*, 1903, vol. III, p. 255.) Os *ironsides* de Cromwell, com a pistola engatilhada na mão sem disparar, em trote apertado na direção do inimigo, eram superiores ao *cavalier* – cujo tempestuoso ataque cavaleiresco toda vez tratava de desfazer a própria tropa em átimos – não por uma passionalidade à espécie dos dervixes senão, pelo contrário, devido ao seu sóbrio domínio de si, o qual sempre os mantinha atidos à autoridade do comandante. Algo sobre isso pode ser encontrado em FIRTH, C.H. *Cromwells Army*.

[83] Quanto a isso, cf. esp. WINDELBAND, W. *Ueber Willensfreiheit* [*Sobre livre-arbítrio*], p. 77ss.

[84] Só que não tão depurados. Contemplações, ocasionalmente ligadas à sentimentalidade, são várias vezes permeadas com esses elementos racionais. Em troca, porém, a contemplação também é, por sua vez, regulada *metodicamente*.

[85] Segundo Richard Baxter, *pecaminoso* é *tudo* que contrarie a "*reason*" conferida a nós por Deus como algo de inato normatizante: não passionalidades porventura pecaminosas apenas em conteúdo senão todos os afetos de algum modo desprovidos de sentido e desmedidos *enquanto tais* – porque eles aniquilam a "*countenance*" ["compostura"] e, enquanto ocorrências puramente pertencentes ao reino da criatura, retiram-nos da relação racional de todo agir e sentir relativo a Deus e ofendem o último. Cf., p. ex., aquilo é dito sobre a pecaminosidade da arrelia (*Christian Directory*. 2. ed. 1678, I, p. 285. Nessa matéria, Tauler é citado na p. 287). Sobre a pecaminosidade do *medo*, cf. ibid., p. 287, col. 2. Em ibid., I, p. 310 e 316, col. 1 e em outras passagens é explicado de modo bem veemente que se trata de divinização da criatura (*idolatry*) caso nosso *apetite* seja "*rule or measure of eating*" ["regra ou medida do comer"]. Na ocasião de tais observações são citados, além dos Provérbios de Salomão, estes sempre encontrados em posição de destaque, também a obra *De tranquillitate animi* de Plutarco, mas não raro os escritos ascéticos da Idade Média, São Bernardo, Boaventura, entre outros. – O contraste com o "Quem não ama vinho, mulher e cantoria?" dificilmente logrou ser formulado mais nitidamente do que pela extensão do conceito de *idolatry* a *todos*

os aprazimentos dos sentidos *enquanto* os mesmos não se justificassem por razões *higiênicas*, caso em que (como o *sport* mas também outras espécies de *recreation* dentro destes limites) eles são lícitos (sobre isso, ainda, cf. mais abaixo). Observe-se que as fontes citadas aqui e em outras passagens não são obras dogmáticas nem edificantes, senão que provêm da práxis da cura de almas e, portanto, formam uma boa imagem da direção em que esta atuou.

[86] Dito de passagem, eu lamentaria se fosse interpretada da exposição alguma *avaliação* qualquer, tanto de uma como da outra forma de religiosidade. Aqui se está bem longe disso. Interessa apenas o *efeito* de determinados traços, talvez relativamente periféricos para a avaliação puramente religiosa mas importantes para o comportamento prático.

[87] Sobre isso, cf. em particular o artigo de E. Troeltsch "Moralisten, englische" ["Moralistas ingleses"] em *Realencyklopädie für protestantische Theologie und Kirche*, 3. ed.

[88] O quanto atuaram conteúdos de consciência religiosos *bem concretos* e situações que aparentam "casualidade histórica", isso se nota de modo particularmente claro no fato de que nos círculos do pietismo surgido sobre base reformada, p. ex., a falta dos mosteiros foi, em ocasiões, diretamente *lamentada*, e no fato de os experimentos "comunistas" de Labadie, entre outros, terem sido a rigor apenas um sucedâneo da vida monástica.

[89] E isso já em algumas confissões da própria época da Reforma. Contudo, apesar de enxergar o desenvolvimento tardio como degeneração das ideias reformatórias, Ritschl tb. não nega, p. ex. (*Geschichte des Pietismus* [*História do pietismo*], I, p. 258ss.), que nas *Confessio Gallicana*, 25, 26, *Confessio Belgica*, 29, e *Confessio Helvetica*, post. 17, "a Igreja particular reformada é definida por características bem empíricas e que, *sem a característica da atividade moral*, os crentes não são considerados nessa verdadeira Igreja" (sobre isso, cf. nota 43, acima).

[90] "Bendito seja Deus que nós não somos da maioria" (ADAMS, T. *Works of the Puritan Divines*, p. 138).

[91] Com isso, a ideia do "*birthright*" ["direito adquirido por nascimento", "direito de primogenitura"], tão importante historicamente, encontrou enorme apoio na Inglaterra: "Os primogênitos que estão escritos no céu [...]. Assim como o primogênito não há de ser anulado em sua herança

e os nomes envolvidos não haverão nunca de ser oblitera-
dos, com a mesma certeza eles hão de herdar vida eterna"
(ADAMS, T. *Works of Puritan Divines*, p. XIV).

[92] Ao calvinismo desenvolvido nos aspectos ascéticos, o sentimento luterano de *arrependimento* penitente é de fato intrinsecamente estranho na práxis, mas não na teoria; para
ele, aquele sentimento é, a rigor, eticamente desprovido de
valor, não tem nenhuma utilidade aos réprobos, e, para o
indivíduo certo da sua eleição, o próprio pecado que ele porventura assuma é sintoma de desenvolvimento atardado e de
santificação defectiva, que o mesmo, ao invés de tomar em
arrependimento, *detesta* e busca superar mediante o ato com
vistas à glória de Deus. Cf. as observações de Howe (capelão de Cromwell entre 1656 e 1658) em "Of Men's Enemity
Against God and of Reconciliation Between God and Man"
(*Works of the English Puritan Divines*, p. 237): "A mente carnal
é *inimizade* [*enemity*] contra Deus. É a mente, portanto, não
meramente como especulativa, mas como prática e ativa, que
deve ser renovada"; p. 246: "Reconciliação [...] deve começar
(1) na profunda convicção [...] da sua inimizade anterior [...]
eu estive *alienado* de Deus [...] (2) (p. 251) uma apreensão
clara e vivaz [...] da monstruosa iniquidade e perniciosida-
de disso". Aqui é falado apenas do ódio ao pecado, não ao
pecador. Mas a famosa carta da Duquesa Renata d'Este (mãe
das "Leonoras") a Calvino – na qual, entre outras coisas, ela
fala do "*ódio*" que nutriria por pai e cônjuge *caso* houvesse
de se convencer de que ambos pertencessem ao grupo dos
réprobos – já indica a transferência do sentimento à pessoa e
é ao mesmo tempo um exemplo do que foi dito acima sobre o
desvencilhamento interior do indivíduo – por meio da doutrina da predestinação – ante os laços das comunidades unidas
pelo sentimento "natural".

[93] Owen, calvinista independente, vice-chanceler de Oxford
sob Cromwell, formula o princípio da seguinte forma (em
Investigations Into the Origin of Evangelic Church): "Ninguém
senão aqueles que dão evidência de serem pessoas *regeneradas ou santas* deve ser recebido ou contado propriamente aos
membros de Igrejas visíveis. Onde quer que isso seja faltante,
a essência mesma de uma Igreja está perdida". Cf. ademais o artigo
a seguir ["As seitas protestantes e o espírito do capitalismo"].

[94] Cf. o artigo a seguir ["As seitas protestantes e o
espírito do capitalismo"].

[95] *Catechismus ecclesiae genevensis*, p. 149. Bailey (*Praxis pietatis*, p. 125): "Na vida devemos fazer como se ninguém além de Moisés tivesse autoridade sobre nós".

[96] "A Lei é pensada pelos reformados como norma ideal; ao luterano ela se apresenta como norma inalcançável". No catecismo luterano, para suscitar a *humildade* necessária, ela se encontra *à frente* do Evangelho; nos catecismos reformados, em regra *depois*. Os reformados acusavam os luteranos de terem um "verdadeiro pavor do tornar-se santo" (Möhler); os luteranos acusavam os reformados de "servidão tacanha à Lei" e de soberba.

[97] *Studies and Reflections of the Great Rebellion*, p. 79ss.

[98] Entre estes, em particular, não se deve esquecer do Cântico dos Cânticos – na maioria das vezes simplesmente ignorado pelos puritanos –, cuja erótica oriental, aliás, contribuiu, p. ex., para o desenvolvimento do tipo de piedade próprio a São Bernardo.

[99] Sobre a necessidade desse autocontrole, cf., p. ex., a prédica já citada de Charnock sobre 2Cor 13,5 (*Works of the Puritan Divines*, p. 161ss.).

[100] A maioria dos teólogos da moral o aconselha, assim como Baxter (*Christian Directory*, II, p. 77ss.), que todavia não dissimula os "riscos".

[101] Naturalmente, a escrituração moral foi amplamente difundida também em outras localidades. Mas faltava o *acento* dado a ela – de ser único meio de *reconhecimento* da eleição ou da condenação, decididas desde a eternidade – e, com ele, o determinante *prêmio* psicológico pelo desvelo e pela observância a essa "calculação".

[102] *Esta* era a diferença decisiva com relação a outros modos de comportamento manifestamente semelhantes.

[103] Também Baxter (*O descanso eterno dos santos*, cap. XII) explica a *invisibilidade* de Deus, com a observação: assim como é possível, por correspondência, fazer um negócio lucrativo com um estranho não visto, também se pode adquirir "uma preciosa pérola" por meio de um "santo negócio" com o Deus invisível. – Essas analogias comerciais no lugar de forenses – comuns entre os moralistas mais antigos e no luteranismo – são bem características do puritanismo, que deixa os indivíduos efetivamente "regatearem" eles mesmos

sua bem-aventurança. – Cf. ademais, p. ex., a seguinte passagem, extraída de um sermão: "Nós avaliamos o valor de uma coisa por aquilo que pretende dar por ela um homem sábio, que não seja ignorante quanto ao mesmo nem esteja em necessidade. Cristo, a Sabedoria de Deus, deu-se a si mesmo, seu próprio precioso sangue, para redimir almas, e ele sabia o que elas eram, e não tinha necessidade das mesmas" (HENRY, M. "The worth of the soul". In: *Works of the Puritan Divines*, p. 313).

[104] Em contrapartida, o próprio Lutero já dizia: "Chorar vem antes das obras, e sofrer supera todo fazer".

[105] Também no desenvolvimento da teoria ética do luteranismo isso se revela da forma mais clara. Sobre esse desenvolvimento, cf. HOENNICKE, G. *Studien zur altprotestantischen Ethik* [*Estudos sobre a ética protestante antiga*]. Berlim, 1902; e ainda a instrutiva recensão de E. Troeltsch no periódico *Göttingische Gelehrte Anzeigen* (1902, n. 8). Nesse contexto, a proximidade da doutrina luterana com a calvinista *ortodoxa* em especial mais antiga era, na concepção, frequentemente bem ampla. Mas a orientação religiosa, de espécie distinta, estava sempre a se fazer notar. A fim de ganhar um pretexto para a vinculação da moralidade à fé, o conceito de *penitência* foi colocado por Melâncton em primeiro plano. A penitência operada pela Lei deve preceder a fé; as boas obras, porém, seguir à mesma, senão ela não logra ser – formulado quase que à maneira puritana – a verdadeira fé justificadora. Uma certa medida de relativa perfeição era tida por ele como alcançável também na terra; afinal, Melâncton originalmente até instruiu que a justificação sucederia para tornar o ser humano apto às boas obras, e no crescente aperfeiçoamento residiria ao menos aquela medida de bem-aventurança já neste mundo que a fé poderia proporcionar. E também entre os dogmáticos luteranos mais tardios estava manifestamente desenvolvida – de modo bem similar ao notado entre os reformados [calvinistas] – a ideia de que boas obras são os *frutos* necessários da fé, de que a fé operaria uma nova vida. Com crescente referência à Lei respondera já Melâncton, mas mais ainda os luteranos tardios, à questão sobre o que seriam "boas obras". Como reminiscência às ideias originais de Lutero restava agora apenas a menor seriedade com que foi encarada a bibliocracia, em especial a orientação às normas particulares do Antigo Testamento. Essencialmente, o Decálogo – enquanto codificação dos princípios

mais importantes da lei moral *natural* – permaneceu norma para o agir humano. – *Mas*: não havia nenhuma ponte segura que ligasse sua validade estatuária ao significado exclusivo, para a justificação, da *fé*, este reiteradamente inculcado, isso já porque essa fé tinha um caráter psicológico a rigor totalmente distinto do próprio à fé calvinista – cf. acima. O ponto de vista luterano genuíno do primeiro período fora abandonado, e, por parte de uma Igreja que se considerava instituição salvífica, ele tinha de sê-lo – um outro, porém, não foi assumido. Em especial, já por medo de perder o fundamento dogmático (*"sola fide"*!), não se lograva conceber a racionalização ascética da totalidade do viver como missão moral do indivíduo. Pois faltava justamente um estímulo que fizesse a ideia da *comprovação* alcançar um significado como o obtido no calvinismo pela doutrina da predestinação. Quando da adoção do *universalismo* da graça, teve de atuar contra o desenvolvimento da moralidade metódica também a interpretação mágica dos sacramentos – condizente com a inexistência dessa *doutrina* –, em particular o aduzir da *regeneratio* – ou então de seu princípio – ao *batismo*, porque ela reduzia, para a percepção, a distância entre o *status naturalis* e o estado de graça, principalmente com a forte ênfase luterana do pecado original. Não menos significativo foi a interpretação *exclusivamente forense* do ato de justificação, que pressupunha a variabilidade das decisões de Deus mediante a influência do ato *concreto* de penitência do pecador converso. Justamente ela, porém, foi cada vez enfatizada por Melâncton. A rigor, toda aquela transformação da sua doutrina, que se evidencia no crescente peso da *penitência*, também esteve intrinsecamente ligada ao seu reconhecimento do "livre-arbítrio". Tudo isso determinou o caráter *não* metódico da conduta luterana de vida. No imaginário do luterano médio – já em virtude de a prática confessional continuar a existir –, atos *concretos* da graça relativos a pecados concretos haveriam de constituir o intento da salvação, não o desenvolvimento de uma aristocracia de santos que criasse para si mesma sua certeza de salvação. Assim, não se logrou alcançar nem uma moralidade *autônoma* nem uma *ascese* racional orientada à Lei, senão que a última continuou a existir inorganicamente, enquanto estatuto e exigência ideal ao lado da "fé", ademais de modo bem instável e impreciso, sobretudo assistemático em seu conteúdo mais específico, visto que havia uma aversão à bibliocracia estrita, considerada santificação pelas obras. – A vida, porém, como disse Troeltsch (op. cit.) a respeito da teoria ética, permanecia uma "soma de meros arranques, nunca de todo exitosos", que, "atidos ao desmembramento de vagas instruções isoladas", não estavam voltados à "efetivação em uma totalidade coesa de vida", senão representavam essencialmente, no geral como no particular, um destinar-se à situação dada de vida, de acordo com o desenvolvimento que o próprio Lutero já havia adotado (cf. acima). – O tão deplorado "destinar-se" a culturas estrangeiras próprio ao alemão, sua rápida mudança de nacionalidade, *também* deve ser posto, em aspectos bem essenciais – *junto com* determinados fados políticos da nação –, na conta desse desenvolvimento, o qual ainda hoje exerce influência sobre todas as relações de vida próprias a nós [alemães]. A assimilação subjetiva de cultura permanecia precária *porque* ela ocorria essencialmente pela via da recepção passiva do que era "autoritariamente" oferecido.

[106] Sobre essas coisas, cf., p. ex., a prolixa obra de Tholuck *Vorgeschichte des Rationalismus* [*Antecedentes históricos do racionalismo*].

[107] Sobre o efeito – de espécie totalmente distinta – da doutrina *islâmica* da predestinação (mais corretamente: da pre*determinação*) e seus fundamentos, cf. a tese de doutorado de F. Ulrich citada anteriormente (em teologia, defendida em Heidelberg): *Die Vorherbestimmungslehre im Islam und Christentum* [*A doutrina da predeterminação no islã e no cristianismo*], 1912. Sobre a doutrina da predestinação dos jansenistas, cf. P. Honigsheim (op. cit.).

[108] Sobre isso, cf. o artigo a seguir ["As seitas protestantes e o espírito do capitalismo"], nesta compilação.

[109] Ritschl (*Geschichte des Pietismus* [*História do pietismo*], I, p. 152) busca estabelecer essa distinção, em referência ao tempo anterior a Labadie (aliás com base apenas em *specimina* neerlandeses), alegando que, entre os pietistas, (1) formavam-se conventículos, (2) cultivava-se a ideia da "nulidade do ser criado" de um "modo a contrariar o interesse evangélico na bem-aventurança", (3) buscava-se, de maneira não reformatória, "a certeza da graça no trato terno com o Senhor Jesus". Em relação a esses tempos mais remotos, a última marca característica se aplica a apenas *um* dos representantes tratados por ele; a ideia da "nulidade da criatura" era, em si, autêntica descendente do espírito calvinista, e só onde resultou em fuga do mundo prática ela fez com que se desviasse dos rumos do protestantismo normal. Por

fim, os conventículos haviam sido ordenados, em determinada extensão (para fins catequísticos, em particular), pelo próprio Sínodo de Dordrecht. – Das marcas características da devoção pietista analisadas na exposição preliminar de Ritschl, caberia talvez considerar: (1) o "precisismo" no sentido às vezes sustentado por Gisbert Voet, mais fortemente serviente à letra bíblica em tudo de *extrínseco* na vida; (2) o tratamento da justificação e da reconciliação com Deus não enquanto fins em si mesmos senão como meros *meios* para a vida asceticamente santa, como talvez encontrado em Lodenstein mas aludido também em Melâncton, p. ex. (nota 105, acima); (3) o alto apreço do *Busskampf* enquanto marca característica da autêntica regeneração, como instruída pela primeira vez por W. Teellinck; (4) a abstinência da Ceia do Senhor quando da participação de pessoas não regeneradas (sobre a qual ainda será falado em outro contexto), e, ligado à mesma, a formação de conventículos sem observância das restrições dos cânones de Dordrecht, com reavivamento da "profecia", isto é, da interpretação da Escritura também por não teólogos, mesmo mulheres (Anna Maria van Schurmann). Todas essas são coisas que expõem as divergências – em parte de gênero considerável – na doutrina e na práxis dos reformadores. Mas em comparação com as correntes não incluídas por Ritschl em sua exposição, em especial com o puritano inglês, elas representavam, *fora* o número 3, apenas uma intensificação de tendências encontradas por todo o desenvolvimento dessa devoção. A imparcialidade da exposição de Ritschl padece pelo fato de o grande erudito trazer para dentro da mesma seus juízos de valor, estes orientados pela política eclesiástica ou – dito talvez melhor – religiosa, e pela circunstância de o autor, em sua antipatia contra toda religiosidade especificamente *ascética*, interpretar qualquer inflexão nesse sentido como recaída no "catolicismo". Mas, assim como o catolicismo, também o antigo protestantismo encerra *"all sorts and conditions of men"* [todos os tipos *e* condições de homens], *e contudo* a *Igreja* Católica rejeitou, na figura do jansenismo, o rigorismo da ascese intramundana, da mesma maneira como o pietismo recusou o quietismo especificamente católico do séc. XVII. – Em todo caso, para nossas considerações especiais, o pietismo só se transforma em algo a atuar de modo distinto – não em grau senão qualitativamente – nas circunstâncias em que o intensificado medo do "mundo" levou a uma fuga da vida profissional de economia privada, portanto à formação de conventículos de base monástico-comunista (Labadie) ou – como dito pelos contemporâneos a respeito de alguns pietistas extremos – à *negligência* intencional ante o trabalho profissional mundano, em favor da contemplação. Como natural, essa consequência se deu com particular frequência onde a contemplação começava a assumir aquele traço que Ritschl caracteriza como "bernardinismo", porque na interpretação do Cântico dos Cânticos por São Bernardo faz-se notar pela primeira vez: uma religiosidade emotiva mística que aspira uma *unio mystica* de matiz criptossexual. Em comparação com a devoção reformada [calvinista] mas *também* com a sua cunhagem *ascética* em homens como Voet, ela representa indubitavelmente um *aliud* [algo de distinto], já puramente nos termos de uma psicologia da religião. Ritschl, porém, busca por toda parte copular esse quietismo com a *ascese* pietista, trazendo a última, assim, ao mesmo anátema, e aponta cada citação da mística ou estética católicas que ele encontra na literatura pietista. Só que teólogos da moral ingleses e neerlandeses totalmente "insuspeitos" também citam Bernardo, Boaventura e Tomás de Kempis. – Em todas as Igrejas da Reforma, a relação com o passado católico era altamente complexa, e, a depender do aspecto posto em primeiro plano, surge como mais próximo do catolicismo – ou de determinadas facetas dele – aqui um, ali o outro ponto de vista.

[110] O artigo bem instrutivo de Mirbt, intitulado "Pietismus" (na 3. ed. da *Realencyklopädie für protestantische Theologie und Kirche*), trata o surgimento do pietismo apenas como uma vivência religiosa pessoal de Spener, sob absoluto ignorar das antecedências reformadas [calvinistas], o que de fato parece algo estranho. – Interessante leitura para introdução ao pietismo continua a ser a descrição feita por Gustav Freytag em *Bilder aus der deutschen Vergangenheit* [*Retratos do passado alemão*]. Na literatura da época, cf., p. ex., sobre os primeiros desenvolvimentos do pietismo inglês: WHITAKER, W. *Prima institutio disciplinaque pietatis*, 1570.

[111] Como se sabe, essa visão tornou o pietismo apto a ser um dos principais zeladores da ideia de *tolerância*. Aproveitemos a ocasião para intercalar algo sobre a última. Se ignorarmos aqui inicialmente a *indiferença* humanístico-iluminista – por si só ela não teve *grandes* efeitos práticos em nenhuma localidade –, ela se originou historicamente no Ocidente, a partir das seguintes fontes principais: (1) razão de Es-

tado puramente política (arquétipo: Guilherme de Orange); (2) do mercantilismo (como se nota de modo particularmente claro, p. ex., na cidade de Amsterdã e em inúmeros potentados, senhores fundiários e cidades que acolheram os sectários como estimáveis zeladores do progresso econômico); (3) da inflexão radical da devoção calvinista. A rigor, a predestinação excluía em base que o Estado efetivamente promovesse a religião mediante intolerância. Através dela, afinal, ele de fato não lograria redimir nenhuma alma; somente a ideia da *honra de Deus* deu ocasião à Igreja para pleitear seu apoio à repressão da heresia. Mas quanto maior ênfase fosse dada ao pertencimento do pregador e de todos os participantes da Ceia do Senhor ao grupo dos eleitos, tanto mais insustentáveis se tornavam qualquer ingerência estatal na designação dos pregadores e qualquer outorga de cargos paroquiais como prebendas a alunos de universidades talvez não regenerados – apenas por serem formados em teologia –, sobretudo qualquer ingerência em assuntos da congregação por parte dos detentores do poder político, não raro questionáveis em sua conduta. O pietismo reformado corroborou esse ponto de vista por meio da desvalorização da correção dogmática e do paulatino minar do princípio *"extra ecclesiam nulla salus"* ["fora da Igreja não há salvação"]. Calvino tinha considerado a *submissão* também dos réprobos à divina fundação da Igreja como única compatível com a glória de Deus; na Nova Inglaterra buscou-se constituir a Igreja como aristocracia dos santos comprovados; já os independentes radicais, porém, rejeitavam qualquer ingerência de autoridades quaisquer – tanto civis como hierárquicas – no exame da "comprovação", este possível apenas dentro de *cada* congregação. A ideia de que a glória de Deus exigia submeter também os réprobos à disciplina da Igreja foi suplantada pela ideia – presente igualmente desde o início mas enfatizada de modo cada vez mais passional – de que seria uma ofensa à glória divina compartilhar a Ceia do Senhor com um condenado por Deus. Isso teve de levar ao voluntarismo, pois fez surgir a *believers' Church*, comunidade religiosa que abraçava apenas os regenerados. A confissão batista calvinista, à qual pertencia, p. ex., Praise-God Barebone, o presidente do "parlamento dos santos", foi a que arcou da forma mais resoluta com as consequências dessa linha de pensamento. O exército de Cromwell intercedeu pela liberdade de consciência, e, o parlamento dos "santos", até pela separação entre Estado e Igreja, *porque* seus membros eram pietistas devotos, portanto por razões *positivamente* religiosas. – (4) As *seitas anabatistas* – a serem discutidas adiante –, e de longe as mais fortes e consequentes internamente, sempre se ativeram, desde o início da sua existência, ao princípio de que apenas os regenerados em pessoa podem ser admitidos na comunidade eclesial, e por isso elas execravam todo o caráter de "instituição" da Igreja e qualquer ingerência da autoridade mundana. Portanto, também aqui foi uma razão *positivamente religiosa* o que gerou a exigência por tolerância incondicional. – John Browne foi provavelmente o primeiro que, por tais razões, intercedeu por tolerância incondicional *e* pela separação entre Estado e Igreja, quase uma geração antes dos batistas, duas gerações antes de Roger Williams. A primeira declaração de uma comunidade eclesial nesse sentido parece ser a resolução de 1612 ou 1613 dos batistas ingleses em Amsterdã: "o magistrado não deve ingerir na religião ou em matérias da consciência [...] porque Cristo é o rei e legislador da Igreja e consciência". O primeiro documento oficial de uma comunidade eclesial que exigiu a proteção *positiva*, pelo Estado, da liberdade de consciência enquanto *direito* foi provavelmente o artigo 44 da *Confession* dos batistas (particulares) de 1644. – Assinalemos mais uma vez de forma enfática que, naturalmente, é totalmente errônea a concepção, defendida em ocasiões, de que a tolerância *enquanto tal* teria favorecido o capitalismo. Tolerância religiosa não é nada de especificamente moderno nem ocidental. Na China, na Índia, nos grandes impérios anatólicos na era do helenismo, no Império Romano, nos impérios islâmicos, ela predominou durante longo espaço de tempo, em uma ambitude tão ampla – limitada apenas por motivos da *razão de Estado* (que também hoje impõem barreiras!) – como nunca encontrada no mundo nos séculos XVI e XVII, mas em menor medida nas regiões onde o puritanismo *predominava*, como, p. ex., na Holanda e na Zelândia no tempo da ascensão político-econômica, ou na Inglaterra e na Nova Inglaterra puritanas. Foi característico do Ocidente – antes como depois da Reforma –, à semelhança do Império Sassânida, p. ex., justamente a *intolerância confessional*, como predominante durante determinadas épocas também na China, no Japão, na Índia, mas mais por razões políticas. Por conseguinte, tolerância enquanto *tal* certamente não tem o mínimo a ver com capitalismo. Importante era: *a quem ela favorecia*. – As consequências relativas à exigência da *believers' Church* tornam a ser tratadas no artigo a seguir ["As seitas protestantes e o espírito do capitalismo"].

[112] Em sua aplicação prática, essa ideia se manifesta, p. ex., na figura dos *triers* de Cromwell, examinadores dos candidatos ao cargo de pregador. Eles buscavam constatar não tanto a formação teológica especializada senão o estado de graça subjetivo do candidato. Cf. tb. o artigo a seguir ["As seitas protestantes e o espírito do capitalismo"].

[113] A desconfiança característica do pietismo com relação a Aristóteles e à filosofia clássica em geral encontra-se prefigurada já em Calvino (cf. *Instit.*, II, c. 2, p. 4; III, c. 23, p. 5; IV, c. 17, p. 24). Como se sabe, em Lutero ela não foi menor nos seus começos, mas depois veio a ser repelida devido à influência humanista (sobretudo de Melâncton) e às imperiosas necessidades ligadas à instrução e à apologética. A *Confissão de Westminster* (cap. I, 7) também instruía, em consonância com as tradições protestantes, como natural, que o *necessário* à bem-aventurança estaria contido na Escritura de modo suficientemente claro também para os incultos.

[114] Contra isso se voltou o protesto das Igrejas oficiais, p. ex., tb. ainda o catecismo (mais curto) da Igreja Presbiteriana escocesa de 1648 (p. VII): reprova-se como interferência nas competências do *cargo* que pessoas *não* pertencentes à mesma família participem das orações da casa. Como toda formação congregacional ascética, também o pietismo livrou o indivíduo dos laços do patriarcalismo doméstico, este vinculado ao interesse do prestígio do ofício.

[115] Por boas razões se abstém aqui, intencionalmente, de tratar as relações "psicológicas" – no sentido *técnico*-científico da palavra – desses conteúdos de consciência religiosos, e mesmo o uso da respectiva terminologia é evitado sempre que possível. Por ora, o estoque conceitual efetivamente seguro da psicologia, inclusive da *psiquiatria*, ainda é insuficiente para ser empregado de imediato no âmbito dos nossos problemas para os fins da pesquisa em história, sem afetar a imparcialidade do juízo histórico. O uso da sua terminologia apenas criaria a tentação de revestir fatos imediatamente compreensíveis, e não raro até triviais, com um véu de diletante erudição com estrangeirismos, e assim gerar a falsa impressão de mais elevada exatidão conceitual, como lamentavelmente foi típico a [Karl Gotthard] Lamprecht, p. ex. – Princípios a se levar a sério para o emprego de conceitos psicopatológicos com vistas à interpretação de certos fenômenos de massa históricos podem ser encontrados em HELLPACH, W.

Grundlinien zu einer Psychologie der Hysterie [*Linhas gerais de uma psicologia da histeria*], cap. XII, assim como em seu escrito "Nervosität und Kultur" ["Nervosidade e cultura"]. Aqui não posso buscar explicar como, a meu ver, também esse escritor de versátil orientação foi prejudicado pela influenciação de certas teorias de Lamprecht. – Qualquer um que conheça a literatura, mesmo apenas a corrente, sabe da total desvalia das observações esquemáticas de Lamprecht sobre o pietismo (no vol. VII de *Deutsche Geschichte* [*História alemã*]) em comparação com a literatura mais antiga.

[116] Como, p. ex., entre os adeptos da obra de Schortinghuis, *Innige Christendom* [*Cristianismo íntimo*]. – Desde a perspectiva da história das religiões, isso remonta à perícope do Servo de Deus de Dêutero-Isaías [em Is 53] e ao Sl 22.

[117] Isso ocorreu de modo isolado junto aos pietistas holandeses, e depois sob influências *espinosistas*.

[118] Labadie, Tersteegen, entre outros.

[119] Ela se evidencia do modo talvez mais claro quanto ele – imagine-se: Spener! – contesta a competência da autoridade no controle dos conventículos, fora quando de desordens e abusos, porque haveria de se tratar de um *direito fundamental* dos cristãos garantido pela ordem apostólica (*Theologische Bedenken* [*Ponderações teológicas*], II, p. 81ss.). Este é – em princípio – exatamente o ponto de vista puritano referente à relação e ao âmbito de vigência dos direitos do indivíduo observados *ex jure divino* e por isso inalienáveis. Pois a Ritschl também não escapou nem esta heresia (*Geschichte des Pietismus* [*História do pietismo*], II, p. 157) nem a mencionada em outra passagem no texto (ibid., p. 115). Por mais não histórica que seja em particular a crítica positivista (para não dizer: filistina) que ele faz da ideia do "direito fundamental" – à qual, no fim, de fato devemos nada menos que *tudo* que mesmo o "mais reacionário" preza hoje como elemento mínimo da sua esfera de liberdade individual –, naturalmente se tem de concordar totalmente com ele em que em ambos os casos falta uma integração orgânica com o ponto de vista luterano de Spener. – Os próprios conventículos (*collegia pietatis*), aos quais deu base teórica o célebre escrito de Spener *Pia desideria* e que ele praticamente criou, acordavam totalmente em essência com as *prophesyings* [prédicas] inglesas como encontradas pela primeira vez nas lições bíblicas londrinas de João Laski (1547) e que desde então compõem o

inventário permanente das formas da devoção puritana perseguidas por insurgência contra a autoridade da Igreja. Por fim, ele justifica a rejeição da disciplina eclesiástica de Genebra, como se sabe, com o argumento de que seus zeladores por vocação, o "terceiro estado" (*status oeconomicus*: os cristãos leigos), *não* estariam integrados à organização eclesial na Igreja Luterana. De um lábil luteranismo, por outro lado – quando da discussão da excomunhão –, é o reconhecimento, como representantes do "terceiro estado", dos membros mundanos do consistório deputados pelos senhores de terra.

[120] O *nome* "pietismo", surgido pela primeira vez nos territórios do luteranismo, de fato já indica que o característico, na concepção dos contemporâneos, era que aqui é feita, da *pietas* [piedade], um *empreendimento* metódico.

[121] Certamente, há de se admitir que essa motivação é própria sobretudo, mas não *apenas*, ao calvinismo. Nas ordens eclesiásticas luteranas *mais antigas*, em especial, ela se encontra também com particular frequência.

[122] No sentido de Hb 5,13-14. Cf. SPENER, P.J. *Theologische Bedenken* [*Ponderações teológicas*], I, p. 306.

[123] Spener estimava, além de Bailey e Baxter, em especial Tomás de Kempis (cf. *Consilia et iudicia theologica*, III, 6, 1, dist. 1, 47; dist. 3, 6) e sobretudo Tauler (do qual ele não compreendia tudo: *Consilia et iudicia theologica*, III, 6, 1 dist. 1, 1). Considerações aprofundadas sobre o último podem ser encontradas em especial em *Consilia theologica*, I, 1, 1, n. 7. Para ele, Lutero descendeu de Tauler.

[124] Cf. em Ritschl (op. cit., II, p. 113). Ele se recusou a admitir o *Busskampf* dos pietistas mais tardios (e de Lutero) como única característica distintiva determinante da verdadeira conversão (*Theologische Bedenken* [*Ponderações teológicas*], III, p. 476). Sobre a santificação como fruto da gratidão pela fé na reconciliação – uma formulação especificamente luterana (cf. nota 59 da seção anterior) –, cf. as passagens citadas em Ritschl (op. cit., p. 115, nota 2). Sobre a *certitudo salutis*, por um lado, diz-se (em *Theologische Bedenken* [*Ponderações teológicas*], I, p. 324) que a fé verdadeira é não tanto *percebida na ordem do sentimental* do que reconhecida por seus *frutos* (amor e obediência a Deus); por outro lado, lê-se (ibid., I, p. 335ss.): "Mas no que concerne à preocupação sobre como podes ter certeza do teu estado de graça e de

salvação, ela é auferida mais seguramente a partir dos nossos livros" – luteranos – do que pelos dos "escribas ingleses". Em relação à essência da santificação, contudo, ele concordava com os ingleses.

[125] Os diários religiosos que A.H. Francke recomendava eram, também aqui, o sinal manifesto do mesmo. – O exercício metódico e o *hábito* da santificação haveria de provocar o incremento da última e a *separação* entre os bons e os maus – este, aliás, é tema fundamental do livro de Francke, *Von des Christen Vollkommenheit* [*Da perfeição do cristão*].

[126] De maneira característica, a divergência entre essa fé pietista racional na Providência e a sua interpretação ortodoxa se evidenciou quando da famosa contenda entre Löscher – representante da ortodoxia luterana – e os pietistas de Halle. Em seu escrito *Timotheus Verinus*, Löscher chega ao ponto de contrapor aos desígnios da Providência tudo que seja alcançado mediante atividade *humana*. Pelo contrário, o ponto de vista sempre sustentado de Francke era: enxergar como "aceno de Deus" aquele lampejo de clareza sobre o que há de ocorrer, resultado do sereno *esperar* pela decisão – de modo bem análogo à psicologia *quaker* e acordante à ideia ascética geral de que *metódica* racional seria o caminho para chegar mais próximo de Deus. – Zinzendorf, que em uma das decisões mais determinantes legou à *sorte* o destino da sua congregação, certamente encontra-se distante da forma franckiana da fé na Providência. Spener (*Theologische Bedenken* [*Ponderações teológicas*], I, p. 314) referira-se a Tauler em relação à característica da "serenidade" cristã, na qual o indivíduo se entrega ao operar divino, na qual o indivíduo não haveria de tolher o último mediante precipitado agir por iniciativa própria – no essencial também o ponto de vista de Francke. Por toda a parte se nota claramente a atividade da devoção pietista a buscar a paz (neste mundo), a rigor substancialmente moderada em comparação com o puritanismo. "*First righteousness, than peace*" ["primeiro retidão, depois paz"] – foi assim que uma liderança batista (G. White, a um destinatário a ser citado adiante) formulou, ainda em 1904, em oposição a isso, o programa ético da sua denominação (*Baptist Handbook*, 1904, p. 107).

[127] *Lectiones paraeneticae*, IV, p. 271.

[128] Principalmente contra essa ideia, sempre recorrente, volta-se a crítica de Ritschl. – Cf. o escrito de Francke citado na nota 125, o qual contém a doutrina.

[129] Ele é encontrado também entre pietistas ingleses *não* predestinacionistas, p. ex., em [Thomas] Goodwin. Sobre este e outros, cf. HEPPE, H.L. *Geschichte des Pietismus in der reformierten Kirche* [*História do pietismo na Igreja reformada*]. Leiden, 1879 – um livro que ainda não se tornou dispensável em relação à Inglaterra, e aqui e ali também em relação aos Países Baixos, mesmo depois do *standard work* de Ritschl. Ainda no séc. XIX, nos Países Baixos, Köhler (segundo seu livro [de 1856], a ser citado no artigo a seguir ["As seitas protestantes e o espírito do capitalismo"]) foi frequentemente inquirido acerca da *data* da sua regeneração.

[130] Assim se buscou combater a laxa consequência da doutrina luterana sobre o reaver da graça (*in extremis* esp. a "conversão" comum).

[131] Contra a necessidade, ligada a ela, de saber dia e hora da "conversão" enquanto marca *incondicional* da sua autenticidade, cf. Spener (op. cit., II, 6, 1, p. 197). A rigor, o *Busskampf* lhe era desconhecido, do mesmo modo como Melâncton não tinha conhecimento a respeito dos *terrores conscientiae* de Lutero.

[132] Além dela, naturalmente também colaborou a interpretação antiautoritarista, peculiar a toda ascese, do "sacerdócio universal". – Ocasionalmente recomendava-se ao pastor adiamento da absolução até a "comprovação" do autêntico arrependimento, o que Ritschl com razão caracteriza como calvinista em princípio.

[133] Os pontos decisivos para nós são encontrados de forma mais acessível em PLITT, H. *Zinzendorfs Theologie* [*Teologia de Zinzendorf*] (3 vols., Gotha 1869-), vol. I, p. 325, 345, 381, 412, 429, 433ss., 444, 448; vol. II, p. 372, 381, 385, 409ss.; vol. III, p. 131, 167, 176. – Cf. tb. BECKER, B. *Zinzendorf und sein Christentum* [*Zinzendorf e seu cristianismo*]. Leipzig, 1900, livro terceiro, cap. III.

[134] Certamente, ele só consideraria a *Confissão de Augsburgo* como documento apropriado da vida de fé luterano-cristã caso fosse vertido sobre ela – como ele exprime em sua repulsiva terminologia – um "caldo de pus". Ler Zinzendorf é uma penitência, porque sua linguagem, na irresoluta decomposição das ideias, tem um efeito ainda mais nauseante do que aquele "cristoterpentinol" tão desagradável a F.T. Vischer (em sua polêmica com o periódico *Christoterpe*, de Munique).

[135] "Não reconhecemos por irmãos, em nenhuma religião, aqueles que não tenham se lavado pela aspersão do sangue de Cristo e *prosseguido, integralmente transformados*, na santificação do espírito. Não reconhecemos nenhuma congregação de Cristo revelada (= visível) senão onde a palavra de Deus for pura e publicamente instruída e onde eles, enquanto filhos de Deus, *viverem em conformidade com ela, também de maneira santa.*" – De fato, a última frase é extraída do Pequeno Catecismo de Lutero, mas *ali* – como Ritschl já destaca – ela serve à resposta da questão sobre como o nome *de Deus* seria santificado; *aqui*, pelo contrário, à *demarcação* do âmbito da Igreja dos santos.

[136] Cf. Plitt (I, p. 346). Ainda mais determinante é a resposta (citada em Plitt, I, p. 381) à questão: "seriam as boas obras necessárias à bem-aventurança?" – "Desnecessária e prejudicial para a obtenção da bem-aventurança, mas tão necessária depois de obtida a bem-aventurança que quem não as realiza também não é bem-aventurado". Portanto, também aqui: não fundamento real mas – *único!* – fundamento do reconhecimento.

[137] P. ex., por meio daquelas caricaturas da "liberdade cristã" que Ritschl censurou (op. cit., III, p. 381).

[138] Sobretudo por meio da ênfase mais acentuada, na doutrina de salvação, da ideia da satisfação pela punição, a qual ele também tornou fundamento do método de santificação depois da rejeição, pelas seitas americanas, das suas tentativas missionantes de aproximação. A partir de então, a preservação da *puerilidade* e das virtudes próprias ao contentar-se humilde é posta por ele em primeiro plano como objetivo da ascese de hernutos, em aguda oposição a tendências totalmente análogas à ascese puritana na congregação.

[139] A qual, contudo, tinha de fato seus limites. Já por essa razão é errado querer enquadrar a religiosidade de Zinzendorf em um nível "psicossocial" de desenvolvimento, como Lamprecht o faz. Além disso, nada influenciou mais fortemente toda a sua religiosidade do que a circunstância de ele ter sido um *conde* com instintos no fundo feudais. Ademais, o *lado sentimental* da mesma, em particular, seria compatível, nos aspectos "psico*sociais*", tanto ao tempo da decadência sentimental da cavalaria quanto ao do "sentimentalismo". Se, em sua oposição ao racionalismo europeu ocidental, ela for "psicossocial" em primeiro lugar, então a mesma

há de ser mais claramente explicável pelo vínculo patriarcal do Leste alemão.

[140] As controvérsias de Zinzendorf com [Johann] Dippel levam à mesma conclusão, assim como – depois da sua morte – as declarações feitas no sínodo de 1764 exprimem claramente o caráter de *instituição* salvífica da congregação de Herrnhut. Cf. a crítica de Ritschl a respeito (op. cit., III, p. 443ss.).

[141] Cf., p. ex., § 151, 153, 160. Das observações da p. 311 em especial conclui-se que a ausência da santificação é possível *não obstante* verdadeiros arrependimento e perdão de pecados e que ela acorda com a doutrina luterana da salvação tanto quanto contraria a calvinista (e metodista).

[142] Cf. as declarações de Zinzendorf citadas em Plitt (II, p. 345). Assim como Spangenberg, *Idea fidei* (p. 325).

[143] Cf., p. ex., a declaração de Zinzendorf sobre Mt 20,28 citada em Plitt (III, p. 131): "Se vejo um homem ao qual Deus conferiu um distinto dom, alegro-me e sirvo-me do dom com prazer. Mas se noto que ele não está contente com o seu, senão que quer apenas torná-lo ainda mais distinto, tomo isso como o início da ruína de uma tal pessoa". – A rigor, Zinzendorf negara – em especial na sua conversa com John Wesley em 1743 – o *progresso* na santificação, porque ele identificou a última à justificação e a encontrou *somente* na relação com Cristo estabelecida pela via *sentimental* (Plitt, I, p. 413). No lugar do sentimento de ser "ferramenta" entra o "ter" o divino: a mística, não a ascese (no sentido discutido na "Introdução" dos estudos subsequentes [reunidos em *Ética econômica das religiões mundiais*]). – Naturalmente (como é discutido ali), também para o puritano é o *habitus* presente, *neste mundo*, aquilo que ele *efetivamente* aspira. No seu caso, porém, esse *habitus* interpretado como *certitudo salutis* é o *sentimento* ativo *de ser ferramenta*.

[144] O qual, porém, justamente devido a essa derivação, não foi fundamentado eticamente de modo consequente. Zinzendorf rejeita a ideia luterana do "serviço divino" na profissão como o aspecto *determinante* da fidelidade à mesma. Antes, esta seria *retribuição* pela "fidelidade de ofício do Salvador" (Plitt, II, p. 411).

[145] Além da sua predileção por escritores como Bayle, é conhecida sua afirmação: "Um homem sensato não deve ser descrente, e um homem crente não deve

ser insensato" (em seu escrito *Sokrates, d.i. Aufrichtige Anzeige verschiedener nicht sowohl unbekannter als vielmehr in Abfall geratener Hauptwahrheiten* [*Sócrates ou anúncio de diversas semiverdades não tão desconhecidas senão abjuradas*], 1725).

[146] A pronunciada predileção da ascese protestante pelo empirismo racionalizado mediante fundamentação matemática é conhecida e não há de ser examinada mais de perto aqui. Sobre a inflexão das ciências à pesquisa "exata" matematicamente racionalizada, sobre os motivos filosóficos para isso e sobre seu contraste com os pontos de vista de Bacon, cf. WINDELBAND, W. *Geschichte der Philosophie* [*História da filosofia*], p. 305-307; em especial os comentários na p. 305, que rejeitam acertadamente a ideia de que a ciência natural moderna deveria ser concebida como *produto* de interesses tecnológico-materiais. Naturalmente há relações altamente importantes, mas em um âmbito muito mais complicado. Cf. ademais WINDELBAND, W. *Die Geschichte der neueren Philosophie* [*A história da filosofia moderna*], I, p. 40ss. – O *ponto de vista* determinante para o posicionamento da ascese protestante, como manifestado provavelmente de modo mais claro em Spener (op. cit., I, p. 232; III, p. 260), era a rigor o de que: do mesmo modo como se reconhece o cristão com base nos *frutos* da sua fé, também o conhecimento a respeito de Deus e das suas intenções só poderia ser inferido do conhecimento relativo às suas *obras*. Por conseguinte, a disciplina predileta de todo cristianismo puritano, anabatista e pietista era a física, seguida por outras disciplinas do campo da matemática e da ciência natural que trabalhavam com método de igual espécie. Acreditava-se mesmo poder obter o conhecimento a respeito do "sentido" do mundo a partir da apreensão empírica, na natureza, das leis divinas, o qual a rigor nunca haveria de ser apreendido pela via da especulação conceitual, dado o caráter fragmentário da revelação divina – uma ideia calvinista. Para a ascese, o empirismo do séc. XVII era o meio para se buscar "Deus na natureza". Ele parecia *levar a* Deus; a especulação filosófica, afastar-se dele. Para Spener, os piores danos ao cristianismo foram causados em especial pela filosofia aristotélica. *Qualquer outra* seria melhor, particularmente a *"platônica"* (*Consilia et iudicia theologica*, III, 6, 1, dist. 2, n. 13). Cf. ademais a seguinte passagem, característica: "Assim, não tenho nada que dizer sobre Descartes (ele não o leu), embora sempre preferi e prefiro que Deus fomente varões que por fim ponham diante dos

nossos olhos a verdadeira filosofia, *na qual se atenda não à autoridade de algum homem mas tão somente* à sã razão, que não conhece mestres" (SPENER, P.J. *Consilia et iudicia theologica*, II, 5, n. 2). – É conhecido o significado que essas concepções do protestantismo ascético tiveram para o desenvolvimento do *ensino*, em especial da instrução *técnica*. Combinadas à posição relativa à *fides implicita*, delas resultou seu programa pedagógico.

[147] "Essa é aquela espécie de gente que divide sua felicidade mais ou menos em quatro partes: (1) humilhar-se, ser desdenhado, difamado [...] (2) negligenciar todos os sentidos de que eles não precisam para servir ao seu Senhor [...] (3) não possuir nada, ou então se desfazer novamente daquilo que recebem [...] (4) trabalhar como *diarista*, não pelo ganho mas *por amor à profissão* e à substância do Senhor e do seu próximo" (*Religiöse Reden* [*Discursos religiosos*], II, p. 180; Plitt, I, p. 445). *Nem todos* podem nem estão autorizados a se tornar "discípulos", senão apenas aqueles que o Senhor chama – mas segundo própria admissão de Zinzendorf (Plitt, I, p. 449) mesmo nesse caso restam dificuldades, visto que o Sermão da Montanha se dirige formalmente a *todos*. Salta aos olhos a afinidade desse "livre acosmismo do amor" com os antigos ideais anabatistas.

[148] Pois a internalização sentimental da devoção simplesmente não era de modo nenhum estranha ao luteranismo, nem mesmo ao do tempo dos epígonos. Antes, a diferença constitutiva era, *aqui*, o elemento *ascético*: a regulamentação do viver – que aos olhos do luterano deixava a impressão de "santificação pelas obras".

[149] Um "medo sincero" seria melhor sinal de graça que a "certeza", diz Spener (*Theologische Bedenken* [*Ponderações teológicas*], I, p. 324). Naturalmente, entre os escritores puritanos também encontramos advertências veementes quanto à "falsa certeza", mas a doutrina da predestinação, enquanto sua influência foi determinante para a cura de almas, ao menos esteve sempre a atuar na direção contrária.

[150] Pois o efeito *psicológico* da preservação da prática da confissão, por toda parte, foi o *alívio* da responsabilidade própria do sujeito por sua conduta – por isso, afinal, a primeira era procurada – e, com ele, o da rigorística consequência das exigências ascéticas.

[151] A intensidade com que fatores puramente políticos atuaram nesse contexto – também em relação à *espécie* da devoção pietista – já foi sugerida por Ritschl (vol. III da sua obra, citada diversas vezes) em sua descrição do pietismo vurtembergano.

[152] Cf. a afirmação de Zinzendorf citada na nota 145.

[153] Obviamente, o calvinismo também é "patriarcal", pelo menos o genuíno. E a relação entre o sucesso da atividade de Baxter, p. ex., assim como o caráter de indústria doméstica próprio aos negócios em Kidderminster, são claramente notados em sua autobiografia. Cf. a passagem citada em *Works of the Puritan Divines*, p. XXXVIII: "A cidade vive do tecer de panos de Kidderminster, e elas [as pessoas], enquanto estejam em seu tear, podem pôr um livro diante de si, ou edificar umas as outras [...]". Entretanto, no terreno da ética reformada, e com mais forte razão no campo da ética anabatista, o patriarcalismo é de espécie distinta do encontrado no âmbito do pietismo. Esse problema só pode ser discutido em outro contexto.

[154] *Die christliche Lehre von der Rechtfertigung und Versöhnung* [*A doutrina cristã da justificação e reconciliação*]. 3. ed., I, p. 598. – Se Frederico Guilherme I caracterizou o pietismo em geral como algo detalhado aos *rentistas*, isso certamente revela mais a respeito desse rei do que sobre o pietismo de Spener e Francke, e mesmo o rei sabia bem o porquê de ter aberto seus estados ao pietismo, por meio do seu edito de tolerância.

[155] Como orientadora introdução ao conhecimento do metodismo, é particularmente apropriado o primoroso artigo de Loofs "Methodismus", na *Realencyklopädie für protestantische Theologie und Kirche*, 3. ed. Os trabalhos de Jacoby (em especial *Handbuch des Methodismus* [*Manual do metodismo*]), Kolde, Jüngst, Southey também são proveitosos. Sobre Wesley: TYERMAN, L. *Life and Times of John Wesley*. Londres, 1870. O livro de Watson (*Life of Wesley*, tb. em tradução alemã) é popular. – Em Evanston, perto de Chicago, a Universidade de Northwestern tem uma das melhores bibliotecas sobre a história do metodismo. Quem construiu uma espécie de elo entre o puritanismo clássico e o metodismo foi o poeta religioso Isaac Watts, amigo do capelão de Oliver Cromwell (Howe), depois de Richard Cromwell, cujo conselho Whitefield teria buscado (cf. SKEATS, p. 254ss.).

[156] Historicamente – caso se exceptuem as influenciações pessoais dos Wesleys –, ela é determinada de

um lado pelo esmorecimento do dogma da predestinação e, de outro, pelo impetuoso redespertar da [ideia da] "*sola fide*" ["pela fé somente"] entre os fundadores do metodismo, mas sobretudo motivada por seu caráter específico de *missão*, que provocou uma repristinação (refiguradora) de certos métodos medievais da pregação do "despertar" e os combinou com formas pietistas. O fenômeno – que nesse aspecto estava atrás não apenas do pietismo senão também da devoção bernardina da Idade Média – certamente não pertence a nenhuma linha de desenvolvimento *geral* em direção ao "subjetivismo".

[157] O próprio Wesley caracterizou assim, ocasionalmente, o efeito da fé metodista. É manifesta a afinidade com a "felicidade" zinzendorfiana.

[158] Cf. a mesma, p. ex., em WATSON, R. *Life of Wesley* (p. 331 da ed. alemã).

[159] SCHNECKENBURGER, J. *Vorlesungen über die Lehrbegriffe der kleinen protestantischen Kirchenparteien* [*Preleções sobre as concepções doutrinais dos pequenos partidos eclesiais protestantes*]. Frankfurt, 1863, p. 147 [ed. Hundeshagen].

[160] Whitefield, líder do grupo predestinacionista, o qual se desmantelou após sua morte porque inorganizado, rejeitava no essencial a doutrina da "perfeição" de Wesley. Afinal, esta é de fato apenas um *sucedâneo* da ideia de comprovação dos calvinistas.

[161] SCHNECKENBURGER, J. Op. cit., p. 145. Algo diferente: LOOFS. Op. cit. Ambas as consequências são típicas a toda religiosidade de espécie semelhante.

[162] Como a conferência de 1770. A primeira conferência de 1744 já tinha reconhecido que nem por "um fio de cabelo" as palavras bíblicas passavam ao largo do calvinismo, por um lado, por outro do antinomismo. Enquanto a vigência da Bíblia como norma *prática* ficasse preservada, não caberia distinguir um do outro em torno de diferenças doutrinais, dada sua obscuridade.

[163] Os metodistas se *distinguiam* dos hernutos por sua doutrina sobre a possibilidade de perfeição sem pecado, a qual Zinzendorf, em especial, também rejeitava, enquanto Wesley, por outro lado, concebia como uma "mística" o caráter *sentimental* da religiosidade dos hernutos e

caracterizava como "blasfêmia" as visões de Lutero sobre a Lei. Aqui se evidencia a barreira que inevitavelmente continuava a existir entre toda espécie de conduta *racional* da vida religiosa e o luteranismo.

[164] Em ocasiões, John Wesley salienta que, por toda parte – junto aos *quakers*, aos presbiterianos e aos High Churchmen –, haveria a necessidade de crer em *dogmas*, exceto junto aos metodistas. – Sobre o precedente, cf. tb. a exposição, certamente que sumária, em SKEATS, M.S. *History of the Free Churches of England 1688-1851.*

[165] Cf., p. ex., DEXTER, H.M. *Congregationalism*, p. 455ss.

[166] Mas que naturalmente *pode* comprometê-lo, como hoje ocorre junto aos negros americanos. – De resto, o caráter não raro marcadamente patológico da emoção metodista, em oposição à sentimentalidade relativamente moderada do pietismo, bem que *talvez* também esteja mais estreitamente relacionado à mais forte impregnação *ascética* do viver nas áreas de difusão do metodismo – além de a razões puramente históricas e à publicidade do processo. Dar sentença sobre isso, porém, seria competência apenas dos neurologistas.

[167] Loofs (op. cit., p. 750) destaca expressamente que o metodismo se distingue de outros movimentos ascéticos por ser *posterior* à época do iluminismo inglês e o põe em paralelo com o renascimento do pietismo (certamente que bem menos vigoroso) ocorrido aqui [na Alemanha] no primeiro terço daquele século [XIX]. – Mas em linha com Ritschl (*Die christliche Lehre von der Rechtfertigung und Versöhnung* [A doutrina cristã da justificação e reconciliação], vol. I, p. 568ss.) há de permanecer lícita também a paralelidade com a variante zinzendorfiana do pietismo, a qual, a rigor – em contraste com Spener e Francke –, *também* já foi reação ao iluminismo. Só que no metodismo, como vimos, essa reação assume uma direção de fato bem distinta da notada entre os hernutos, ao menos enquanto eles foram influenciados por Zinzendorf.

[168] Ideia que ele todavia desenvolveu exatamente do mesmo modo e com o efeito precisamente igual que outras denominações ascéticas, como mostra a passagem de John Wesley (reproduzida adiante).

[169] E – como se mostrou – *moderações* da consequente ética ascética do puritanismo; ao passo que haveria então de se dar o *exato inverso* caso se pretendesse interpretar

essas concepções religiosas à maneira em voga, apenas como "epifenômenos" ou "reflexos" do desenvolvimento capitalista.

[170] Dos batistas, somente os assim denominados *general baptists* remontam aos antigos anabatistas. Os *particular baptists* – como já dito anteriormente – eram calvinistas que restringiam o pertencimento à Igreja principalmente aos regenerados ou então a professadores *pessoais*, que por isso permaneceram voluntaristas por princípio e opositores a quaisquer Igrejas de Estado – decerto que sob Cromwell nem sempre de modo consequente na práxis. Eles, mas também os *general baptists*, por mais importantes que sejam historicamente enquanto expoentes da tradição anabatista, não nos oferecem aqui nenhum ensejo à análise particular do dogma. É incontestável que os *quakers*, formalmente uma refundação por George Fox e seus consociados, eram em suas ideias fundamentais apenas continuadores da tradição anabatista. Robert Barclay (*The Inner Life of the Religious Societies of the Commonwealth*, 1876) dá a melhor introdução à sua história, ao mesmo tempo sob elucidação da sua relação com batistas e menonitas. Sobre a história dos batistas, cf., entre outros trabalhos: DEXTER, H.M. *The True Story of John Smyth, the Se-Baptist, as Told by himself and his Contemporaries*. Boston, 1881. Cf. a respeito, o artigo de J.C. Lang no periódico *The Baptist Quarterly Review* (1883, p. 1ss.). • MURCH, J. *A History of the Presbyterian and General Baptist Church in the West of England*. Londres, 1835. • NEWMAN, A.H. *History of the Baptist Church in the U.S.* Vol. 2. Nova York, 1894 [American Church History Series]. • VEDDER, H.C. *A Short History of the Baptists*. Londres, 1897. • BAX, E.B. *Rise and Fall of the Anabaptists*. Nova York, 1902. • LORIMER, G. *Baptists in History*, 1902. • SEISS, J.A. *Baptist System Examined*. Gallesburg: Lutheran Publication Society, 1902; material complementar pode ser obtido no *Baptist Handbook* (Londres, 1896), nos *Baptist Manuals* (Paris, 1891-1893), no periódico *The Baptist Quarterly Review* e na *Bibliotheca sacra* (Oberlin, 1900). A melhor biblioteca sobre os *batistas* parece estar no Colgate College, no Estado de Nova York. É considerada a melhor coleção sobre a história dos *quakers* a reunida na Devonshire House em Londres (não utilizada por mim). O órgão moderno oficial da ortodoxia é o *American Friend*, editado pelo Prof. Jones; a melhor história dos *quakers* é a de Rowntree. De resto: JONES, R.B. *George Fox* – An Autobiography. Filadélfia, 1903. • THOMAS, A.C. *A History of the*

Society of Friends in America. Filadélfia, 1895. • GRUBB, E. *Social Aspects of Quaker Faith*. Londres, 1899. Cf. ademais a grande e muito boa literatura *biográfica*.

[171] É um dos grandes méritos de Karl Müller em sua história da Igreja ter conferido, dentro da exposição, a merecida posição ao movimento anabatista, este grandioso à sua maneira, ainda que manifestamente modesto. Como nenhum outro, ele sofreu implacável perseguição por parte de *todas* as Igrejas – justamente porque *queria* ser *seita*, no sentido específico da palavra. Ele ficou descreditado devido à catástrofe acometida em Münster sobre a corrente escatológica dele proveniente, isso ainda após cinco gerações, em todo mundo (na Inglaterra, p. ex.). E, acima de tudo, reiteradamente esmagado e acossado à margem, ele só logrou uma formulação coesa do seu *ideário* religioso longo tempo após seu surgimento. Assim, ele produziu *ainda* menos "teologia" do que teria sido compatível com seus princípios, em si hostis à prática especializada da fé em Deus como uma "ciência". Isso era pouco simpático à teologia especializada mais antiga – já do seu próprio tempo –, e também a impressionou muito pouco. Mas mesmo em alguns autores mais recentes não se nota nada de distinto. Em Ritschl, p. ex. (*Geschichte des Pietismus* [*História do pietismo*], I, p. 22ss.), os "anabatistas" são tratados de maneira pouco imparcial, a rigor até com desprezo – sente-se tentado a falar de um "ponto de vista burguês" teológico –, embora há décadas já se dispusesse da bela obra de Cornelius (*Geschichte des Münsterschen Aufruhrs* [*História da revolta de Münster*]). Ritschl constrói no geral, também aqui, um colapsar – do seu ponto de vista – em "catolicismo", e fareja influências diretas dos espirituais e dos observantes franciscanos. Mesmo se estas fossem comprováveis isoladamente, tais elos seriam bem tênues. E, de fato, a circunstância histórica era sobretudo: que a Igreja Católica oficial tratava com extrema desconfiança a ascese *intra*mundana dos leigos – onde quer que ela levasse à formação de conventículos – e buscava desviá-la à via da formação de ordens monásticas – portanto para *fora* do mundo –, ou então a integrava intencionalmente como ascese de segundo grau às ordens plenas e a subordinava ao seu controle. Onde isso não se lograva, ela pressentia, exatamente do mesmo modo, o perigo de o cultivo da moralidade ascética subjetivista levar à heresia e à negação da autoridade, como fez a Igreja de Elizabeth – com igual direito – diante de *prophesyings*, dos conventículos bíblicos semipietistas, também nos

casos em que estes fossem inteiramente corretos quanto ao *conformism*, e como expresso pelos Stuarts em seu *Book of Sports* – a se tratar mais tarde. Prova disso é a história de um grande número de movimentos heréticos, mas também a dos *humiliati* e das beguinas, p. ex., e, do mesmo modo, o fado de São Francisco. A pregação dos frades mendicantes, principalmente dos franciscanos, de fato auxiliou diversas vezes no preparo do terreno para a moralidade de leigos ascética do protestantismo anabatista-reformado. Mas os inúmeros traços de afinidade entre a ascese dentro do monasticismo do Ocidente e a conduta ascética de vida dentro do protestantismo – que haverão de ser reiteradamente enfatizados como altamente instrutivos, em especial em nosso contexto – têm seu fundamento último justamente na circunstância de *toda* ascese situada no âmbito do cristianismo bíblico *ter* de possuir, necessariamente, como natural, certos traços comuns importantes – e ademais de que toda ascese em geral, independentemente da confissão, precisa de determinados meios provativos para a "mortificação" da carne. – Sobre o delineamento a seguir deve-se ainda observar que sua brevidade é atribuída à circunstância de a ética anabatista ser de significado apenas muito limitado para o problema discutido *neste* estudo em especial: o desenvolvimento dos fundamentos religiosos da ideia "burguesa" de *profissão*. Ela não lhe acrescentou nada de necessariamente novo. Por ora ainda será deixado de lado aqui o lado social do movimento, de longe mais importante. Em virtude da colocação do problema, aqui também *somente* pode ser exposto do conteúdo histórico do movimento anabatista *mais antigo* aquilo que depois influiu na particularidade das seitas encontradas em primeiro plano para nós: batistas, *quakers* e menonitas (estes mais à parte).

[172] Cf. nota 93, acima.

[173] Sobre suas origem e transformação, cf. o estudo de Ritschl em seus *Gesammelten Aufsätzen* [*Ensaios reunidos*], p. 69ss.

[174] Os anabatistas naturalmente sempre rejeitaram a designação de "seita". Eles são *a* Igreja no sentido de Ef 5,27. Para *nossa* terminologia, porém, eles são "seita" *não apenas* porque careciam de qualquer relação com o Estado. Ainda entre os *quakers* (Barclay), seu ideal certamente era a relação entre Igreja e Estado no primeiro período do cristianismo, visto que aos mesmos, como a alguns pietistas (Tersteegen), era insuspeita *apenas* a pureza das Igrejas sob a cruz.

Mas sob um Estado *incréu*, ou até sob a cruz, também os calvinistas tiveram de ser, *faute de mieux* [na falta de algo melhor] – similarmente à própria Igreja Católica em caso igual –, a favor a separação entre Estado e Igreja. Também, os anabatistas são uma "seita" *não* porque a admissão à condição de membro eclesial sucedia *de facto* mediante um contrato de admissão fechado entre congregação e catecúmenos. Pois *formalmente* esse era o caso, p. ex., mesmo nas congregações reformadas dos Países Baixos (como consequência da situação política original), em conformidade com a antiga constituição eclesial (sobre isso, cf. HOFFMANN, H. *Kirchenverfassungsrecht der niederländischen Reformierten* [*Direito dos reformados dos Países Baixos a respeito da constituição eclesial*]. Leipzig, 1902). – Senão porque a comunidade religiosa em geral *podia* ser organizada *apenas* voluntariamente – como seita –, não à maneira de instituição – como Igreja –, caso ela pretendesse não incluir não regenerados, e portanto viesse a divergir do modelo cristão antigo. Nas comunidades anabatistas pertencia ao *conceito* de "Igreja" aquilo que junto aos reformados se afigurava como estado factual. Já foi sugerido que, também entre *estes*, certamente impeliram à *believers' Church* motivos religiosos bastante determinados. Sobre "Igrejas" e "seitas", cf. o artigo a seguir ["As seitas protestantes e o espírito do capitalismo"]. Quase ao mesmo tempo e – suponho – independentemente de mim, Kattenbusch empregou o conceito de "seita" aqui utilizado (no artigo "Sekte" da *Realencyklopädie für protestantische Theologie und Kirche*). Em sua obra *Die Soziallehren der christlichen Kirchen und Gruppen* [*As doutrinas sociais dos grupos e Igrejas cristãos*], Troeltsch o aceita e trata de forma mais aprofundada. Cf. tb. a introdução aos estudos reunidos em *Ética econômica das religiões mundiais.*

[175] Cornelius (op. cit.) expôs de forma bem clara o quanto esse símbolo foi importante historicamente para a conservação da unidade comum das Igrejas – porque criou para estas uma marca inequívoca e inconfundível.

[176] Aqui podem ser desconsideradas certas aproximações à mesma na doutrina da justificação dos menonitas.

[177] Talvez se baseie nessa ideia o interesse religioso pelas discussões das questões sobre como se deva conceber a encarnação de Cristo e a sua relação com a Virgem Maria, questão que se apresenta de modo tão singular já nos documentos mais antigos dos anabatistas (p. ex. nas "confissões"

reproduzidas em Cornelius, op. cit., apêndice ao vol. II), não raro como *único* elemento puramente dogmático (sobre isso, cf. MÜLLER, K. *Kirchengeschichte* [História da Igreja], II, 1, p. 330, entre outros). Interesses religiosos similares estão na origem da diferença na cristologia de reformados e luteranos (na doutrina da assim denominada *communicatio idiomatum* [comunicação das propriedades]).

[178] Ele se exprimia notadamente na evitação originalmente rigorosa dos excomungados também na relação civil – um ponto em que mesmo os calvinistas faziam fortes concessões ao entendimento de que as relações civis não haveriam de ser fundamentalmente afetadas por censuras clericais. Cf. o artigo a seguir ["As seitas protestantes e o espírito do capitalismo"].

[179] É conhecido o modo como esse princípio se manifestou junto aos *quakers*, em elementos extrínsecos aparentemente desimportantes (recusa de tirar o chapéu, de se ajoelhar, de inclinar a cabeça, e igualmente do uso de pronomes de tratamento no plural). Em certa extensão, porém, a ideia *fundamental* é, em si, própria a *qualquer* ascese, que por isso é sempre "hostil à autoridade" em sua forma *genuína*. No calvinismo ela se manifestou no princípio de que na *Igreja* apenas *Cristo* haveria de reger. No que diz respeito ao pietismo, pense-se no esforço de Spener para justificar biblicamente as *titulaturas*. A ascese católica rompeu com esse traço – enquanto se trate da autoridade *eclesiástica* – mediante o voto de *obediência*, quando interpretou a obediência mesma de modo ascético. Aquela "inversão" desse princípio na ascese protestante ainda é o fundamento histórico da particularidade da atual *democracia* de povos de influência puritana e da sua diferença com relação àqueles do "espírito latino". Ela é também aquilo que fundamenta historicamente essa "falta de respeito" dos americanos que – a depender do caso – a um causa repulsa, ao outro é reanimante.

[180] Entre os anabatistas, esta decerto se aplicou desde o início essencialmente apenas ao *Novo*, não – de igual maneira – ao Antigo Testamento. Em especial o Sermão da Montanha desfrutava de um apreço específico como programa ético-social, em todas as denominações.

[181] Schwenckfeld havia considerado a ministração formal dos sacramentos já como uma adiáfora, enquanto os "*general baptists*" e os menonitas observavam estritamente o batismo e a Ceia do Senhor, os últimos ademais

o lava-pés. Mas, como entre os predestinacionistas, era muito forte a desvalorização dos sacramentos, até mesmo a sua *suspeição* – o que se pode dizer em relação a todos estes, à exceção da Ceia do Senhor. Cf. o artigo a seguir ["As seitas protestantes e o espírito do capitalismo"].

[182] Nesse aspecto, as denominações anabatistas, em especial os *quakers* (BARCLAY, R. *An Apology for the True Christian Divinity*. 4. ed. Londres: T. Sowle, 1701 – a mim disponibilizada por gentileza de E. Bernstein), recorriam à declaração de Calvino nas *Institutas* (III, 2), onde de fato se encontram inequívocas aproximações com a doutrina anabatista. Também a *diferenciação* mais antiga entre a dignidade da "Palavra de Deus" – como aquilo que Deus revelou aos patriarcas, profetas, apóstolos – e a da "Escritura Sagrada" – como aquilo que eles *registraram* dessa palavra – a rigor estava intrinsecamente relacionada, decerto sem que se estabelecesse uma vinculação histórica, com a concepção dos anabatistas a respeito da essência da revelação. Do mesmo modo, a doutrina mecanicista da inspiração e, com ela, a estrita bibliocracia entre os calvinistas foram produtos apenas de um desenvolvimento nessa direção iniciado no curso do século XVI, assim como, na doutrina dos *quakers*, esta de base anabatista, a doutrina da "luz interior" foi o resultado de um desenvolvimento a ocorrer em direção justamente contrária. Aqui, a clara cisão provavelmente também foi, em parte, consequência de constante querela.

[183] Isso foi enfatizado veementemente contra certas tendências dos socinianos. A razão "natural" não sabe *absolutamente nada* de Deus (BARCLAY, R. *An Apology for the True Christian Divinity*. Op. cit., p. 102). Com isso se alterava a posição que a *lex naturae* assume normalmente no protestantismo. Por princípio não podia haver *general rules* [regras gerais], nenhum *código* moral, pois a "vocação profissional", que todos têm e é *individual* a cada um, Deus lhes mostrou por intermédio da *consciência*. Temos de realizar não "o bem" – no conceito generalizante da razão "natural" – senão a *vontade de Deus*, tal como na nova Aliança esta nos foi escrita no coração e se manifesta na consciência (ibid., p. 73-76). Essa *irracionalidade* própria a tudo de moral – resultante do acentuado antagonismo entre o divino e tudo de pertencente ao reino da criatura – exprime-se nas seguintes sentenças, fundamentais para ética dos *quakers*: "o que um homem faz contrariamente à sua fé, *mesmo que sua fé esteja errada*, não é aceitável a

Deus, de maneira nenhuma [...] mesmo *que a coisa tenha sido lícita [lawful] a outrem*" (ibid., p. 487). Na práxis, como natural, ela era insustentável. Em Barclay, p. ex., os "estatutos morais e perpétuos [*moral and perpetual*] reconhecidos por todos os cristãos" determinam até mesmo o limite da *tolerância*. Na prática, os contemporâneos consideravam sua ética como de espécie igual àquela dos pietistas reformados – com algumas singularidades. Spener salienta repetidas vezes que "tudo de bom na Igreja é suspeito de ser quakerismo". Daí, talvez, Spener invejar os *quakers* por essa fama (*Consilia et iudicia theologica*, III, 6, 1, dist. 2, n. 64). – A recusa do juramento devido a uma palavra bíblica já mostra o pouco que avançara a emancipação efetiva ante a letra da Escritura. Aqui não há de nos ocupar o significado ético-*social* da sentença "fazei aos outros apenas o que quereis que eles vos façam", vista por alguns *quakers* como quintessência de *toda* a ética cristã.

[184] Barclay justifica a necessidade de admitir essa *possibilidade* com o argumento de que sem ela "não haveria jamais um lugar conhecido pelos santos no qual eles pudessem estar livres do duvidar e do desespero [*doubting and despair*], o que [...] é mais absurdo". Nota-se: a *certitudo salutis* depende disso. Segundo Barclay (op. cit., p. 20).

[185] Persiste portanto uma diferença de tônica entre a racionalização do viver calvinista e a quakerista. Mas se Baxter a formula no sentido de que o "Espírito", para os *quakers*, haveria de atuar sobre a alma como sobre um cadáver, enquanto o princípio reformado seria (formulado de modo característico) "razão e espírito são princípios conjuntos" (*Christian Directory*, II, p. 76), então na prática, em relação a seu tempo, a oposição não mais vigorava *nesta* forma.

[186] Cf. os bem elaborados artigos de Cramer "Menno" e "Mennoniten" na *Realencyklopädie für protestantische Theologie und Kirche*, esp. p. 604. Tudo que esses artigos mencionados têm de bom, o artigo "Baptisten", encontrado na mesma literatura, tem de pouco aprofundado e, em parte, de diretamente impreciso. Seu autor, p. ex., não conhece as *Publications of the Hanserd Knollys Society*, indispensáveis à história da confissão batista.

[187] Assim, é sustentado por Barclay (op. cit., p. 404) que comer, beber e *atividade aquisitiva* seriam não *spiritual acts* mas *natural acts*, que também podem ser desempenhados *sem* chamado especial de Deus. – O argumento é a

resposta à objeção (característica) de que, como instruem os *quakers*, se não se permitisse rezar sem "*motion of the spirit*" ["moção do espírito"] especial, também não se haveria de permitir arar sem tal estímulo especial de Deus. – Naturalmente, também é característico que mesmo em resoluções modernas de sínodos quakeristas conste o conselho de se retirar da vida aquisitiva após aquisição de patrimônio satisfatório, para se poder viver na serenidade alheia à agitação do mundo, voltado ao Reino de Deus, ainda que tais ideias seguramente também sejam encontradas às vezes em outras denominações, mesmo na calvinista. Nisso também se evidencia que a adoção da ética profissional burguesa por parte de seus expoentes representou uma inflexão intramundana de uma ascese originalmente voltada à *fuga* do mundo.

[188] Fazemos mais uma vez aqui referência expressa às primorosas observações de E. Bernstein (op. cit.). Em outra oportunidade haveremos de abordar a exposição extremamente esquemática de Kautsky sobre o movimento anabatista e principalmente sua teoria do "comunismo herético" (no primeiro volume da mesma obra).

[189] Em seu instigante livro *Theory of Business Enterprise*, Veblen (Universidade de Chicago) é da opinião de que esse mote se aplicaria apenas ao "capitalismo primevo". Só que sempre houve "*Übermenschen*" econômicos que, como os *captains of industry* atuais, encontram-se além do bem e do mal, e a sentença vale ainda hoje dentro da ampla camada inferior da atividade capitalista.

[190] T. Adams afirma, p. ex.: "Em ações civis, é bom ser *como a maioria*; em religiosas, ser como os melhores" (*Works of the Puritan Divines*, p. 138). – Isso certamente soa um pouco mais geral do que o pretendido; significa que a honestidade puritana é legalidade *formalista*, assim como a "retidão" ou "*uprightness*" que povos de passado puritano gostam de reivindicar como virtude nacional é algo especificamente *distinto*, remodelado reflexivamente e à maneira formalista, em comparação com a *Ehrlichkeit* [honestidade] alemã. Bons comentários sobre isso por parte de um pedagogo podem ser encontrados no vol. 112 do periódico *Preussische Jahrbücher* (1903, p. 226). Por seu lado, o *formalismo* da ética puritana é a consequência totalmente adequada do vínculo à *Lei*.

[191] Algo a esse respeito no ensaio logo a seguir ["As seitas protestantes e o espírito do capitalismo"].

[192] *Aqui* reside a razão da penetrante eficácia econômica de *minorias* protestantes (de caráter ascético), mas não das católicas.

[193] O fato de a diferença da fundamentação dogmática ter sido compatível com a inclusão do decisivo interesse pela "comprovação" tinha sua razão *última*, ainda não discutida aqui, na particularidade histórico-religiosa do cristianismo em geral.

[194] Barclay diz também, p. ex. (op. cit., p. 357): "Visto que Deus nos reuniu [*gathered*] para sermos um povo [*people*] [...]". E eu mesmo escutei ainda um sermão *quaker* no Haverford College que colocava toda ênfase na interpretação: "*saints = separati*".

[195] Cf. a bela caracterização em Dowden (op. cit.). – Oferece uma razoável orientação a respeito da teologia de Baxter depois de ele ter aos poucos se afastado da crença estrita no "duplo decreto" a introdução (escrita por Jenkyn) aos seus diversos trabalhos impressos em *Works of the Puritan Divines*. – Sua tentativa de combinar *universal redemption* e *personal election* não satisfez a ninguém. Essencial para nós é apenas *que* ele, também à época, de fato se ateve à *personal election*, isto é, ao ponto eticamente determinante da doutrina da predestinação. Por outro lado, sua moderação da concepção *forense* de justificação é importante como uma certa aproximação aos anabatistas.

[196] Tratados e sermões de T. Adams, John Howe, Matthew Henry, J. Janeway, St. Charnock, Baxter e Bunyan estão reunidos nos 10 volumes de *Works of the Puritan Divines* (Londres, 1845-1848), em uma seleção não raro um pouco arbitrária. As edições dos trabalhos de Bailey, Sedgwick e Hoornbeck são indicadas acima, já na primeira citação de cada um.

[197] Do mesmo modo poderia ser recorrido a Voet ou a outros representantes continentais da ascese intramundana. A opinião de Brentano, de que esse desenvolvimento teria sido "apenas anglo-saxão", é totalmente equivocada. A seleção tem por base o desejo de dar voz – não exclusivamente mas o mais possível – ao movimento ascético da segunda metade do séc. XVII, logo antes da viragem ao utilitarismo. Infelizmente, no âmbito deste delineamento tem de ser renunciada a sedutora tarefa de explicitar o estilo de vida do protestantismo ascético também a partir da literatura biográfica – neste ponto seria necessário recorrer

em particular à quakerista, ainda relativamente desconhecida aqui [na Alemanha].

[198] Pois seria igualmente possível consultar os escritos de Gisbert Voet ou atas dos sínodos dos huguenotes, ou a literatura batista holandesa. Sombart e Brentano, de maneira extremamente infeliz, escolheram justamente aqueles elementos "ebionitas" de Baxter que foram fortemente salientados por mim para me confrontar com o indubitável "retrocesso" (capitalista) da sua *doutrina*. Porém, deve-se (1) efetivamente *conhecer* profundamente toda essa literatura para fazer uso correto da mesma, (2) não deixar de lado que eu a rigor me esforcei no sentido de demonstrar justamente o modo como o espírito dessa *religiosidade* ascética, *apesar* da *doutrina* "antimamonista", exatamente como nas economias monásticas, fez nascer o racionalismo econômico, porque ela premiava o decisivo: os *estímulos* racionais de determinação ascética. Isso, a rigor, é tudo que importa e justamente o ponto do exposto aqui.

[199] Assim como em Calvino, que não era nenhum amante da riqueza burguesa (cf. os veementes ataques a Veneza e Antuérpia em *Commentarii in Jesaiam prophetum*, Opp. III, 140 a, 308 a).

[200] *O descanso eterno dos santos*, cap. X e XII. – Cf. Bailey (*Praxis pietatis*, p. 182), ou, p. ex., Matthew Henry ("The worth of the soul", em *Works of Puritan Divines*, p. 319): "Aqueles que estão ansiosos para perseguir a riqueza mundana desprezam sua alma, não apenas porque a alma é negligenciada e o corpo preferido a ela, mas porque ela é empregada nessas buscas: Sl 127,2". (Mas *na mesma* página é encontrado o comentário, a ser citado mais tarde, sobre a pecaminosidade de toda espécie de desperdício de tempo, e em particular daquele mediante *recreations.*) O mesmo decerto pode ser encontrado em toda a literatura do puritanismo anglo-holandês. Cf., p. ex., a filípica de Hoornbeck (op. cit., 1, X, c. 18 e 19) contra a *avaritia* [avareza]. (Aliás, nesse escritor operam também influências do pietismo sentimental; ver o elogio da *tranquillitas animi* [tranquilidade do ânimo] aprazente a Deus em oposição à *sollicitudo* [agitação] deste mundo.) "Um rico não alcançará facilmente a bem-aventurança" afirma também Bailey (op. cit., p. 182) – com base em uma conhecida passagem bíblica. Mesmo os catecismos *metodistas* advertem para que não "se juntem tesouros na terra". No

pietismo isso é totalmente óbvio. E não era diferente entre os *quakers*. Cf. Barclay (op. cit., p. 517): "e portanto previne-te dessa tentação de usar suas vocações [*callings*] e máquinas *para ficar mais rico*".

[201] Pois não apenas a riqueza senão também a *pulsional ambição de ganho* (ou o que lhe fosse equivalente) era condenada com similar veemência. Nos Países Baixos, o Sínodo de 1574 sul-holandês declarou, diante de uma interpelação, que "lombardos" não haveriam de ser admitidos à Ceia do Senhor, embora a rigor os negócios fossem autorizados pela lei; o Sínodo Provincial de Deventer de 1598 (art. 24) estendeu isso aos empregados de "lombardos", o Sínodo de Gorichem de 1606 estatuiu condições severas e rebaixantes, sob as quais *mulheres* de "usurários" puderam ser admitidas, e em 1644 e 1657 ainda foi discutido se lombardos poderiam ser admitidos à Ceia do Senhor (isso em particular ao contrário do que diz Bentrano, que cita seus ancestrais católicos – embora há milênios de fato já houvesse negociantes e banqueiros forâneos em todo o mundo ásio-europeu), e Gisbert Voet (*Selectae Disputationes Theologicae*, IV, Anst. 1667, *De usuris*, p. 665) ainda pretendeu excluir os "trapezitas" (lombardos, piemonteses) da comunhão. Nos sínodos dos huguenotes não era diferente. *Estas* espécies de camadas capitalistas *não* foram de modo nenhum os típicos detentores da disposição e da conduta de vida de que se trata aqui. Elas também não eram nada de *novo* relativamente à Antiguidade e à Idade Média.

[202] Desenvolvido em pormenor no cap. X de *O descanso eterno dos santos*: Deus castiga também nesta vida aquele que quiser descansar permanentemente no "albergue" que Deus dá na forma de posse. Quase sempre o satisfeito descanso em cima da riqueza adquirida é prenunciador da ruína. – Se tivéssemos tudo que *pudéssemos* ter no mundo, seria isso também já tudo que esperávamos ter? Na terra não há como alcançar *plena satisfação* – justamente porque, por vontade de Deus, esta não *deve* existir.

[203] *Christian Directory* (I, p. 35-36): "É para *ação* que Deus mantém a nós e a nossas atividades: trabalho é a moral assim como a *finalidade* [*end*] natural *do poder* [...]. *É ação* aquilo por qual Deus é mais servido e honrado [*served and honoured by*] [...]. *O bem-estar público ou o bem da maioria* devem ser valorados [*valued*] acima do nosso". Aqui se evidencia o ponto de partida para a transição entre a vontade de

Deus e os aspectos puramente utilitaristas da teoria liberal mais tardia. Sobre as origens religiosas do utilitarismo, cf. mais abaixo no texto e a nota 145 acima.

[204] Afinal, o mandamento de *guardar silêncio* – decorrente do ameaço bíblico de punir "toda palavra inútil" – é desde os cluniacenses, em particular, um meio ascético comprovado para instruir o autocontrole. Baxter também se estende longamente ao tratar o pecado da fala inútil. O significado caracterológico já foi analisado por Sanford (op. cit., p. 90ss.). A *melancholy* e a *moroseness* dos puritanos, tão profundamente sentidas pelos contemporâneos, eram resultantes justamente da ruptura com o *desimpedimento* do *status naturalis*, e a serviço dessas finalidades também estava a reprovação da fala irrefletida. – Se Washington Irving (*Bracebridge Hall*, cap. XXX) busca a razão em parte no "*calculating spirit*" do capitalismo, em parte na eficácia da liberdade política, a qual levaria à responsabilidade própria, há de se dizer em acréscimo que em relação aos povos românicos não se deu o mesmo efeito, e em relação à Inglaterra as coisas se afiguravam da seguinte maneira: (1) o puritanismo capacitava seus professadores para que criassem instituições livres, e mesmo para que se tornassem uma potência mundial, e (2) ele transformou essa "calculabilidade" (como Sombart chama aquele "*spirit*") – que de fato é constitutiva do capitalismo –, de um meio da economia em um *princípio* de toda a *conduta de vida*.

[205] Op. cit., I, p. 111.

[206] Op. cit., I, p. 383ss.

[207] Barclay (op. cit., p. 14) diz algo similar a respeito da preciosidade do tempo.

[208] Baxter (op. cit., p. 79): "Continua a ter o tempo em alta estima e sê cada dia mais cauteloso para que não percas nada do teu tempo, então não estarás a perder nenhum dos teus ouro e prata. E caso vã recreação, bem-vestir, banquetes, conversa ociosa [*idle talk*], companhia improfícua ou sono sejam algumas daquelas tentações a roubar de ti algum do teu tempo, aumenta, por conseguinte, a tua vigilância [*watchfulness*]". – Matthew Henry diz ("Worth of the soul". In: *Works of Puritan Divines*, p. 315): "Aqueles que são pródigos [*prodigal*] com seu tempo desprezam [*despise*] suas próprias almas". Também aqui a ascese protestante trilha caminhos conhecidos desde longa data. Estamos habituados a considerar

como específico ao profissional moderno a circunstância de ele não "ter tempo nenhum", e mensuramos – como Goethe já nos *Anos de peregrinação de Wilhelm Meister* – a medida do desenvolvimento capitalista considerando o fato, p. ex., de os *relógios* baterem os quartos da hora (como o faz também Sombart em sua obra *Der moderne Kapitalismus* [*O capitalismo moderno*]). – Mas não queiramos esquecer que o *monge* foi o primeiro homem a viver (na Idade Média) com *tempo fracionado*, e que os sinos de igreja vieram a servir em primeiro lugar à *sua* necessidade de subdivisão do tempo.

[209] Cf. as discussões de Baxter sobre profissão (op. cit., I, p. 108ss.). Ali a seguinte passagem: "Questão: Mas não posso pôr de parte [*cast off*] o mundo de modo a apenas pensar na minha salvação? – Resposta: Podes pôr de parte todo esse excesso de preocupação ou negócios mundanos na medida em que desnecessariamente te atrapalham em matérias espirituais. Mas não podes pôr de parte nenhum emprego corporal e labor mental no qual *podes servir ao bem comum*. Cada um, enquanto membro da Igreja ou da coisa pública, tem de empregar suas incumbências ao máximo para o bem da Igreja e da coisa pública. Negligenciá-lo e dizer 'vou orar e meditar' é como se teu servo recusasse seu *melhor* trabalho e se ativesse ele mesmo a alguma incumbência menos fácil. E *Deus comandou a ti*, de um modo ou de outro, para que *laborasse por teu pão diário e que não vivesse como zângano, apenas do suor de outrem*". São citados ainda o mandamento de Deus a Adão ("com o suor do teu rosto") e a instrução de Paulo: "quem não trabalha não há de comer". Dos *quakers* desde sempre se soube que seus círculos mais abastados também exortavam seus filhos ao aprendizado de profissões (por razões éticas, não – ao contrário do que recomenda Alberti – por razões utilitárias).

[210] Aqui há pontos em que o pietismo diverge devido ao seu caráter *sentimental*. Para Spener (cf. *Theologische Bedenken* [*Ponderações teológicas*], III, p. 445) é todavia assente, apesar da sua ênfase no trabalho profissional enquanto *serviço prestado a Deus*, bem no entendimento luterano, que – e isso também é luteranista – a *inquietude* própria aos negócios levaria para longe de Deus – uma antítese ao puritanismo extremamente característica.

[211] Op. cit., p. 242: "São os preguiçosos em suas vocações [*callings*] que não conseguem encontrar tempo

para seus deveres sagrados". Daí a visão de que as sedes das virtudes ascéticas seriam principalmente as *cidades* – o centro da burguesia voltada à aquisição racional. Como diz Baxter na sua autobiografia a respeito dos seus tecelões em Kidderminster: "E seu constante *interagir e negociar* [*converse and traffic*] *com Londres* faz muito para promover civilidade e piedade entre comerciantes" (excerto em *Works of the Puritan Divines*, p. XXXVIII). A ideia de que a proximidade da capital potencializaria as virtudes há de causar espanto aos clérigos de hoje – ao menos aos alemães. Mas também o pietismo apresenta concepções semelhantes. Como escreve Spener em uma ocasião a um jovem colega do ofício de clérigo: "Há de se revelar ao menos que entre o grande número de pessoas em cidades, embora a maioria seja totalmente reles, encontram-se em compensação ainda algumas almas boas às quais se pode fazer o bem; pois nas aldeias, em toda uma congregação, às vezes dificilmente se encontra algo de honestamente bom" (*Theologische Bedenken* [*Ponderações teológicas*], I, 66, p. 303). – O camponês pouco se qualifica para a conduta racional ascética de vida. Sua glorificação *ética* é bem moderna. Não aprofundaremos aqui o significado dessa e de semelhantes observações para a questão do *condicionamento de classe* da ascese.

[212] Tomemos, p. ex., as seguintes passagens (op. cit., p. 336ss.): "Estai totalmente dedicados a negócios diligentes [*diligent business*] de vossas vocações lícitas [*lawful callings*] quando não estiverdes empreendidos no serviço mais imediato a Deus" – "Laborai duro [*Labour hard*] nas vossas vocações [*callings*]" – "Cuida para que tenhas uma vocação [*calling*] que vai achar emprego [*employment*] para ti por todo o tempo livre de serviço imediato a Deus".

[213] Harnack enfatizou de novo com veemência ainda recentemente que a apreciação ética específica do trabalho e da sua "dignidade" não foi uma ideia *originalmente* própria nem mesmo peculiar ao cristianismo (*Mitteilungen des evangelisch-sozialen Kongresses*, série 14, 1905, n. 3/4, p. 48).

[214] A respeito do fundamento *desse* importante contraste, que, como manifesto, existe desde a Regra de São Bento, somente uma consideração muito mais abrangente pode instruir.

[215] Como também no pietismo (Spener, op. cit., III, p. 429-430). A inflexão caracteristicamente pietista é: que a fidelidade à profissão – que nos foi imposta como castigo devido ao pecado original – serve à *mortificação* da

vontade própria. Enquanto serviço amorativo ao próximo, o trabalho profissional é um dever de gratidão pela graça de Deus (concepção luterana!), e por isso ele não é aprazente a Deus quando feito com relutância e dissabor (op. cit., III, p. 272). O cristão, portanto, há de se "mostrar tão diligente em seu trabalho como um homem mundano" (III, p. 278). Evidentemente, isso fica aquém do modo de ver puritano.

[216] Segundo Baxter, sua finalidade é "*a* sober *procreation of children*" ["uma sóbria procriação de filhos"]. Isso é similar ao que afirma Spener, entretanto com concessões à menos elaborada visão luterana, segundo a qual evitação da imoralidade – senão irreprimível – é fim secundário. A concupiscência enquanto fenômeno concomitante ao coito é pecaminosa também no matrimônio, e, segundo a concepção de Spener, p. ex., ela é apenas *consequência* do pecado original, o qual transformou um processo natural e existente por vontade de Deus em algo inevitavelmente vinculado a sensações pecaminosas e, assim, em um *pudendum* [algo de vergonhoso]. Segundo a concepção também de algumas correntes pietistas, a forma mais elevada do matrimônio cristão é aquela com preservação da virgindade; a segunda mais elevada, aquela em que a relação sexual serve exclusivamente à geração de prole – e assim por diante até aqueles matrimônios que são contraídos por razões puramente eróticas ou por aparências e tidos desde o ponto de vista ético como concubinatos. Nesses níveis mais inferiores, o casamento contraído puramente por razão das aparências (porque a provir de ponderação todavia *racional*) é preferido ao matrimônio que seja contraído por razões eróticas. A teoria e a práxis dos hernutos podem ser desconsideradas aqui. A filosofia racionalista (Christian Wolff) apropriou a teoria ascética na versão segundo a qual aquilo que seria prescrito como *meio* para um fim – a concupiscência e sua saciação – não haveria de ser tornado fim *em si mesmo*. – A transição para o utilitarismo puro de orientação higiênica é consumada já em Franklin, que por sinal tem o ponto de vista ético de médicos modernos, compreende por "castidade" a restrição da relação sexual ao desejável *para a saúde* e se pronunciou a respeito do "como?" também em âmbito teórico, como se sabe. Esse desenvolvimento é incidente ainda por toda parte, tão logo essas coisas são tornadas objeto de ponderações puramente racionais. O racionalista sexual puritano e o higiênico percorrem caminhos bem diferentes; só aqui "eles se entendem perfeitamente": em

uma conferência, um defensor fervoroso da "prostituição higiênica" – tratava-se do estabelecimento de regulamentações e de bordéis – justificava a licitude moral da "relação sexual extramatrimonial" recorrendo à apoteose poética da mesma em *Fausto e Gretchen*. O tratamento de Gretchen como prostituta e a equiparação do forte governo das paixões humanas à relação sexual voltada à preservação da saúde – a ambos acorda *plenamente* o ponto de vista puritano, assim como, p. ex., a concepção verdadeiramente especialista, ocasionalmente defendida por médicos bem excepcionais, de que uma questão como a do significado da abstinência sexual, a se ingerir tanto nos problemas mais sutis da cultura e da personalidade, competiria "exclusivamente" ao foro do médico (enquanto *especialista*); entre os puritanos, o "especialista" é o teórico moralista – aqui o higienista –, ao passo que o princípio da "competência" para a resolução da questão, o qual nos passa a leve impressão de tacanhez, é o mesmo – naturalmente que com sinais invertidos. Mas o forte idealismo da visão puritana, com toda sua pudicícia, teria de apresentar resultados positivos também considerando de modo puramente "higienista" e sob pontos de vista da conservação das raças, enquanto a higiene sexual moderna, devido ao apelo à "ausência de preconceitos" – agora inevitável para ela –, corre ao mesmo tempo o risco de ultrapassar todos os limites. – Naturalmente, aqui está fora da discussão o modo como essa interpretação racional das relações sexuais em povos de influência puritana fez surgir, por fim, esse refinamento e essa impregnação ético-espiritual das relações matrimoniais e aquele florescer do cavalheirismo conjugal – em contraste com a bruma patriarcal que ainda existe nos círculos da aristocracia intelectual aqui [na Alemanha], em resquícios não raro bem perceptíveis. (Influências anabatistas tiveram parte na "emancipação" feminina; a defesa da *liberdade de consciência* das mulheres e a ampliação da ideia do "sacerdócio universal" às mesmas foram, também aqui, as primeiras brechas no patriarcalismo.)

[217] Sempre recorrente em Baxter. Em regra, o fundamento bíblico é o conhecido por nós a partir de Franklin (Pr 22,29) ou então o elogio do trabalho em Pr 31,16 (cf. op. cit., I, p. 382, 377 etc.).

[218] Mesmo Zinzendorf diz em ocasião: "Trabalha-se não apenas para viver senão que se vive pelo trabalho, e quando não se tem mais nada a trabalhar, sofre-se ou falece-se" (Plitt, I, p. 428).

[219] Também uma simbologia dos *mórmons* conclui (segundo citações) com as palavras: "Mas um indolente ou mandrião não pode ser cristão nem obter a bem-aventurança. Ele está determinado a ser apunhalado e lançado para fora do colmeal". Entretanto, aqui foi de fato principalmente a grandiosa *disciplina*, a conservar a mediania entre mosteiro e manufatura, aquilo que pôs o indivíduo diante da alternativa entre trabalho ou eliminação e que promoveu – certamente que *ligado* a entusiasmo religioso e possibilitado *apenas por ele* – as notáveis realizações econômicas dessa seita.

[220] Por isso ela é analisada minuciosamente em seus sintomas (op. cit., I, p. 380). – "*Sloth*" ["preguiça"] e "*idleness*" ["ociosidade"] são pecados de tão eminente gravidade *porque* têm caráter *continuado*. Eles são considerados por Baxter até como "destruidores do estado de graça" (op. cit., I, p. 279-280). Afinal, eles são a antítese da vida *metódica*.

[221] Cf. nota 58 da parte I.

[222] Baxter, op. cit., I, p. 108ss. Em especial saltam aos olhos as seguintes passagens: "Questão: Mas riqueza não haverá de nos escusar [*excuse us*]? – Resposta: Ela pode te escusar de alguma sórdida sorte de trabalho ao te fazer mais prestativo a outrem, mas não estás mais escusado do serviço de trabalho [...] do que o homem mais pobre". Ademais: "Embora eles (os ricos) não tenham nenhuma pretensão extrínseca de urgi-los, eles têm uma necessidade tão maior de obedecer a Deus" (op. cit., I, p. 376) e "Deus comandou-o (o trabalho) estritamente a todos" (p. 215).

[223] Como Spener (op. cit., III, p. 338 e 425), que por essa razão combate como moralmente grave a inclinação a se pensionar antes do tempo e – em refutação a uma objeção à legalidade da tomada de juros segundo a qual o seu usufruto levaria à mandriice – enfatiza que quem pudesse viver de seus juros estaria, mesmo assim, *vinculado por dever* ao trabalho, segundo ordem de Deus.

[224] Inclusive o pietismo. Onde quer que se trate da questão da *troca* de profissão, Spener sempre opera com a ideia segundo a qual, *depois* de uma determinada vocação profissional ter sido uma vez abraçada, permanecer na mesma e destinar-se a ela seria dever de obediência à Providência de Deus.

[225] Nos estudos intitulados *Ética econômica das religiões mundiais* é elucidada a extrema patética – a dominar

toda a conduta de vida – com a qual a doutrina *indiana* da salvação vincula o tradicionalismo profissional às chances de renascimento. Justamente nisso pode-se conhecer a diferença existente entre simples concepções éticas *doutrinais* e a criação de *estímulos* psicológicos de determinada espécie pela religião. O hindu devoto podia obter chances favoráveis de renascimento *apenas* mediante cumprimento rigorosamente *tradicional* dos deveres da sua casta de nascença – eis a ancoragem religiosa do tradicionalismo mais firme que se pode imaginar. Nesse ponto, a ética indiana é de fato a antítese mais consequente da puritana, do mesmo modo como, em outro aspecto (do tradicionalismo estamental), ela é a antítese mais consequente do judaísmo.

[226] Baxter, op. cit., I, p. 377.

[227] Mas nem por isso derivável historicamente a partir deles. Antes, nisso se efetiva a representação bem genuinamente calvinista de que o cosmos do "mundo" serviria à glória de Deus, à sua autoglorificação. A inflexão utilitarista, para a qual o cosmos econômico haveria de servir à finalidade da conservação da vida de todos (*good of the many*, *common good* etc.), era consequência da ideia de que qualquer outra interpretação levaria à divinização (aristocrática) da criatura, ou que então serviria não à glória de Deus senão a "fins culturais" próprios ao reino do criado. Enquanto a princípio forem considerados aqui fins relativos a *este* mundo, porém, a vontade de Deus como expressada na configuração finalística do cosmos econômico (cf. nota 35, acima) pode ser a rigor apenas o bem da "coletividade": a "utilidade" *im*pessoal. O utilitarismo, portanto, como dito anteriormente, é consequência da configuração *im*pessoal do "amor ao próximo" e da rejeição – mediante a exclusividade do "*in majorem Dei gloriam*"["para maior glória de *Deus*"] puritano – de toda glorificação do mundo. Pois o quanto intensamente todo o protestantismo ascético é dominado por essa ideia de que qualquer divinização da criatura seria ofensiva à glória de Deus, e por isso necessariamente condenável, mostra-se claramente nos escrúpulos e no esforço que custaram ao próprio Spener – este em verdade sem inclinações "democráticas" – para sustentar, diante do grande número de interpelações, que o uso dos títulos seria ἀδιάφορον [*adiáphoron*, adiáfora, indiferente]. Por fim ele se tranquiliza com a constatação de que na Bíblia mesma o pretor Festo é tratado pelo

Apóstolo com o título κράτιστος [*krátistos*, potentíssimo, excelentíssimo] – O lado *político* da coisa não cabe neste contexto.

[228] T. Adams também afirma: "O homem *inconstante* [*inconstant man*] é um estranho em sua própria casa" (*Works of the Puritan Divines*, p. 77).

[229] Cf. a esse respeito em especial as observações de George Fox em *The Friends' Library* (vol. I, p. 130, ed. por W. & T. Evans, Filadélfia, 1837-).

[230] Naturalmente, essa inflexão da ética religiosa não pode ser vista de todo como reflexo das condições econômicas efetivas. Na Idade Média italiana, como natural, a especialização profissional era mais difundida do que na Inglaterra nesse período.

[231] Pois Deus – como destacado muito frequentemente na literatura puritana – ordenou que se amasse o próximo não *mais* do que a si mesmo, isso em nenhuma passagem, senão *como* si mesmo. Tem-se portanto também o *dever* do amor-próprio. P. ex., quem sabe que faz uso da sua posse mais apropriadamente e portanto com mais proveito à honra de Deus do que o próximo poderia fazê-lo não é obrigado pelo amor ao próximo a ceder algo dela ao mesmo.

[232] Também Spener se aproxima desse ponto de vista. Mas ele permanece de fato extremamente comedido e antes admoestador, mesmo no caso em que se trata de trocar a profissão de comerciante (particularmente riscosa à moral) pela teologia (III, p. 435 e 443; I, p. 524). Diga-se de passagem, o frequente retorno da resposta justamente a *essa* questão (sobre a permissibilidade da troca de profissão) nos pareceres de Spener – bem apurados, como natural – mostra o alcance eminentemente *prático* da espécie distinta da interpretação de 1Cor 7 na vida cotidiana.

[233] Não é encontrado nada desse gênero entre os pietistas continentais proeminentes, ao menos *não* em seus escritos. A posição de Spener com relação ao "ganho" está todo tempo a oscilar entre luteranismo (ponto de vista do "sustento") e argumentações mercantilistas sobre a utilidade da "florescência dos comércios" e coisas do gênero (op. cit., III, p. 330 e 332; cf. I, p. 418: o *cultivo de tabaco* traz dinheiro ao país e *por isso* é útil, *portanto* nada de pecaminoso!), mas não deixa de indicar que, como mostraria o exemplo dos *quakers* e menonitas, seria possível lucrar e todavia se manter

devoto; que lucro particularmente alto até poderia ser – sobre o que mais tarde ainda haveremos de falar – *produto* direto da retidão devota (op. cit., p. 435).

[234] Em Baxter essas visões *não* são nenhum reflexo do *milieu* econômico no qual ele viveu. Pelo *contrário*, sua autobiografia destaca que para o êxito do seu trabalho missionário interno teria sido determinante que aqueles negociantes residentes em Kidderminster *não* fossem ricos, senão que tivessem ganho apenas o suficiente para "*food and raiment*" ["comida e vestuário"], e que os mestres artesãos tivessem de viver "*from hand to mouth*" ["da mão à boca", "dos ganhos imediatos", "ao deus-dará"] em condições não melhores do que as dos seus trabalhadores. "É *o pobre* que recebe as boas-novas [*glad tidings*] do Evangelho". – Sobre a ambição de ganho, T. Adams observa: "Ele (o *knowing man*) sabe [...] que dinheiro pode tornar um homem mais rico, não melhor, e por isso escolhe antes dormir com uma boa consciência do que com uma bolsa cheia [...] portanto não deseja mais riqueza *do que um homem honesto pode ganhar*" – mas *a rigor ele também quer tudo isso* (ADAMS, T. *Works of Puritan Divines*, LI), e isso significa: que toda remuneração formalmente obtida com *retidão* também é *legítima*.

[235] Segundo Baxter (op. cit., I, cap. X, tít. 1, dis. 9, § 24, vol. I, p. 378, col. 2), "Trabalha não para ser rico" (Pr 23,4) significa apenas: "riquezas para nossos fins profanos [*fleshly*] não devem ser ultimamente tencionadas [*intended*]". A rigor, o odioso é não posse *em si* mas a posse na forma feudal-senhorial da sua utilização (cf. a observação sobre a "parte devassa [*debauched*] da pequena aristocracia [*gentry*]", op. cit., I, p. 380). – Na primeira *Defensio pro populo anglicano*, Milton tem a conhecida teoria de que apenas a "classe média" poderia ser detentora da *virtude* – em que "classe média" é pensada como "classe burguesa" em contraste com a "aristocracia", como mostra a fundamentação de que tanto "luxuosidade" como "penúria" obstariam o exercício da virtude.

[236] *Isso* é o decisivo. – A esse respeito vale mais uma vez a observação geral: naturalmente, aqui não nos interessa o que a teoria teológica sobre a ética desenvolveu em termos conceituais senão aquilo que era moral *vigente* na vida prática dos crentes, portanto o modo como a orientação religiosa da ética profissional *operava* na prática. Na literatura casuística do catolicismo, em especial na jesuíta, podem ser lidas discussões – p. ex., sobre a questão da permissibilidade

do juro, a qual não aprofundamos aqui – que ocasionalmente soam de modo no mínimo similar àquelas de muitos casuístas protestantes, as quais parecem mesmo ir além naquilo que é considerado "permitido" ou "provável" (mais tarde, com bastante frequência, os puritanos foram confrontados com a ideia de que a ética jesuíta seria no fundo de espécie totalmente igual à sua). Assim como os calvinistas costumam citar teólogos católicos da moral – não apenas Tomás de Aquino, Bernardo de Claraval e Boaventura senão também contemporâneos –, os casuístas católicos em regra tomaram nota da ética herética – o que aqui não discutimos em outros pormenores. Mas desconsiderando totalmente a determinante circunstância da *premiação* religiosa do viver ascético para o *leigo*, a enorme diferença, já na teoria, é: que no catolicismo essas visões latitudinárias referentes à autoridade eclesiástica não eram produtos sancionados próprios a teorias éticas especificamente mais *laxas*, das quais se encontravam distantes justamente os adeptos mais austeros e estritos da Igreja, ao passo que a ideia protestante de vocação, pelo contrário, em termos de resultado, colocou justamente os *mais austeros* adeptos da vida ascética a serviço da vida aquisitiva capitalista. Aquilo que ali podia ser *permitido* sob condições surgia aqui como algo positivamente *bom* em termos morais. As diferenças fundamentais – muito importantes na prática – entre as éticas de ambos os lados foram estabelecidas definitivamente, também para a Época Moderna, a partir da controvérsia jansenista e da bula *Unigenitus*.

[237] Segue à passagem traduzida acima no texto: "Podes laborar naquela maneira mais a servir a teu sucesso e ganho lícito. És *obrigado* a [*bound to*] aprimorar todos teus talentos". – Direta paralelização da ambição de riqueza no Reino de Deus com a ambição de sucesso na profissão terrena pode ser encontrada, p. ex., em JANEWAY, J. "Heaven upon earth". In: *Works of the Puritan Divines*, p. 275.

[238] Na confissão (luterana) do Duque Christoph de Vurtemberga que foi submetida ao Concílio de Trento já é sustentado, contra o *voto* de pobreza, que quem é pobre segundo seu estado deve suportá-lo, mas, se ele fez voto de *mantê-lo*, isso é igual a se ele tivesse feito voto de estar *doente* para sempre ou de ter *má reputação*.

[239] Como em Baxter e na confissão do Duque Cristoph [de Vurtemberga], p. ex. Cf. ademais passagens

como: "os intrujas vadios [*vagrant rogues*] cujas vidas não são nada senão um curso exorbitante: o maior mendigar" etc. (ADAMS, T. *Works of the Puritan Divines*, p. 259). Calvino já havia proibido estritamente a mendicidade, e os sínodos holandeses invectivam contra cartas e atestações para fins de mendicância. Enquanto a época dos Stuarts, em particular o regime de Laud sob Carlos I, estabelecera sistematicamente o princípio da assistência pública aos pobres e da intermediação de trabalho aos desempregados, o grito de guerra dos puritanos era "*giving alms is no charity*" ["dar esmola não é caridade"] (título do mais tarde célebre escrito de Defoe), e perto do final do século XVII teve início o intimidatório sistema de "*workhouses*" para desempregados (cf. LEONARD, E.M. *Early History of English Poor Relief*. Cambridge, 1900. • LEVY, H. Op. cit., 1912, p. 69ss.).

[240] Com veemência dizia o presidente da Baptist Union of Great Britain and Ireland, G. White, em seu discurso inaugural para a Assembly em Londres, no ano de 1903 (*Baptist Handbook*, 1904, p. 104): "Os melhores homens no rol das nossas Igrejas puritanas eram *homens de negócios* [*men of affairs*] que acreditavam que religião deveria permear a totalidade da vida".

[241] Justamente *nisso* reside o contraste característico com qualquer concepção feudal. Segundo esta, a consagração do sangue e o êxito (político ou social) do *parvenu* podem vir a proveito apenas dos seus *descendentes*. (Como caracteristicamente expresso no espanhol "hidalgo" = "*hijo d'algo*" – "*filius de aliquo*", em que "*aliquid*" ["algo"] é justamente um *patrimônio* herdado dos antepassados.) Por mais que essas diferenças estejam a desvanecer atualmente com as rápidas transformação e europeização do "caráter nacional" americano, ainda hoje é ocasionalmente defendida ali a visão especificamente burguesa, *diametralmente oposta*, que glorifica o *êxito* nos negócios e a *aquisição* como sintomas de *realizações* espirituais, que em troca não conferem nenhum respeito à mera *posse* (herdada), enquanto na Europa, efetivamente (como James Bryce já observou certa vez), compra-se com dinheiro praticamente qualquer honra social – apenas *se* o proprietário não tiver estado ele *próprio* atrás do balcão e realize as metamorfoses necessárias da sua posse (fundação fideicomissória etc.). – *Contra* a honra do *sangue*, cf., p. ex. ADAMS, T. *Works of the Puritan Divines*, p. 216.

[242] Como, p. ex., já para o fundador da seita dos familistas, Hendrik Niklaes, que era comerciante (BARCLAY, R. *Inner Life of the Religious Communities of the Commonwealth*, p. 34.)

[243] Isso é inteiramente assente, p. ex., para Hoornbeek, visto que em Mt 5,5 e 1Tm 4,8 também seriam feitas promessas puramente terrenas aos santos (op. cit., I, p. 193). Tudo é produto da Providência de Deus, mas ele assiste especialmente aos seus (op. cit., p. 192): "Mais que aos outros, porém, é *aos fiéis* que a Providência de Deus [*Dei providentia*] se volta com maior cuidado e de modo mais especial". Segue então a discussão sobre por onde seria possível reconhecer que um caso de fortúnio proviria *não* da "*communis providentia*" ["providência comum"] senão dessa assistência especial. Também Bailey (op. cit., p. 191) remonta o êxito do trabalho profissional à providência de Deus. É expressão sempre encontrada nos escritos dos *quakers* que *prosperity* seria "muitas vezes" a remuneração pela vida devota a Deus (cf., p. ex., tal declaração ainda do ano de 1848 em *Selection from the Christian Advices Issued by the General Meeting of the Society of Friends in London*. 6. ed. Londres, 1851, p. 209). Ainda retornaremos à relação com a ética dos *quakers*.

[244] Como um exemplo dessa orientação aos patriarcas – que é ao mesmo tempo característica para a concepção puritana de vida – pode ser considerada a análise feita por Thomas Adams do conflito entre Jacó e Esaú (*Works of the Puritan Divines*, p. 235): "Sua loucura (de Esaú) pode ser arguida a partir da baixa estimação do direito de primogenitura [*birthright*]" (a passagem é importante também para o desenvolvimento da ideia de *birthright*, da qual se trata mais tarde) "pois ele optou tão levianamente por ficar sem ele em troca de nada, e sob uma *condição tão vã*". *Perfídia*, porém, foi a circunstância de ele não querer fazer valer a compra, devido a logro. A rigor ele é um "caçador astuto, um homem dos campos" – a incultura irracional em vida –, enquanto Jacó representa "um homem simples, a residir em tendas", "homem da graça". O sentimento de uma afinidade intrínseca com o judaísmo, como expressado ainda no conhecido escrito de Roosevelt, foi encontrado por Köhler (op. cit.) amplamente difundido também entre os camponeses na Holanda. – Pelo outro lado, porém, o puritanismo tinha plena consciência da *contradição* da ética judaica em sua dogmática prática, como mostra claramente o escrito de Prynne contra

os judeus (por ocasião dos planos de tolerância de Cromwell). Cf. nota 253, abaixo.

[245] GEBHARDT, H. *Zur bäuerlichen Glaubens- und Sittenlehre – Von einem thüringischen Landpfarrer* [*Sobre a doutrina moral e de fé camponesa* – Por um pastor de aldeia turíngio]. 2. ed. Gotha, 1890, p. 16. De maneira característica, os camponeses descritos aqui são produtos da eclesialidade *luterana*. Onde o excepcional autor presume religiosidade genericamente "camponesa", escrevia sempre "luterana" à margem.

[246] Cf., p. ex., a citação em RITSCHL, A. *Geschichte des Pietismus* [*História do pietismo*]. Vol. II, p. 158. Spener (*Theologische Bedenken* [*Ponderações teológicas*]. Vol. III, p. 426) fundamenta suas reservas à troca de profissão e à ambição de ganho também *com* sentenças do Sirácida.

[247] Apesar disso, Bailey, p. ex., certamente recomenda sua leitura, e ao menos aqui e ali são feitas citações dos apócrifos, mas de fato raramente, como natural. Não me recordo (talvez por acaso) de nenhuma de Ben Sirá.

[248] Onde sucesso no plano das aparências é conferido aos réprobos manifestos, o calvinista (como Hoornbeeck, p. ex.) se tranquiliza com a certeza – conforme a "teoria do endurecimento" – de que Deus haveria de lhes conceder aquilo para lhes empedernir e, assim, com ainda mais certeza, levá-los à ruína.

[249] Neste contexto não chegamos a tratar mais profundamente esse ponto. Aqui interessa apenas o caráter formalista da "justeza". Sobre o significado da ética veterotestamentária para a *lex naturae* encontra-se muito material em Troeltsch, op. cit., 1912.

[250] Segundo Baxter (*Christian Directory*, III, p. 173ss.), a vinculatividade das normas éticas da Escritura alcança tal âmbito por elas (1) serem apenas um "*transcript*" da *law of nature* ou (2) carregarem em si o "*express character of universality und perpetuity*" ["caráter expresso de universalidade e perpetuidade"].

[251] P. ex.: DOWDEN, E. Op. cit., p. 39 (com referência a Bunyan).

[252] Maiores detalhes sobre isso podem ser encontrados nos estudos reunidos em *Ética econômica das religiões mundiais*. Não pode ser analisada aqui, p. ex., a enorme

influência que o *segundo mandamento* em especial ("não farás nenhuma imagem" etc.) exerceu sobre o desenvolvimento caracterológico do judaísmo, sobre seu caráter racional, estranho à cultura dos sentidos. Contudo, talvez se permita mencionar como característico que um dos diretores da Educational Alliance nos Estados Unidos, uma organização empreendida com espantoso sucesso e generosos recursos na americanização dos imigrantes judeus, tenha me indicado a "emancipação ante o segundo mandamento" como objetivo primeiro da hominização cultural, aspirado mediante todas as espécies de instrução artística e social. – No puritanismo corresponde à reprovação israelita de toda humanização de Deus (com o perdão da expressão!) a proibição da divinização da criatura, esta um pouco distinta mas em todo caso a atuar em direção afínica. – Quanto ao judaísmo talmúdico, certamente também lhe são afínicos traços essenciais da moralidade puritana. P. ex., se é afirmado expressamente no Talmude (em WÜNSCHE, A. *Der babylonische Talmud* [*O Talmude babilônico*], II, p. 34) que é melhor e mais generosamente recompensado por Deus que se faça algo bom por *dever* do que uma boa ação à qual *não* se está obrigado pela Lei – com outras palavras: desamoroso cumprimento do dever é eticamente mais elevado do que filantropia sentimental –, a ética puritana, em essência, aceitaria a sentença, do mesmo modo como Kant – que tinha ascendência escocesa e fortes influências pietistas em sua educação – aproxima-se dela no geral (o modo como algumas das suas formulações se ligam diretamente a ideias do protestantismo ascético não há, porém, como ser discutido aqui). Mas em uma ocasião a ética talmúdica esteve profundamente mergulhada no tradicionalismo oriental: "R. Tanchum ben Chanilai disse: 'nunca o homem há de modificar um hábito'" (Guemará, em referência a Mishná, VII, 1 fol. 86 b, n. 93 em Wüsche – trata-se da alimentação dos diaristas), regra que só não vale em relação aos estrangeiros. – Contudo, a concepção puritana de "legalidade" como *comprovação*, em comparação com a judaica – pura e simplesmente como cumprimento de mandamento –, forneceu depois motivos claramente mais fortes ao *agir* positivo. Como natural, a ideia de que o êxito revelaria bênção de Deus não é estranha ao judaísmo. Mas o significado ético-religioso radicalmente distinto que ela adquiriu no judaísmo em consequência da ética dualista (interna e externa ao grupo) excluiu qualquer afinidade de efetivação, justamente nesse ponto decisivo. Ao "estrangeiro" era *permitido* o que era *proibido* ao "irmão". Impossível (já por isso) que o êxito no âmbito desse não "mandado" senão "permitido" pudesse ser marca da comprovação *religiosa* e estímulo à configuração metódica de vida naquele sentido como entre aos puritanos. Sobre todo esse problema, em diversos aspectos tratado incorretamente por Sombart em seu livro *Die Juden und das Wirtschaftsleben* [*Os judeus e a vida econômica*], cf. os estudos citados acima. O pormenor não cabe aqui. A ética judaica se manteve bem fortemente tradicionalista, por mais estranho que isso soe de início. Aqui também não há de ser aprofundado a respeito da enorme mudança pela qual a postura interior com relação ao mundo passou por obra da versão cristã das ideias de "graça" e "redenção", a qual, de maneira peculiar, sempre está a albergar o embrião de *novas* possibilidades de desenvolvimento. Sobre a "legalidade" veterotestamentária; cf. tb., p. ex.: RITSCHL, A. *Die christliche Lehre von der Rechtfertigung und Versöhnung* [*A doutrina cristã da justificação e reconciliação*], II, p. 265. – Para os puritanos ingleses, os judeus do seu tempo eram representantes daquele capitalismo que eles próprios execravam, orientado à guerra, ao fornecimento do Estado, ao monopólio estatal, às especulações fundiárias e a projetos financeiros e imobiliários principescos. De fato, o contraste bem que pode ser formulado assim, com as reservas sempre inevitáveis: o capitalismo judeu era capitalismo-*pária* especulativo; o puritano, organização burguesa do trabalho.

[253] Para Baxter, a *verdade* da Escritura Sagrada deriva em última instância da "maravilhosa diferença entre o pio e o ímpio [*godly and ungodly*]", da absoluta distinção do "*renewed man*" ["homem renovado"] perante outros, e do evidente cuidado bem especial de Deus voltado à salvação da alma dos seus (o qual, naturalmente, *pode* se manifestar também em "*provações*"). Cf. *Christian Directory*, I, p. 165, col. 2 marg.

[254] Basta ler, como algo característico disso, o modo sinuoso como o próprio Bunyan lida com a parábola do fariseu e do publicano (cf. o sermão "The Pharisee and the Publican". Op. cit., p. 100ss.) – em seus escritos é possível encontrar, contudo, em ocasiões, uma aproximação à índole própria à *Da liberdade cristã* de Lutero (p. ex. em "Of the Law and a Christian". In: *Works of Puritan Divines*, p. 254). Por que o fariseu é condenado? – Em verdade, ele não

observa os mandamentos de Deus, pois é claramente um *sectário* interessado apenas em pequenezas extrínsecas e cerimônias (p. 107); acima de tudo, porém, ele atribui o mérito a si mesmo, e apesar disso, sob uso indevido do nome de Deus, ele agradece ao mesmo, "como fazem os *quakers*", pela sua virtude, em cujo valor ele confia de maneira pecaminosa (p. 126), e nega assim, implicitamente, a *predestinação de Deus* (p. 139ss.). Sua prece, portanto, é divinização da criatura, e isso é o pecaminoso nela. – O publicano, em contrapartida, como mostra a sinceridade da sua profissão de fé, é regenerado em seu íntimo, pois – como se afirma, em moderação caracteristicamente puritana do sentimento luterano de pecado – "para uma convicção [*conviction*] correta e sincera de pecado deve haver uma convicção da *probabilidade* do perdão [*probability of mercy*]" (p. 209).

[255] Reproduzido, p. ex., em *Constitutional Documents*, de Gardiner. Pode-se pôr essa luta contra a ascese (hostil à autoridade) em paralelo com a perseguição de Luís XIV a Port-Royal e aos jansenistas.

[256] Nisso o ponto de vista de Calvino ainda era substancialmente mais moderado, ao menos enquanto se consideravam as formas aristocráticas mais refinadas do fruir de vida. Termo é somente a Bíblia; quem se atém a ela e adquire uma boa consciência não é obrigado a suspeitar temerariamente de nenhum impulso à fruição de vida em si. As exposições relativas a isso no cap. X das *Institutas* (p. ex.: "nem podemos fugir daquelas coisas que aparentam servir mais à diversão do que à necessidade") poderiam em si deixar aberto o caminho a uma práxis bem laxa. A rigor, aqui se fez valer, além de um medo crescente em torno da *certitudo salutis* entre os epígonos, também a circunstância – à qual haveremos de nos voltar em outro lugar – de que no campo da *ecclesia militans* foram os *pequeno-burgueses* que se tornaram zeladores do desenvolvimento ético do calvinismo.

[257] T. Adams, p. ex. (*Works of the Puritan Divines*, p. 3), começa um sermão intitulado "The three divine sisters" ("A caridade, porém, é a maior entre elas") com a observação também de que Páris tinha dado a maçã a Afrodite!

[258] Romances e coisas do gênero, enquanto *wastetimes* [desperdícios de tempo], não devem ser lidos (BAXTER, R. *Christian Directory*, I, p. 51, col. 2). – É conhecido o esmorecimento da lírica e da canção popular, não apenas do

drama, depois do período elisabetano na Inglaterra. Nas artes plásticas o puritanismo talvez não tenha encontrado muito a reprimir. Mas salta aos olhos o declínio de uma aptidão musical aparentemente admirável (o papel da Inglaterra na história da música não era insignificante) até chegar àquele absoluto nada que notamos mais tarde – e nesse aspecto ainda hoje – entre os povos anglo-saxões. Na América ouve-se como "canto coral" no mais das vezes também apenas uma vozearia insuportável aos ouvidos alemães, a não ser nas Igrejas dos negros – e de parte desses cantores profissionais que as Igrejas engajam agora (na Trinity Church em Boston por 8 mil dólares no ano de 1904) como *attractions*. (Fenômenos *em parte* análogos se notam tb. na Holanda.)

[259] Assim também na Holanda, como permitem notar as atas dos sínodos (cf. os decretos sobre a árvore de maio na compilação feita por Reitma, VI, 78, 139 e em outras passagens).

[260] É evidente que o renascimento do Antigo Testamento e a orientação pietista a certas percepções cristãs hostis à beleza na arte, que em última instância remontam ao Dêutero--Isaías e ao Salmo 22, devem ter contribuído para tornar mais possível o *feio* enquanto objeto artístico e para que também a rejeição puritana da divinização da criatura tivesse parte nisso. Mas todo pormenor ainda parece incerto. Na Igreja romana, motivos totalmente distintos (demagógicos) deram origem a fenômenos manifestamente afínicos – mas sem dúvida com resultado inteiramente outro no âmbito artístico. Quem se põe diante do quadro de Rembrandt "Saul e Davi" (na Mauritshuis) acredita sentir diretamente a poderosa efetivação do senso puritano. A brilhante análise das influências culturais feita por Carl Neumann em *Rembrandt* dá bem a medida do que se *pode* saber por agora sobre até que ponto se deve conferir ao protestantismo ascético influxos positivos fomentadores da arte.

[261] As mais diversas causas, impossíveis de serem apresentadas aqui, foram determinantes para o incutir relativamente reduzido da ética calvinista na práxis de vida e para a moderação do espírito ascético na Holanda já no começo do século XVII – mas sobretudo sob o governador Frederico Henrique – (para os congregacionalistas ingleses que se refugiaram na Holanda em 1608, o insuficiente descanso sabático holandês era uma ofensa), e para a pouca força expansionista do puritanismo holandês em geral. Elas

residiam em parte também na constituição política (união particularística de cidades e províncias) e na capacidade de defesa bem mais reduzida (a guerra de independência logo passou a ser conduzida principalmente com o *dinheiro* de Amsterdã e com exércitos assoldadados; os pregadores ingleses ilustram a confusão de línguas babélica com referência ao exército holandês). Desse modo, a gravidade da luta pela fé era transferida em boa parte a outras, mas com isso também se perdia a possibilidade de partilhar do *poder* político. Em contrapartida, o exército de Cromwell se percebia como exército de *cidadãos* – embora fosse em parte formado a partir de alistamento compulsório. (Nesse contexto é decerto ainda mais característico que *justamente esse* exército tenha adotado em seu programa a eliminação da *obrigação* do serviço militar, porque a rigor se permite lutar para glória de Deus só se por uma causa de bom reconhecimento na consciência, mas não pelo capricho dos príncipes. De início, a constituição do exército inglesa, "imoral" segundo concepções tradicionais alemãs, teve *historicamente* motivos bem "morais" e foi uma reivindicação de soldados nunca vencidos, que somente depois da Restauração foram postos a serviço dos interesses da coroa.) Os *schutterijen* holandeses, zeladores do calvinismo no período da grande guerra, já são vistos meia geração depois do Sínodo de Dordrecht em comportamento bem pouco "ascético" nos quadros de Hals. Protestos dos sínodos contra sua conduta de vida são encontrados com recorrência. O conceito holandês de *"deftigheid"* ["distinção", "respeitabilidade"] é uma mescla de "honorabilidade" burguesa racional e consciência estamental patrícia. A disposição classista dos assentos nas igrejas holandesas indica ainda hoje o caráter aristocrático dessa eclesialidade. A manutenção da economia citadina era entrave à indústria. Esta tomava algum impulso quase que somente graças aos refugiados, e isso, por essa razão, sempre apenas temporariamente. Mas também na Holanda a ascese intramundana do calvinismo e do pietismo foi efetiva, bem na mesma direção que em outras localidades (tb. no sentido da "coação ascética à formação de poupança" a se mencionar em breve, como atesta Groen van Prinsterer na passagem citada na nota 280. Naturalmente, a falta quase completa das belas-letras na Holanda calvinista não é nenhum acaso. Sobre a Holanda, cf., p. ex., BUSKEN-HUET, C. *Het land van Rembrandt* [*O país de Rembrandt*], editado tb. em alemão por Ropp). O significado da religiosidade holandesa

como coação ascética à formação de poupança se nota claramente ainda no século XVIII, p. ex., nos apontamentos de
Albertus Haller. Em relação às particularidades características do juízo artístico holandês e seus motivos, comparem-se,
p. ex., os apontamentos autobiográficos de Constantijn Huy-
gens (escritos entre 1629 e 1931) em *Oud Holland* [*Holanda
antiga*] (1891). (O trabalho já citado de Groen van Prinsterer,
La Hollande et l'influence de Calvin [*A holanda e a influência
de Calvino*] (1864), não fornece nada de determinante para
nossos problemas.) – A colônia Nieuw Nederland na América
era socialmente uma dominação semifeudal de "patronos" –
negociantes que operavam adiantamento de capital – e que
ao contrário da Nova Inglaterra tinha dificuldade para atrair
a migração de "gente simples".

[262] Lembre-se do modo como a autoridade municipal puritana fechou o teatro em Stratford-on-Avon ainda na época
de Shakespeare, quando da sua estância no local em seus
últimos anos de vida. (De fato, o ódio e o desprezo de Shakespeare pelos puritanos manifesta-se sempre que lhe é dada
oportunidade.) Ainda em 1777 a cidade de Birmingham ne-
gou licença a um teatro alegando que este fomentaria a "preguiça" e por isso seria prejudicial ao comércio (ASHLEY, W.J.
cf. nota 289; op. cit., p. 7-8).

[263] Também aqui é terminante o fato de que para o puritano
havia *apenas* as duas alternativas: vontade divina ou a vaidade própria ao reino da criatura. Por isso, para ele não podia
existir nenhuma "adiáfora". Nesse aspecto, como já dito, a
posição de Calvino era distinta: aquilo que se come, que se
veste e coisas do gênero são desimportantes – desde que o
resultado não seja a escravização da alma sob o poder da
cobiça. A *liberdade* perante o "mundo" há de se manifestar –
como para os jesuítas – em indiferença, mas em Calvino isso
significa: no uso indistinto, descobiçoso, dos bens que a terra
oferece (p. 409ss. da edição original das *Institutas*) – um ponto de vista que no fim das contas se encontrava claramente
mais próximo do luterano do que o precisismo dos epígonos.

[264] O comportamento dos *quakers* nesse aspecto é conhecido.
Mas já no começo do século XVII a comunidade de exilados
em Amsterdã enfrentou – ao longo de uma década – as mais
graves tempestuosidades devido ao modismo dos chapéus e
trajes de uma mulher de pastor. (Descrito com graça
em DEXTER, H.M. *Congregationalism of the Last 300*

Years). – Sanford (op. cit.) já observou que o "penteado" masculino de hoje é igual ao dos tão escarnecidos *"roundheads"*
["cabeças redondas"], e que o *traje* masculino também escar-
necido dos puritanos é essencialmente idêntico ao de hoje,
ao menos no *princípio* que o justifica.

[265] Sobre isso, cf. novamente o livro já citado de Veblen, *The
Theory of Business Enterprise*.

[266] Retornamos sempre a esse ponto de vista. A partir dele se
explicam declarações como esta: "Cada centavo que é pago
a vós mesmos, filhos e amigos, deve ser ganho como emolu-
mento propriamente de Deus, e servir e aprazer a Ele. Estai
em atenta vigília, ou então aquele eu gatuno carnal não vai
deixar nada a Deus" (BAXTER, R. Op. cit., p. 108). O decisivo é isso: o que se destina a fins *pessoais* é *tomado* do serviço
à glória de Deus.

[267] Com justiça, costuma-se lembrar (como DOWDEN, E. Op.
cit.) que Cromwell, p. ex., salvou da destruição esboços feitos
por Rafael e o quadro de Mantegna, *Triunfos de César*, que
Carlos II buscou vender. Como se sabe, a sociedade da Restauração também tinha uma postura friamente ou diretamente reprovadora com relação à literatura nacional inglesa. Nas
cortes, a influência de Versalhes era, no geral, de fato onipotente. – Analisar no pormenor a recusa das fruições irre-
fletidas da vida cotidiana em sua influência sobre o espírito
dos tipos mais elevados do puritanismo e dos indivíduos que
passaram por sua escola é uma tarefa que ao menos no âmbito deste delineamento não seria possível realizar. Washington
Irving (*Bracebridge Hall*. Op. cit.) formula o efeito da seguinte
forma, na terminologia inglesa usual: "isso (a liberdade política, diz ele – o puritanismo, dizemos nós) demonstra menos
fantasia, mas mais poder de *imaginação*". Basta apenas pensar
na posição dos *escoceses* dentro da ciência, da literatura, no
campo das invenções técnicas e também na vida comercial
da Inglaterra para perceber que essa observação, formulada
de modo um tanto estrito, aproxima-se do correto. – Aqui
não vamos falar do seu significado para o desenvolvimento
da técnica e das ciências empíricas. A relação mesma é notada por toda parte, também na vida cotidiana. Para o *quaker*,
p. ex., são *recreations* permitidas (segundo Barclay): visita de
amigos, leitura de obras históricas, *experimentos matemáticos
e físicos*, jardinagem, discussão sobre acontecimentos
relativos aos negócios e sobre ocorrências regulares

no mundo, e coisas do gênero – A razão é a que foi discutida anteriormente.

[268] Analisado com excepcional primor por Carl Neumann em *Rembrandt*, que no geral pode ser consultado para o entendimento das observações acima.

[269] Segundo Baxter, na passagem citada acima (I, p. 108).

[270] Cf. como exemplificação a conhecida descrição do Coronel Hutchinson (frequentemente citada, p. ex., em SANFORD, J.L. Op. cit., p. 57) na biografia escrita por sua viúva. Após a exposição de todas as suas virtudes cavalheirescas e da sua natureza individual inclinada à serena alegria de vida, lê-se: "Ele era maravilhosamente elegante, asseado e gentil em seu hábito, e tinha um muito bom gosto nisso; mas muito cedo *ele deixou* de vestir *qualquer coisa que fosse custosa*". – De modo bastante similar é assinalado na oração fúnebre de Baxter a Mary Hammer (*Works of the Puritan Divines*, p. 533) o ideal da puritana aberta ao mundo e bem-educada, mas mesquinha com duas coisas: (1) tempo e (2) despesas com "pompa" e divertimentos.

[271] Recordo-me – além de *muitos* outros exemplos – em especial de um industrial excepcionalmente bem-sucedido na sua vida de negócios e muito abastado na sua velhice que, quando de uma persistente dispepsia lhe foi aconselhado pelo médico o consumo diário de algumas ostras, só com a maior dificuldade foi mobilizado a fazê-lo. Por outro lado, uma "mão aberta" e doações bem consideráveis para fins beneficentes, feitas por ele ainda em vida, mostram que no caso se tratava *tão somente* de um resquício daquele senso "ascético" que considera moralmente grave a *fruição* própria da posse, não de algo afínico à "avareza".

[272] A *separação* entre oficina, escritório, "negócio" em geral e domicílio privado – de firma e nome –, entre capital de giro e patrimônio privado, a tendência a tornar o "negócio" um "*corpus mysticum*" (a princípio ao menos o patrimônio societário) – tudo isso ia nessa direção. Sobre esse aspecto, cf. meu estudo sobre a história das sociedades comerciais na Idade Média.

[273] Em seu *Der moderne Kapitalismus* [*O capitalismo moderno*] (1. ed.), Sombart já havia indicado devidamente de forma oportuna esse fenômeno característico. Deve-se observar apenas que acumulação patrimonial tem duas origens psicológicas bem distintas. Uma delas, em sua eficácia,

tem raízes na mais remota Antiguidade e encontra expressão em fundações, bens familiares, fideicomissos etc., exatamente do mesmo modo – ou, antes, de forma muito mais simples e clara – que na aspiração análoga de vir a morrer com um grande patrimônio líquido material, e sobretudo de assegurar a existência do "negócio" mesmo que sob prejuízo dos interesses pessoais da maioria dos filhos herdeiros. *Nesses* casos se trata – além do desejo de levar uma vida ideal depois da morte, na própria criação – de conservar o *splendor familiae* [esplendor da família], portanto de uma vaidade voltada à personalidade por assim dizer ampliada do fundador; trata-se, em todo caso, de objetivos no fundo egocêntricos. Não é esse o feitio daquele motivo "burguês" que *nós* tratamos aqui; nele, a sentença da ascese "deves renunciar, renunciar deves" assume uma inflexão positivamente capitalista: "deves adquirir, adquirir deves" – que em sua irracionalidade surge diante de nós pura e simplesmente como uma espécie de imperativo categórico. Somente glória de Deus e o próprio dever, não a vaidade do indivíduo, são aqui, para os puritanos, o motivo, e *hoje*: *apenas* o dever relativo à "profissão". Quem tem gosto em ilustrar para si uma ideia em suas consequências extremas há de recordar, p. ex., aquela teoria de certos bilionários americanos segundo a qual os bilhões auferidos *não* deveriam ser deixados aos descendentes, para que assim os mesmos não se furtassem ao benemérito ato moral de terem eles mesmos de trabalhar e adquirir – *hoje* certamente uma ilusão tão somente "teórica".

[274] *Este* é – como sempre há de se destacar – o motivo religioso em última instância determinante (além dos aspectos puramente ascéticos da mortificação da carne), o que se nota de modo particularmente bem claro junto aos *quakers*.

[275] Esta Baxter rejeita por completo (*O descanso eterno dos santos*, cap. XII), junto com os motivos comuns entre os jesuítas: deve ser concedido ao corpo aquilo de que ele necessita, para não se tornar servo do mesmo.

[276] Esse ideal está claramente presente no quakerismo em especial já na primeira época do seu desenvolvimento, como exposto por Weingarten em sua obra *Die Revolutionskirchen Englands* [*As Igrejas revolucionárias da Inglaterra*]. Também os aprofundados exames de Barclay (op. cit., p. 519ss. e 533) o ilustram da forma mais clara. Há de se evitar: (1) a vaidade própria ao reino da criatura, portanto toda

ostentação, bijutaria e uso de coisas que não têm nenhuma finalidade *prática* ou que são estimadas apenas devido à sua raridade (portanto por vaidade); (2) uso inconsciencioso da posse como encontrado em um gasto *desmedido* com necessidades menos imprescindíveis em comparação com as necessidades vitais essenciais e com a provisão para o futuro – o *quaker*, portanto, era por assim dizer a "lei da utilidade marginal" ambulante. "*Moderate use of the creature*" ["uso moderado da criatura"] é absolutamente lícito, mas se permitia, *nomeadamente*, dar peso à qualidade e à solidez dos tecidos etc., desde que isso não induzisse à "*vanity*" ["vaidade"]. Sobre tudo isso, cf. *Morgenblatt für gebildete Leser* (1846, n. 216ss.). (Em particular sobre conforto e solidez dos tecidos entre os *quakers*, cf. as preleções de Schneckenburger, p. 96ss.).

[277] Já foi dito anteriormente que *aqui* não adentraremos a questão do condicionamento de classe dos movimentos religiosos (sobre isso, cf. os estudos reunidos em *Ética econômica das religiões mundiais*). Mas para ver que Baxter, p. ex., ao qual nomeadamente se recorre aqui, não enxergava as coisas pelas lentes da "burguesia" daquele tempo, basta se lembrar que também para ele, na ordem de aprazibilidade divina das profissões, o *husbandman* [agricultor] vem logo depois das atividades profissionais que demandam instrução, e só *então mariners, clothiers, booksellers, tailors* [marinheiros, negociantes de panos e fazendas, livreiros, alfaiates] etc., em variegado bulício. Também os *mariners* mencionados (de modo bastante característico) talvez sejam pensados no mínimo como pescadores ou então como marinheiros. – Nesse aspecto, algumas sentenças do Talmude já têm posição distinta. Cf. em Wünsche, p. ex. (*Babyl. Talmud*, II, 1, p. 20-21), as sentenças do rabino Eleazar, certamente não incontestáveis, todas com o sentido de que: troca comercial é melhor que agricultura. (Mais a meio-termo em II, 2, p. 68, sobre investimento aconselhável de capital: 1/3 em propriedades fundiárias e terras, 1/3 em mercadorias, 1/3 em dinheiro a pronto). – Para aqueles cuja consciência causal não seja tranquilizada sem interpretação econômica ("materialista", como infelizmente ainda se diz), registre-se aqui: que considero muito significativa a influência do desenvolvimento econômico sobre o fado das formações de ideias religiosas, e mais tarde buscarei demonstrar como se formaram no nosso caso os processos recíprocos de adaptação e as relações entre ambos. Só que esses conteúdos religiosos de ideias *não* se permitem

deduzir "economicamente" de maneira simples; *por seu lado*, a rigor, eles são – não há nada que possa mudar nisso – os elementos plásticos mais poderosos do "caráter nacional", e carregam em si, também na forma pura, sua legalidade própria e sua autoridade coercitiva. Ademais, enquanto contribuírem fatores extrarreligiosos, as diferenças *mais importantes* – as entre luteranismo e calvinismo – são determinadas predominantemente por aspectos *políticos*.

[278] E. Bernstein tem isso em mente quando diz em estudo já citado anteriormente (p. 681 e 625): "A ascese é uma virtude burguesa". No geral, suas exposições *são as primeiras* a sugerir essas importantes relações. Só que o contexto é muito mais abrangente do que ele supõe. Pois não a simples acumulação de capital senão a racionalização ascética de toda a vida profissional foi o determinante. – Em relação às colônias americanas, é claramente enfatizado já em Doyle o contraste entre as condições encontradas no Sul e as encontradas no Norte puritano, onde em virtude da "coação ascética à formação de poupança" sempre se teve disponível capital a carecer de inversão.

[279] Doyle, op. cit., II, cap. 1. Considerado em termos puramente econômicos, a existência de companhias de siderurgia (1643) e de tecelagem (1659) para o mercado (e aliás também a alta florescência do ofício de artesão) na Nova Inglaterra na primeira geração após a fundação da colônia é anacronismo e se encontra no mais marcante contraste tanto com as condições no Sul como também com a localidade de Rhode Island, não calvinista mas a desfrutar de plena liberdade de consciência, onde, apesar do excelente porto, dizia o relatório do *governor* e do *council* ainda em 1686: "A grande obstrução concernente ao comércio é a carência de mercadores e homens de consideráveis posições estamentais entre nós" (ARNOLD, S.G. *History of the State of Rhode Island*, p. 490). De fato é difícil duvidar que a coação ao contínuo reinvestimento do capital poupado exercido pela restrição puritana ao consumo teve parte nisso. Acrescentava-se a ele o papel da disciplina eclesiástica, ainda não discutido aqui.

[280] A exposição de Busken-Huet (op. cit., vol. II, cap. III e IV) mostra que nos Países Baixos esses círculos sem dúvida diminuíram rapidamente. Contudo, ainda sobre o tempo *posterior* à Paz de Vestfália, Groen van Prinsterer afirma (*Handboek der geschiedenis van het vaderland* [*Manual*

sobre a história da pátria], 3. ed., § 303, nota, p. 254): "Os neerlandeses vendem muito e consomem pouco".

[281] Em relação à Inglaterra, uma petição de um *royalist* aristocrata depois do avanço de Carlos II em Londres (citada, p. ex., em RANKE, L. *Englische Geschichte im XVI. und XVII. Jahrhundert* [*História inglesa nos séculos XVI e XVII*], IV, p. 197) apoiava uma proibição legal da aquisição de propriedades rurais pelo capital burguês, que assim haveria de ser forçado a se dedicar apenas ao comércio. – O estamento dos *regenten* [regentes] holandeses distinguia-se enquanto *stand* [estamento] do patriciado burguês das cidades *por meio* da compra dos antigos solares (sobre isso, cf. a queixa do ano de 1652 citada em Fruin, op. cit., segundo a qual os regentes seriam rentistas, e não mais comerciantes). No fundo, esses círculos decerto nunca foram de disposição seriamente calvinista. E a notória mania de títulos e de nobreza em amplos círculos da burguesia holandesa na segunda metade do século XVII já mostra por si só que ao menos em relação a *esse* período deve-se aceitar apenas com cautela aquela oposição entre as condições inglesas e as holandesas. A supremacia da posse pecuniária herdada vencia aqui o espírito ascético.

[282] À forte compra das propriedades rurais inglesas por capital burguês seguiu a grande época da agricultura na Inglaterra.

[283] *Landlords* anglicanos não raro se recusaram a aceitar não conformistas como arrendatários, o que ocorre ainda neste século [XX]. (Na presente época, ambos os partidos eclesiásticos são aproximadamente iguais em força numérica; antes os não conformistas foram sempre a minoria.)

[284] Com razão, H. Levy chama a atenção (no artigo recém-publicado no periódico *Archiv für Sozialwissenschaft und Sozialpolitik*, vol. XLVI, p. 605ss.) para que, provavelmente, a considerar a "inclinação de caráter" do povo inglês – a ser inferida de inúmeros traços –, este estava *menos* disposto à adoção de um *ethos* ascético e de virtudes burguesas do que outros povos – prazer de viver impolido e rústico era (e é) um traço fundamental da sua essência. O poder da ascese puritana no tempo da sua dominação revela-se especialmente no espantoso grau em que esse traço de caráter se encontrava *temperado* entre seus adeptos.

[285] Recorrente também na exposição de Doyle. No posicionamento dos puritanos, o motivo religioso

sempre desempenhou papel decisivo (naturalmente, ele nem sempre foi o *único* a fazê-lo). A colônia (sob regência de Winthrop) – propriamente uma câmara alta com nobreza hereditária – estava inclinada a permitir a mudança de *gentlemen* para Massachusetts *contanto que* estes se tornassem membros da *Igreja*. A fim de favorecer a *disciplina eclesiástica*, ateve-se à povoação *confinada*. (A colonização de New Hampshire e Maine se deu graças a grandes comerciantes anglicanos, que instituíram grandes fazendas de gado. Aqui a coesão social era bem reduzida.) Em 1632 já havia queixas referentes à forte "cobiça de lucro" dos habitantes da Nova Inglaterra (cf., p. ex., WEENDEN, W.B. *Economic and Social History of New England*, I, p. 125).

[286] Isso já enfatiza Petty (op. cit.), e todas as fontes contemporâneas, sem exceção, referem-se aos *sectários* puritanos em particular – batistas, *quakers*, menonitas – como uma camada em parte desprovida de recursos, em parte formada por *pequenos* capitalistas, e os colocam em oposição tanto à aristocracia dos grandes negociantes como aos aventureiros de finanças. Mas justamente a partir dessa camada de *pequenos* capitalistas, e *não* pelas mãos dos grandes financistas – monopolistas, fornecedores e prestamistas do estado, empreendedores coloniais, *promoters* ["fundadores de sociedades comerciais"] etc. – originou-se aquilo que foi *característico* ao capitalismo do Ocidente: a organização burguesa do trabalho industrial no âmbito da economia privada (cf., p. ex., UNWIN, G. *Industrial Organisation in the Sixteenth and Seventeenth Centuries*. Oxford: Clarendon, 1904, p. 196ss.). Para ver que essa oposição já era bem conhecida pelos próprios contemporâneos, cf. o *Discourse Concerning Puritans* de Parker (1641), onde é igualmente enfatizado o contraste com projetistas e cortesãos.

[287] Sobre a maneira como isso se manifestou na política da Pensilvânia no século XVIII, em especial também na guerra de independência, cf. SHARPLESS, I. *A Quaker Experiment in Government*. Filadélfia, 1902.

[288] Apud SOUTHEY, R. *Life of Wesley*, cap. XXIX. Obtive a referência – não a conhecia – em uma carta do Prof. Ashley (1913). E. Troeltsch (ao qual passei a mesma, com esse fim) já a citou em ocasiões.

[289] Recomenda-se a leitura da passagem a todos·os que hoje queiram ficar mais informados e entendidos

a respeito dessas coisas do que os líderes e contemporâneos *mesmos* desses movimentos, que, como se vê, sabiam muito bem o que faziam – e o que colocavam em risco. Realmente, não é admissível contestar assim de forma leviana – como fazem alguns dos meus críticos – fatos totalmente indiscutíveis e que até hoje também não foram contestados por ninguém, investigados por mim apenas um pouco mais nas suas forças motrizes internas. No século XVII ninguém houve jamais de duvidar dessas relações (cf. ainda MANLEY, T. *Usurry of 6% Examined*. 1669, p. 137). Fora os escritores modernos já citados anteriormente, também as trataram como óbvias poetas como H. Heine e Keats, assim como representantes da ciência como Macaulay, Cunningham, Rogers ou escritores como Mathew Arnold. Da literatura mais recente, cf. *Birmingham Industry and Commerce* (1913) de Ashley, que à época também manifestou a mim em carta sua completa concordância. Sobre o problema em geral, cf. agora o estudo de H. Levy citado na nota 284.

[290] Talvez nada prove de modo mais claro que as mesmas relações eram óbvias já aos puritanos do período clássico do que o argumento do Sr. Amor-ao-dinheiro, personagem de Bunyan: "é permitido se tornar religioso *a fim de se tornar rico*, p. ex., para ampliar sua clientela", pois o *porquê* de alguém ter se tornado religioso seria desimportante (p. 114 da edição de Tauchnitz).

[291] Defoe era não conformista fervoroso.

[292] Spener (*Theologische Bedenken* [*Ponderações teológicas*], op. cit., p. 426ss., 429, 432ss.) de fato também considera a profissão de comerciante como repleta de tentações e esparrelas, mas ele explica, ante uma interpelação: "Agrada-me ver que o caro amigo não conhece nenhum escrúpulo no tocante propriamente ao comércio, senão que o reconhece como modo de vida, como ele mesmo é, algo de muita serventia ao gênero humano e com o qual, portanto, é praticado *o amor*, conforme a vontade de Deus." Em várias outras passagens isso é motivado nos pormenores por argumentos mercantilistas. Se Spener toma o "ponto de vista do sustento" (op. cit., III, p. 435), e, em ocasiões, bem luteranamente, conforme 1Tm 6,8-9 e com recurso ao Sirácida – cf. acima! –, ele caracteriza o desejo de se tornar rico como principal esparrela e algo a ser impreterivelmente deposto, o mesmo autor, por outro lado, torna a atenuar essa posição por meio da

referência aos sectários que prosperam e todavia vivem devotamente (p. 175, nota 4). Enquanto *efeito* do trabalho profissional diligente, a riqueza é, também para ele, irrepreensível. Em virtude do aditivo luterano o ponto de vista é menos consequente do que o de Baxter.

[293] Baxter (op. cit., II, p. 16) adverte contra empregar "pessoas pesadas, fleumáticas, indolentes, profanas, preguiçosas" como "*servants*", recomenda a preferência por "*godlyservants*" ["serventes pios"], não só porque "*ungodly servants*" seriam meros "*eye-servants*"[NT5] senão sobretudo porque "um verdadeiro servente pio [*godly servant*] fará todo seu serviço em obediência *a Deus, como se o próprio Deus lhe houvesse incumbido*". Em turno, outros seriam inclinados "a não fazer disso nenhuma *questão* maior *de consciência* [*conscience*]". E no trabalhador, inversamente, a marca da santidade seria não o professar manifesto da religião senão a "consciência de cumprir seu dever [*duty*]". Vê-se que o interesse de Deus e aquele do empregador confundem-se aqui de modo suspeito; também Spener (op. cit., III, p. 272), que se não exorta obstinadamente a reservar *tempo* para pensar em Deus, pressupõe como óbvio que os trabalhadores tenham de se dar por satisfeitos com o mínimo possível de tempo livre (mesmo aos domingos). – Com razão, escritores ingleses chamavam os imigrantes protestantes de "pioneiros do trabalho especializado". Cf. tb. as evidências em H. Levy (op. cit., 1912, p. 53).

[294] A analogia – que de fato se mostrava infinitamente sugestiva – entre a predestinação de apenas alguns, "injusta" ao padrão humano, e a distribuição de bens igualmente injusta, mas igualmente conforme a vontade de Deus, pode ser encontrada em Hoornbeek, p. ex. (op. cit., vol. I, p. 153). Ademais, a pobreza é, afinal, com bastante frequência – segundo Baxter (op. cit., I, p. 380) –, sintoma da preguiça pecaminosa.

[295] Deus, em particular, permite que tantos permaneçam pobres porque eles, supostamente no seu entendimento, não estariam à altura de enfrentar as tentações que a riqueza traz consigo – afirma também T. Adams (*Works of the Puritan Divines*, p. 158). Pois com demasiada frequência a riqueza tira a religião de dentro do indivíduo.

[296] Cf. a nota 239, acima, e o trabalho de H. Levy ali citado. O mesmo é destacado por todas as descrições (como por Manley em relação aos huguenotes).

[297] Algo similar não faltou também na Inglaterra. Ali também se tem, p. ex., aquele pietismo que, em linha com *Serious Call* de Law (1728), pregava *probreza*, castidade e – originalmente – também isolamento perante o mundo.

[298] A atividade de Baxter na congregação de Kidderminster – esta sob absoluto aviltamento quando da sua chegada –, atividade quase sem precedente na história da cura de almas em termos do grau do seu êxito, é ao mesmo tempo um típico exemplo de *como* a ascese instruía as massas ao trabalho – dito em termos marxistas: à produção da "mais-valia" –, e assim tornou *possível em primeiro lugar* o emprego das mesmas na relação de trabalho capitalista (indústria doméstica, tecelagem). De modo bem geral, é assim que se afigura a relação causal. – Considerado desde a perspectiva de Baxter, a inserção dos seus pupilos na engrenagem do capitalismo estava a serviço dos seus interesses ético-religiosos. Considerado desde a perspectiva do desenvolvimento do capitalismo, os últimos punham-se a serviço do desenvolvimento do "espírito" capitalista.

[299] E mais uma coisa: de fato pode-se duvidar do quanto forte foi a importância, enquanto agente psicológico, da "alegria" do artesão de ofício medieval com aquilo que foi "criado por ele" – com a qual é tão frequentemente operado. Sem dúvida havia algo de consistente nisso. Em todo caso, a ascese agora *despojava* o trabalho desse estímulo secular voltado a este mundo – hoje aniquilado para sempre pelo capitalismo – e o orientava ao além. O trabalho profissional é, *enquanto tal*, por vontade de Deus. Ainda, a impessoalidade do trabalho hodierno – sua desalegre falta de sentido, considerando do ponto de vista do indivíduo – está, aqui, transfigurada sob viés religioso. No tempo do seu surgimento, o capitalismo precisou de trabalhadores que se colocassem, por dever de *consciência*, à disposição da exploração econômica. Hoje ele está firme em sua posição e logra, sem prêmios no além, impingir sua inclinação voluntária ao trabalho.

[300] Sobre esses contrastes e desenvolvimentos, cf. H. Levy no livro citado anteriormente. Historicamente, a postura antimonopolista da opinião pública, característica em relação à Inglaterra e bastante forte, teve origem no século XVII, a partir de uma combinação de uma luta *política* pelo poder contra a coroa – o Longo Parlamento excluiu os monopolistas da instituição parlamentar – com motivos

éticos do puritanismo e com os interesses econômicos do capitalismo burguês pequeno e médio contrários aos magnatas financeiros. Além da eliminação de sisas, tarifas alfandegárias, impostos indiretos e da introdução de uma *single tax* [taxa única] sobre *estates* [bens], a *Declaration of the Army* de 2 de agosto de 1652 e também a petição dos *levellers* de 28 de janeiro de 1653 demandavam sobretudo *free trade*, isto é, a eliminação de todas as barreiras monopolistas à atividade aquisitiva (*trade*) em âmbitos interno e externo, tidas como violações dos direitos humanos. Algo similar já ocorrera quando da "Grande Remonstrância".

[301] A esse respeito, cf. LEVY, H. Op. cit., 1912, p. 51ss.

[302] Pertence a um contexto um pouco distinto que também os elementos ainda não remontados aqui a suas raízes religiosas, em especial a sentença "*honesty is the best policy*" ["honestidade é a melhor política"] (cf. discussões de Franklin sobre o *crédito*), sejam de origem puritana (a esse respeito, cf. o artigo a seguir ["As seitas protestantes e o espírito do capitalismo"]). Quanto a isso, reproduzo aqui apenas o seguinte comentário de J.A. Rowntree (*Quakerism, Past and Present*, p. 95-96), ao qual E. Bernstein me chamou a atenção: "Seria meramente uma *coincidência* ou uma *consequência* que a sublime profissão de espiritualidade feita pelos Amigos tenha caminhado de mãos dadas com sagacidade e tato na transação de negócios mundanos? Real piedade favorece o sucesso de um comerciante por garantir sua integridade e fomentar hábitos de prudência e premeditação: itens importantes para obter aquela posição e aquele crédito no mundo comercial que são requisitos para a estável acumulação de riqueza" (cf. o artigo a seguir ["As seitas protestantes e o espírito do capitalismo"]). "Honesto como um huguenote" era, no século XVII, tão proverbial como a justeza dos holandeses (que Sir W. Temple admirava) e – um século mais tarde – a dos ingleses, em comparação com continentais que não haviam passado por essa escola ética.

[303] Bem analisado na obra de Bielschowsky *Goethe* (vol. II, cap. 18). – Em relação ao desenvolvimento do "cosmos" *científico*, p. ex., Windelband expressou uma ideia afínica na conclusão do vol. II de *Die Geschichte der neueren Philosophie* [*A história da filosofia moderna*].

[304] *O descanso eterno dos santos*, cap. XII.

[305] "Com seus 75 mil dólares anuais o velho não poderia se aposentar? – Não! Agora a fachada do armazém tem de ser alargada em 400 pés. Por quê? – '*That beats everything*', diz ele. – À noite, quando mulher e filhas se sentam juntas para ler, ele anseia por sua cama, aos domingos ele consulta o relógio a cada 5 minutos para ver quando o dia chegará ao fim: que existência sem sentido!" – Assim o genro (imigrado da Alemanha) do principal *dry-good-man* [merceeiro] de uma cidade do Ohio resumia seu juízo a respeito do último, um juízo que ao "velho", por seu lado, teria sem dúvida parecido totalmente inconcebível e um sintoma da falta de energia alemã.

[306] Essa observação (mantida inalterada aqui [nesta edição de 1920]) já teria podido mostrar a Brentano (op. cit.) que eu nunca duvidei do significado *autônomo* [do racionalismo humanista]. Recentemente, Borinski enfatizou de novo com veemência (em artigo no periódico *Abhandlungen der Münchener Akademie der Wissenschaft*, 1919) que o humanismo também não foi puro "racionalismo".

[307] Não esse problema senão o da Reforma em geral, em particular de Lutero, é abordado no discurso acadêmico de Below, *Die Ursachen der Reformation* [*As causas da Reforma*] (Freiburg, 1916). Em relação ao tema aqui tratado, em especial sobre as controvérsias que partiram deste estudo, remetemos por fim ao escrito de Hermelink *Reformation und Gegenreformation* [*Reforma e Contrarreforma*], que entretanto, em primeira linha, está voltado a outros problemas.

[308] Pois o delineamento acima incluiu por prudência apenas as relações nas quais uma influenciação de conteúdos de consciência religiosos sobre a vida cultural "material" é efetivamente indubitável. Seria um tanto simples proceder ademais a uma "construção" formal que *deduzisse* logicamente *tudo* de "característico" na cultura moderna a partir do racionalismo protestante. Mas algo dessa espécie é melhor legar àquele tipo de diletantes que creem na "unidade" da "psique social" e na sua redutibilidade a *uma* fórmula. – Observe-se ainda apenas que, naturalmente, o período do desenvolvimento capitalista *anterior* ao desenvolvimento considerado por nós esteve *codeterminado no geral* por influências cristãs tanto entravantes *como fomentadoras*. De qual espécie estas foram, isso cabe em capítulo ulterior. Aliás, não está assegurado que um ou outro dos demais problemas delineados

acima ainda possam ser discutidos na ambitude *deste* periódico, tendo em vista o campo temático do mesmo. Mas não sou muito afeito à escrita de livros mais grossos que tenham de se basear tão fortemente em trabalhos alheios (teológicos e históricos), como seria o caso aqui. (Aqui [na edição de 1920] mantenho inalteradas essas sentenças.) – Sobre a *tensão* entre ideal de vida e realidade no tempo do "capitalismo primevo", *antes* da Reforma, cf. agora STRIEDER, J. *Studien zur Geschichte kapitalisticher Organisationsformen* [*Estudos sobre a história das formas de organização capitalistas*]. 1914, livro II (tb. em contraponto ao escrito de Keller citado anteriormente, usado por Sombart).

[309] Acredito que essa sentença e as notas e observações imediatamente precedentes seriam bem suficientes para evitar qualquer mal-entendido a respeito do que este estudo *pretendia* alcançar, e não enxergo *nenhuma razão para inserir um complemento qualquer*. Ao invés de dar continuidade imediata no sentido do programa encontrado mais acima, como intencionado originalmente, decidi primeiro concluir em tempo oportuno uma apresentação dos resultados de estudos comparativos sobre as relações histórico-*universais* entre religião e sociedade, isso em parte por razões fortuitas, em particular devido à publicação de *Die Soziallehren der christlichen Kirchen und Gruppen* [*As doutrinas sociais dos grupos e Igrejas cristãos*] de E. Troeltsch (que resolveu algumas das questões a serem discutidas por mim de uma maneira que eu, enquanto não teólogo, não teria logrado fazer), mas em parte também para despojar estas exposições do seu isolamento e inseri-las na textualidade geral do desenvolvimento cultural. Esses resultados serão apresentados à sequência [em *Ética econômica das religiões mundiais*]. Haverá de precedê-los apenas um curto ensaio de ocasião [intitulado "As seitas protestantes e o espírito do capitalismo"], voltado à elucidação do conceito de "seita" utilizado acima e ao mesmo tempo à exposição do significado da concepção puritana de *"Igreja"* para o espírito capitalista da Época Moderna.

Notas do tradutor

[1] Weber se refere aqui às diferentes formas escolares do sistema educacional alemão, cada uma com ênfase e formação específicas. No *Realgymnasium* dava-se ênfase às línguas estrangeiras modernas e às ciências da natureza (cujas disciplinas recebiam a denominação de "*Realien*" em alemão). O *Realgymnasium* foi abolido em 1965 ao ser unificado ao *Gymnasium*, que qualifica ao estudo universitário e superior. A *Realschule* está voltada hoje sobretudo ao ensino técnico-profissionalizante e administrativo, embora nela o ensino seja bem abrangente, mas assim como a *höhere Bürgerschule* de então (à época uma variação da *Realschule* com o ensino de latim, hoje não mais existente) não qualifica para o ingresso direto em universidades.

[2] As passagens a seguir foram traduzidas por António José de Lima Leitão.

[3] O termo "*Kulturkampf*" é utilizado por Weber para caracterizar de um modo geral embates sobretudo entre autoridades eclesiásticas e estatais seculares. Historicamente, "*Kulturkampf*" ou "luta cultural" (tb. traduzido por "luta pela cultura") se refere ao conflito político entre o Papa Pio IX (1792-1878) e Otto von Bismarck (1815-1898), que entre 1871 e 1875 instituiu na Alemanha diversas leis restritivas à Igreja Católica e à influência de instituições religiosas em geral, em uma reação ao que se seguiu à publicação de *Syllabus errorum* (1864) de Pio IX, onde são condenadas liberdades introduzidas pela política moderna constitucional, mas sobretudo a separação entre Estado e Igreja. Para defender as pretensões papais contra o Estado, ratificadas no Concílio Vaticano I (1869-1870) com o dogma da infalibilidade do papa, os católicos alemães fundaram em 1870 o Partido do Centro (*Zentrumspartei*), forte opositor de Bismarck. Entre as leis introduzidas por Bismarck entre 1873 e 1875 (conhecidas como Leis de Maio) estavam o encarceramento de clérigos que se

manifestassem criticamente à política estatal no desempenho da sua profissão, o controle da instrução clerical pelo Estado, o fechamento de monastérios, a instituição do matrimônio civil e o reconhecimento apenas deste pelo Estado. Em 1872 foram rompidas as relações com o Vaticano. Foi nesse contexto que o termo *"Kulturkampf"* se tornou popular, depois de utilizado em 1873 pelo político Rudolf Virchow (1821-1902) no sentido de uma luta pela emancipação da cultura contra o eclesiasticismo. O conflito levou à prisão de vários clérigos católicos agitadores e o confisco de bens da Igreja, e só terminou depois da morte de Pio IX, com um acordo firmado entre o Papa Leão XIII e Bismark em 1887.

[4] *"Sachsengänger"* designava trabalhadores rurais prussianos da região a leste do Rio Elba que buscavam trabalho em outras regiões do Império Alemão – como a Saxônia, onde costumavam ser empregados na produção de açúcar de beterraba. *"Sachsengänger"* significa em tradução literal "aquele que vai à Saxônia".

[5] *"Eye-servant"* é um antigo termo inglês utilizado em referência ao servente que só cumpre suas obrigações quando vigiado.

Correspondência de termos alemão-português

Abendmahl – Ceia do Senhor
Anstalt – instituição
Antrieb – estímulo

Beruf – vocação, profissão, vocação profissional
Bewährung – comprovação

Entzauberung – desencantamento
Erlösung – redenção (*Erlösungsreligion*: religião da salvação)
Erwerb – aquisição, atividade aquisitiva

Gehäuse – envoltório
Gesinnung – disposição (*Gesinnungsethik*: ética da convicção)
Gewinn – ganho
Gnadenstand – estado de graça
Gnadenwahl – predestinação

Handeln – agir
Heil – salvação
Herrschaft – dominação

Kreaturvergötterung – divinização da criatura

Lebensfreude – alegria de viver
Lebensführung – conduta de vida

Rechtfertigung – justificação

Schicht – camada
Schichtung – estratificação
Seelsorge – cura de almas
Selbstbeherrschung – domínio de si
Seligkeit – bem-aventurança
Sparzwang, asketischer – coação ascética à formação de poupança
Stand – estamento, estado
Streben – ambição, ambicionar

Täufer – anabatista

Verwertung – valorização
Vorsehung – Providência

Wahlverwandtschaften – afinidades eletivas
Wandel – conduta
Weltablehnung – rejeição do mundo
Weltflucht – fuga do mundo
Weltfreude – alegria com o mundo
Werkheiligkeit – santificação pelas obras
Wiedergeburt – regeneração

Veja outros livros
do selo *Vozes de Bolso*
pelo site

livrariavozes.com.br/colecoes/vozes-de-bolso

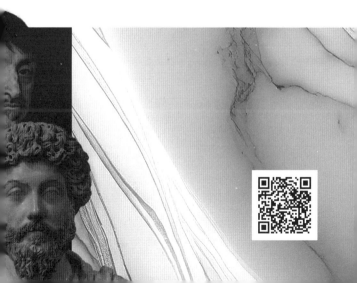

Conecte-se conosco:

- **f** facebook.com/editoravozes
- [◯] @editoravozes
- 𝕏 @editora_vozes
- ▶ youtube.com/editoravozes
- 🗨 +55 24 2233-9033

www.vozes.com.br

Conheça nossas lojas:

www.livrariavozes.com.br

Belo Horizonte – Brasília – Campinas – Cuiabá – Curitiba
Fortaleza – Juiz de Fora – Petrópolis – Recife – São Paulo

EDITORA VOZES LTDA.
Rua Frei Luís, 100 – Centro – Cep 25689-900 – Petrópolis, RJ
Tel.: (24) 2233-9000 – E-mail: vendas@vozes.com.br